税务教育培训系列教材·税务高等教育系列

政府非税收入

国家税务总局学习兴税指导委员会
全国税务专业学位研究生教育指导委员会
组织编写

中国税务出版社

图书在版编目（CIP）数据

政府非税收入／国家税务总局学习兴税指导委员会，全国税务专业学位研究生教育指导委员会组织编写．--北京：中国税务出版社，2024．9

税务教育培训系列教材

ISBN 978－7－5678－1448－6

Ⅰ．①政…　Ⅱ．①国…　②全…　Ⅲ．①非税收收入－财政管理－中国－高等学校－教材　Ⅳ．①F812.43

中国国家版本馆 CIP 数据核字（2024）第 050868 号

书　　名：政府非税收入
ZHENGFU FEISHUI SHOURU
作　　者： 国家税务总局学习兴税指导委员会 / 全国税务专业学位研究生教育指导委员会　组织编写
责任编辑： 赵泽蕙　张　敏
责任校对： 姚浩晴
技术设计： 林立志
出版发行： 中国税务出版社
北京市丰台区广安路 9 号国投财富广场 1 号楼 11 层
邮政编码：100055
网址：https：//www.taxation.cn
投稿：https：//www.taxation.cn/qt/zztg
发行中心电话：（010）83362083/85/86
传真：（010）83362047/49
经　　销： 各地新华书店
印　　刷： 北京天宇星印刷厂
规　　格： 787 毫米×1092 毫米　1/16
印　　张： 14.5
字　　数： 245000 字
版　　次： 2024 年 9 月第 1 版　2024 年 9 月第 1 次印刷
书　　号： ISBN 978－7－5678－1448－6
定　　价： 45.00 元

《政府非税收入》编审人员

主　审　罗天舒

审　核　（以姓氏笔画为序）

卢　艺　曹　越　葛玉御

策　划　史　峰　高永清

主　编　郑文敏

副主编　杜志农　张　峰　王发运

编　写　（以姓氏笔画为序）

弓　弢　卫亚飞　马奎升　王娇娇　尹冬雪

尹晓琳　冯铁栓　刘　昶　孙熙林　李　娜

李　航　李　娟　李长杰　李如意　李鸿欣

杨彦彦　肖　智　肖海翔　余锦亮　谷艳博

汪永标　张　豪　张义军　张亚男　张艳超

林　菲　罗　瑞　周　文　钟名佷　洪　源

洪小东　贺冰峰　聂海英　顾德瑞　徐达松

徐秋菊　郭　平　郭金洲　唐征宇　曹　政

梁　季　蓝邱宇翔　赖建华　颜　麟　潘　东

编写说明

为了落实习近平总书记关于加强教材建设的重要指示批示精神，服务中国特色社会主义高等教育发展，将税务高等教育教材建设作为完善财税治理体系和提升治理能力的战略考量，作为税务人才培养的前瞻性、基础性工程，满足高等院校学生学习权威、专业、前沿、符合税收征管实际的税收知识的需要，国家税务总局学习兴税指导委员会、全国税务专业学位研究生教育指导委员会共同组织编写了税务高等教育系列教材。

税务高等教育系列教材以税务专业硕士、博士研究生为主要读者对象，同时面向高等院校经济、财政、金融、贸易等专业学生，是一套理论与实践相结合的学习用书。本系列教材以马克思主义政治经济学为基础，以党的十八大以来习近平总书记关于税收工作的重要论述为指导，总结提炼中国式现代化税务实践的创新举措、经验做法和改革成果，按照“1+N”体系编写。“1”指中国税务学会组织编写的《税收学》，突出基础性和综合性；“N”细化为《货物和劳务税》《所得税》《财产行为税》《国际税收》《社会保险费》《政府非税收入》《纳税服务》《税收征管》8本教材，注重“理论+实务（案例）”内容，突出专业性和实践性。

《政府非税收入》是以税收专业本科教育、研究生教育为对象的专业教材。内容上注重理论与实践相结合，指导学生系统掌握非税收入知识体系，了解税务部门非税收入征收现状，并引导学生对当前非税收入征收中的问题展开思考。本书基于非税收入划转税务部门征收的改革背景，旨在为非税收入理论研究和人才培养，提供一本具有基础性、系统性和权威性的高等教育教材。

本教材以非税收入政策和征收管理为重点，共8章、26节。第一章为政府非税收入概述，介绍政府非税收入的内涵、分类、历史沿革与现状等；第二章为国外政府非税收入概况，介绍美国、加拿大、澳大利亚、日本等国家的非税收入概况及管理经验启示等；第三章为政府非税收入法制化及预算管理，介绍非税收入法制化进程及预算管理的主要内容；第四章至第七章为行政事业性收费、政府性基金、国有资源（资产）有偿使用收入、其他类别政府非税收入等内容，介绍基本概念、发展历程、特点、分类及部分费种的基本情况和费制要素；第八章为非税收入征收管理，介绍征收管理概述、费种认定、费款申报、费款缴纳和证明开具、收入核算分析和风险管理等。

在编写过程中，编写组注意把握以下几点：一是提升政治站位。宣传我国政府非税收入改革发展的成就。二是体现税务特点。聚焦非税收入征管职责，重点介绍税务部门征收的部分费种，包括费种基本情况、征收范围、缴费主体、计费方法、征收期限、申报方式以及主要政策依据，并专章介绍非税收入征收管理情况。三是确保权威专业。书中内容、数据均有公开权威出处，相关表述力求客观、准确、公正。

由于水平有限，教材中疏漏之处在所难免，恳请读者批评指正。如有意见或建议，请发送至电子邮箱 jyzxjcc@163.com。

编　者

2024 年 9 月

目　录

第一章　政府非税收入概述

【学习目标】本章对政府非税收入的基本概念、在政府财政收入中的定位、对经济社会发展的作用，以及我国政府非税收入历史沿革等内容进行介绍。通过本章学习，可对政府非税收入产生概括性认识，理解政府非税收入的职能和作用，掌握我国政府非税收入的特点、分类和改革历程。

政府非税收入是财政收入中的重要组成部分，是政府参与社会初次分配和再分配的一种形式，也是国家管理社会公共事务，促进经济社会协调发展，实施宏观调控的重要政策工具。持续推进非税收入规范化、专业化、法治化建设是坚持以人民为中心，促进政府职能转变、优化营商环境、提升国家治理水平、推动高质量发展的重要举措。为此，需要从理论上对非税收入有一个总体认识，明确非税收入基本概念，理解非税收入职能，了解非税收入的发展历程，把握非税收入运行的特点规律，才能更清晰地理解非税收入如何与经济社会发展相协调，更好发挥筹集财政资金的职能作用，助力经济高质量发展。

第一节　政府非税收入的内涵

一、政府非税收入的概念

政府收入，也称“国家收入”或“财政收入”，是国家为了满足其职能实现的需要，依据国家权力，参与社会产品分配，而占有的一部分社会产品或社会产品价值。就我国而言，政府收入预算体系主要有四本预算：一般公共预算、政府性基金预算、国有资本经营预算和社会保险基金预算。

关于非税收入的概念，国内外学者和相关机构提出了许多观点。如世界银行认为，经常性的非税收入是政府为公共目的而取得的无须偿还的收入，如罚款、管理费、政府财产经营收入等，以及政府以外的单位无偿向政府支付的款项。[①] 国际货币基金组织（IMF）认为，税收和非税收入共同构成政府经常性收入，非税收入包含提供公共服务的补偿性收入及企业和个人向政府自愿或强制支付的捐款和罚款等。有些国家虽然没有与我国非税收入相对应的概念，但是也有机构对具有相同内涵的项目进行统计，如美国城市 - 布鲁金斯税收政策中心（Urban - Brookings Tax Policy Center）基于美国联邦和各州及特区财政收入，明确指出“非税收入”包含使用者收费、彩票收入、特别捐收、矿产开采权转让收入等八项。[②]

在我国，政府非税收入概念是近几年从预算外资金概念的基础上发展而来的。根据财政部印发的《政府非税收入管理办法》（财税〔2016〕33 号）规定，非税收入是指除税收以外，由各级国家机关、事业单位、代行政府职能的社会团体及其他组织依法利用国家权力、政府信誉、国有资源（资产）所有者权益等取得的各项收入，不包括社会保险费、住房公积金（指计入缴存人个人账户部分）。本书中的政府非税收入以财政部《政府非税收入管理办法》规定为准。

二、政府非税收入的理论基础

政府非税收入作为政府收入的重要组成部分，既不是现代新生事物，也非我国独有。只要存在国家和政府，非税收入就或多或少存在。政府征收非税收入的理论依据主要在于以下三个方面。

（一）准公共物品分配效率最大化

经济学理论将市场经济中的社会物品分为私人物品、公共物品和准公共物品。在消费上具有极强的竞争性和排他性特征的一类社会物品是私人物品，这类物品只能通过市场依据自由等价交换的原则进行买卖。具有非竞争性和非排他性消费特征的一类社会物品属于公共物品，由政府通过税收筹集资金来提供。[③] 介于私人物品和公共物品之间、兼具二者特征的一类社会物品，例如，教育、文化、广播、有线电视、医院、应用科学研究、体育、公路、农林技术

① 刘寒波，易继元，郭平，等. 政府非税收入概论［M］. 长沙：湖南人民出版社，2015：2.

② 傅娟. 非税收入的概念辨析及中美比较的可行性研究［J］. 财贸经济，2019，40（3）：37 - 52.

③ 白宇飞. 我国政府非税收入研究［M］. 北京：经济科学出版社，2008：48.

推广等事业，其向社会提供的物品或服务属于准公共物品。准公共物品具有公共物品和私人物品的双重属性，满足这部分公共需要的资金不宜通过税收来筹集，需要公共物品的使用者和受益者以非税收入的方式进行补偿和调节，避免浪费和过度消费，使得分配效率最优。

（二）矫正负外部效应的需要

外部效应又称溢出效应、外部影响或外差效应，指一个人或一群人的行为影响了另一个人或另一群人的情况。外部效应分为正外部性和负外部性。正外部性是某个行为使他人或社会受益，受益者无须另外支付费用。负外部性是某个行为使他人或社会受损，而造成该损失的人却没有为此承担成本。

在市场经济活动中，具有负外部性的经济行为会使得社会发展成本显著增加。例如，高污染的生产企业排放污水，造成了环境污染和环境治理成本增加，政府有针对性的收费使生产者自觉减少负外部效应的产生，承担起矫正经济行为负外部效应的责任。

（三）政府所有者权益的存在

财产所有权，是指财产所有人对财产的占有、使用、收益和处分的权利，其对象分为私人财产和公共财产。国有资产资源即属于社会的公共财产。我国法律规定，国家拥有国有资产资源的所有权，并有权取得财产所有权收益。在市场经济学理论中，国家以国有资源资产所有者的身份，遵循市场经济规则，对国有资源资产进行合理配置，交由有关主体进行管理和经营，并取得相应的收益，即政府非税收入。①

三、政府非税收入的特点

非税收入相对于税收的强制性、无偿性和固定性而言，具有灵活性、非普遍性、不稳定性和资金使用上的特定性特点。

（一）灵活性

非税收入的灵活性表现为形式多样性和时间、标准的灵活性。与税收收入相比，非税收入目前尚未纳入专门的法律约束，主要管理办法仍为中央各部门或地方政府的指导文件，既可以按照受益原则采取收费形式收取，也可以以特定项目筹集资金而采取各种基金形式收取。有的非税收入是政府为了某一特定

---

① 白宇飞．我国政府非税收入研究［M］．北京：经济科学出版社，2008：48.

活动的需要，而在特殊条件下出现的过渡性措施，一旦完成既定目标，就“功成身退”，具有明显的阶段性和时效性。非税收入的征收标准及依据多样，地方政府可以根据不同时期本地的实际情况制定不同的标准。非税收入在时间、范围、形式和标准等方面都比税收灵活得多。

（二）非普遍性

非税收入总是和社会管理职能结合在一起，有特定的管理对象和收取对象。例如，行政事业性收费，对提供服务和管理的部门来说，其收费对象具有特定性，未消费服务或不在管辖范围的单位和个人不属于征收对象。因此，非税收入一般不具有普遍性。

（三）不稳定性

由于非税收入是对特定的行为和特定管理对象征收或在特定的经济形势下征收，一旦该行为或该对象消失或剧减，或特定经济条件消失，某项非税收入也会随之消失或剧减。例如，罚没收入，随着公民法治意识的增强，违法违规减少，相应的罚没收入就会减少。又如，油价调控风险准备金，是为了减轻国际市场油价过低对国内市场的影响，保障国内能源长期安全，进一步完善成品油价格形成机制而设立的非税收入项目。按照有关规定，当国际市场原油价格低于“地板价”① 时，汽油、柴油最高零售价格不降低，国内成品油价格未调金额全部纳入油价调控风险准备金。这是一种由国家制度安排形成的政策性非税收入，只有在国际市场原油价格低于规定标准时才触发征收条件，相关收入具有高度的不确定性。从整体上看，与税收收入相比，非税收入具有不稳定性的特点。

（四）资金使用上的特定性

绝大多数非税收入的设立都有明确的目的，资金使用具有特定性。例如，可再生能源发展基金、核电站乏燃料处理处置基金的征收管理使用办法中都明确规定筹集的资金必须专款专用，实行项目管理。

四、政府非税收入的作用

非税收入是财政收入的重要组成部分，随着非税收入征管职责划转改革的完成，优化、高效、统一的财政收入体系逐步建立，非税收入在财政体系、政

① “地板价”指国家规定的成品油价格调控下限。

府决策和国家治理中的作用日益凸显。主要表现在以下四个方面。

（一）满足公众对特定公共服务或准公共服务的需求

根据提供公共服务方式不同，政府提供的公共服务可分为两类：一类是由政府直接生产并向社会和公众提供；另一类是由政府向私人部门或“第三方机构”购买后向社会和公众提供。通常，政府提供的纯公共产品是免费的，只有对局部的特定对象提供准公共物品，才基于成本原则收取一定的价款，从而形成提供准公共产品的收入。对特定公共服务或准公共服务的这部分需求，根据“谁受益、谁付费”的原则通过非税方式进行收费，既能够有效满足公众的需求，也能提升政府公共服务提供能力。

（二）政府进行宏观调控优化资源配置的重要工具

非税收入与政府对经济活动的干预紧密相连，是政府在税收、财政支出等手段之外，对经济进行宏观调控、实现资源优化配置、合理分配收入和稳定经济的重要手段。由于非税收入的设立和资金使用都有特定的目的性，合理设立和规范管理非税收入，更有利于加强宏观调控的针对性。例如，政府可以通过征收土地闲置费来激励市场主体加快对土地的开发利用。政府对高污染的生产企业征收排污权出让收入等，即通过对负外部性生产者征收一定数额的非税收入，可以有效矫正负外部效应，实现社会公平，增进社会福祉。

（三）建立现代财政制度的重要方面

规范非税收入管理，对推进财税体制改革、建立现代财政制度有着深远影响。从世界各国非税收入在财政收入中的占比看，欧美等发达国家非税收入在其政府财政收入的比重整体上低于发展中国家，如美国联邦政府非税收入占经常性财政预算收入的5%左右。而在发展中国家，非税收入是政府筹集财政收入的重要工具，非税收入在政府财政收入中的比重较高。与税收管理体系相比，我国非税收入的管理体系不够完善，规范化和透明程度还有待提升。因此，逐步推进非税收入立法，完善政策措施，逐步建立科学、规范、高效的非税收入管理体制和运行机制，是建立与高质量发展相适应的现代财政制度的重要方面。

（四）加强和促进国家治理的重要手段

非税收入不仅是政府财政收入的筹集方式，也是社会治理的重要手段。非税收入与人民群众的生活息息相关，非税收入征收管理规范与否，不仅影响政府的廉洁和效率，更是关系到广大人民群众的切身利益。不断推进非税收入立法，增强政策透明度和执法统一性，统一税收和非税收入征管服务标准，从源头上、制度上防治腐败。构建优化、高效、统一的政府财政收入体系，为纳税人缴费人提供更加优质、高效、便利的服务，有助于提高征管效率，提升税费遵从度和社会满意度，进一步降低征纳成本，增强税费治理能力，夯实国家治理的基础。

第二节　政府非税收入的分类

国际上对非税收入主要有两种分类方法：一是根据国际货币基金组织出版的《政府财政统计手册》，政府公共收入范围内除税收之外的部分为非税收入，其中包括社会保险收入、赠与、财产收入、出售商品和服务以及杂项收入。二是按照非税收入取得的依据，一般划分为规费、使用费和财产性收入等。上述两种分类的共同点是非税收入不包括政府债务收入，不同点在于，第一种分类侧重于政府资金管理，第二种分类侧重于非税收入取得的依据。我国对非税收入的分类主要有以下五种方式。

一、按政府对非税收入的管理分类

根据《政府非税收入管理办法》（财税〔2016〕33 号），按政府对非税收入的管理，现行的非税收入分为 12 大类。

（一）行政事业性收费收入

行政事业性收费，是指国家机关、事业单位、代行政府职能的社会团体及其他组织根据法律法规等有关规定，依照国务院规定程序批准，在实施社会公共管理，以及在向公民、法人提供特定公共服务过程中，向特定对象收取的费用。[①] 按照资金性质的不同，行政事业性收费可分为行政性收费和事业性收费。

（二）政府性基金收入

政府性基金，是指各级人民政府及其所属部门根据法律、行政法规和中共中央、国务院文件规定，为支持特定公共基础设施建设和公共事业发展，向公

① 白宇飞. 我国政府非税收入研究［M］. 北京：经济科学出版社，2008：9.

民、法人和其他组织无偿征收的具有专项用途的财政资金。[1] 政府性基金可以分为基金、资金、附加和专项收费四种。

（三）罚没收入

罚没收入，是指执法、司法机关依照法律、法规的规定，对违法者实施经济罚款的款项、没收的赃款和赃物变价款。[2] 具体是指，国家行政机关、司法机关和法律、法规授权的机构依据法律、法规，对公民、法人和其他组织实施处罚所取得的罚没款以及没收赃物的折价收入，如交通违法行为的罚款等。按照构成项目的不同，罚没收入可分为罚款、罚金、没收款、赃款，以及没收物资、赃物的变价款等形式。

（四）国有资源（资产）有偿使用收入

国有资源有偿使用收入，是指有关单位利用各种形态的自然资源、公共资源、政府信誉、信息和技术资源向社会提供公共服务、准公共服务、经营服务以及出租、出让、转让国有资源使用权取得的收入，如国有土地使用权出让收入、海域使用金、石油特别收益金、矿产资源专项收入、新增建设用地土地有偿使用费收入等。

国有资产有偿使用收入，是指国家机关、实行公务员管理的事业单位、代行政府职能的社会团体以及其他组织的固定资产和无形资产出租、出售、出让、转让等取得的收入，世界文化遗产保护范围内实行特许经营项目的有偿出让收入和世界文化遗产的门票收入，利用政府投资建设的城市道路和公共场地设置停车泊位取得的收入，以及利用其他国有资产取得的收入。[3]

（五）国有资本收益

国有资本收益，是指国家以所有者身份依法取得的国有资本投资收益，是国有资本经营预算收入的主要来源。主要包括五个方面：一是包括应交利润；二是国有股股利、股息；三是国有产权转让收入；四是企业清算收入；五是其他国有资本收益。

（六）彩票公益金收入

彩票公益金收入，是从彩票发行收入中按规定比例提取的，专项用于社会福利、体育等社会公益事业的资金。逾期未兑奖的奖金纳入彩票公益金。彩票

---

① 白宇飞．我国政府非税收入研究［M］．北京：经济科学出版社，2008：19.

② 白宇飞．我国政府非税收入研究［M］．北京：经济科学出版社，2008：33.

③ 白宇飞．我国政府非税收入研究［M］．北京：经济科学出版社，2008：24.

公益金纳入政府性基金预算管理，专款专用，结余结转下年继续使用。

（七）特许经营收入

特许经营收入，是指国家依法特许企业、组织或个人垄断经营某种产品或服务而获得的收入。例如，对经国家特许经营免税商品的企业，按规定征收的免税商品特许经营费，就属于特许经营收入的一种。

（八）中央银行收入

中央银行收入，是指中央银行在履行中央银行职能、开展各项业务经营过程中发生的全部收入。中央银行收入包括：利息收入、业务收入、其他收入。

（九）以政府名义接受的捐赠收入

以政府名义接受的捐赠收入，是指各级国家机关、实行公务员管理的事业单位、代行政府职能的社会团体和其他组织以政府名义接受的非定向捐赠货币收入。以政府名义接受的捐赠收入不包括定向捐赠货币收入，实物捐赠收入以及以不实行公务员管理的事业单位、不代行政府职能的社会团体、企业、个人或者其他民间组织名义接受的捐赠收入。

（十）主管部门集中收入

主管部门集中收入，主要指国家机关、实行公务员管理的事业单位、代行政府职能的社会团体及其他组织集中所属事业单位收入，这部分收入必须经同级财政部门批准。随着事业单位体制改革的深入，主管部门应当与事业单位财务实行逐步脱钩。

（十一）政府收入的利息收入

政府收入的利息收入，是指税收和非税收入产生的利息收入，按照中国人民银行规定计息，统一纳入非税收入管理范围。

（十二）其他非税收入

其他非税收入，是指除上述11项之外的其他非税收入。其他非税收入不包括社会保险费、住房公积金（指计入缴存人个人账户部分）。

二、按预算管理分类

我国非税收入项目分列在一般公共预算、政府性基金预算和国有资本经营预算三本预算之中，据此，可以将非税收入分为一般公共预算中的非税收入、政府性基金预算中的非税收入和国有资本经营预算中的非税收入三类。以

《2024 年政府收支分类科目》为例具体说明。

（一）一般公共预算中的非税收入

一般公共预算中的非税收入主要包含专项收入、行政事业性收费收入、罚没收入、国有资本经营收入、国有资源（资产）有偿使用收入、捐赠收入、政府住房基金收入以及其他收入。

其中，专项收入是纳入一般公共预算管理的有专项用途的非税收入，包括教育费附加收入、铀产品出售收入、三峡库区移民专项收入、场外核应急准备收入、地方教育附加收入、文化事业建设费收入、残疾人就业保障金收入、教育资金收入、农田水利建设资金收入、森林植被恢复费、水利建设专项收入、油价调控风险准备金收入和其他专项收入。

行政事业性收费收入是依据法律、行政法规、国务院有关规定、国务院财政部门会同价格主管部门共同发布的规章或者规定以及省、自治区、直辖市的地方性法规、政府规章或者规定，省、自治区、直辖市人民政府财政部门会同价格主管部门共同发布的规定所收取的各项收费收入。

罚没收入是执法机关依法收缴的罚款（罚金）、没收款、赃款，没收物资、赃物的变价款收入。

（二）政府性基金预算中的非税收入

政府性基金预算中的非税收入包括政府性基金收入和专项债务对应项目专项收入，如国有土地使用权出让收入、国家重大水利工程建设基金收入、农网还贷资金收入、铁路建设基金、民航发展基金、车辆通行费等。

（三）国有资本经营预算中的非税收入

国有资本经营预算中的非税收入仅包含国有资本经营收入，主要是利润收入、股利和股息收入、产权转让收入、清算收入、其他国有资本经营预算收入。

三、按征收依据分类

非税收入因征收依据上的差异而在性质上存在不同。根据征收依据，大致可分为四类。

（一）利用政府权力取得的非税收入

政府权力具有公共性和强制性，根据法律规定，公民和法人不得将国家赋予的权力当作攫取利益的资源或资产，行使政府权力所产生的收入只能是政府财政收入。政府行使权力取得的非税收入有：政府性基金、罚没收入、对政府颁发的证照按照成本收取的工本费等。

（二）利用国有财产取得的非税收入

国有财产包括国有资产和资源，政府利用国有财产取得的非税收入主要是国有资源（资产）有偿使用收入。

（三）提供准公共服务或公共产品所取得的非税收入

提供公共服务和公共产品是政府的基本职责。政府提供准公共服务取得的收入分为两类：一类是政府向特定对象出售其生产的“商品”和服务取得的收入，属于政府非税收入，如公共停车泊位收入等。另一类是政府将从私人部门或“第三方机构”购买的公共服务提供给特定主体而取得的收入，这类收入一般不纳入财政预算管理。如政府从“第三方机构”购买养老服务，而提供给特定对象取得的相应收入，一般为提供服务的养老机构的营业收入，不构成政府的非税收入。

（四）凭借政府信誉取得的非税收入

政府信誉是一个国家的无形资产，本质上也具有国有资源的属性。利用政府信誉取得的最常见的非税收入为政府发行的彩票公益金收入和接受捐赠收入。

四、按收入归属分类

根据收入归属的不同，可将非税收入分为中央非税收入、地方非税收入。

（一）中央非税收入

中央非税收入是政府非税收入中属于中央级收入的部分，是中央财政收入的重要组成部分。中央非税收入的项目主要有7大类：一是全国性及中央部门和单位行政事业性收费；二是全国政府性基金；三是彩票公益金和发行费；四是国有资产有偿使用收入；五是国有资产经营收益；六是罚没收入；七是其他收入。

（二）地方非税收入

地方非税收入是政府非税收入中属于地方级收入的部分。地方非税收入的项目主要有5大类：一是地方性的行政事业性收费；二是地方性的政府性基金；三是地方国有资产有偿使用收入、国有资产经营收益；四是地方各部门的罚没收入；五是其他收入。

五、按设立权限分类

根据《政府非税收入管理办法》（财税〔2016〕33号），按设立权限的不同，可以将非税收入项目划分为国务院及其有关部门设立的非税收入、省级人民政府及其有关部门设立的非税收入。

（一）国务院及其有关部门设立的非税收入

国务院及其财政等有关部门按权限可设立12类非税收入，主要集中在行政事业性收费和政府性基金、国有资源（资产）有偿使用收入等类别。据初步统计，国务院及其相关部门设立的非税收入约90项。

（二）省级人民政府及其有关部门设立的非税收入

省级人民政府及其财政等有关部门设立权限主要集中在行政事业性收费、国有资源（资产）有偿使用收入和特许经营收入三类。后两类是在相关经济行为发生时，相应产生缴费事项，无固定项目清单。省级人民政府及其财政等有关部门不能设立政府性基金。

第三节　我国政府非税收入的历史沿革与现状

一、我国政府非税收入的发展历程

我国非税收入从预算外资金发展而来，资金管理方式经历了从所有权与使用权"两权"不变，到"收支两条线"，再到纳入预算管理逐步规范的过程。随着国家预算制度的改革，非税收入纳入预算管理，不再称为预算外资金。

（一）预算外资金阶段

预算外资金的概念自新中国成立初期就存在。1953年全国财政会议研究决定，将部分行政事业单位的规费收入（如公路养路费、中小学杂费等）划列预算外，由执收单位自收自支。

不同时期预算外资金的范围差异较大。1958年的财政体制改革后，预算外资金的范围主要包括国有企业及其主管部门集中的各种专项基金以及地方和中央主管部门管理的预算外资金。1978 年，为改变过分集中的经济体制，国家采取了一系列简政放权的措施，预算外资金的范围和规模迅速扩大。1983 年，财政部发布了《预算外资金管理试行办法》（财政部 83 财综字 4 号）。1986 年，国务院颁布了《关于加强预算外资金管理的通知》（国发〔1986〕44 号），明确规定预算外资金的性质、范围、管理方式和基本内容，初步实现了预算外资金管理制度的系统化、规范化，将预算外资金界定为由各地区、各部门和各单位依据国家有关规定，自行提取、自行使用的不纳入国家预算的资金。鼓励各部门、单位创收，减少对财政预算资金的依赖。1993 年，针对预算外资金不断膨胀问题，财政部大幅缩减了预算外资金的范围，拥有法人财产权的企业及其主管部门集中的资金不再列作预算外资金。1993—1995 年，预算外资金收入项目只包括行政事业性收费和地方财政收入两项。自 1996 年开始，电力建设基金、铁路建设基金等中央政府性基金（收费）纳入预算管理，并加入乡（镇）自筹、统筹资金。

根据《国务院关于加强预算外资金管理的决定》（国发〔1996〕29 号）规定，预算外资金的范围主要包括：法律、法规规定的行政事业性收费、基金和附加收入等；国务院或省级人民政府及其财政、计划（物价）部门审批的行政事业性收费；国务院以及财政部审批建立的基金、附加收入等；主管部门从所属单位集中的上缴资金；用于乡镇政府开支的乡自筹和乡统筹资金；其他未纳入预算管理的财政性资金。

2010 年 6 月，《财政部关于将按预算外资金管理的收入纳入预算管理的通知》（财预〔2010〕88 号）决定，从 2011 年 1 月 1 日起，将按预算外资金管理的收入（不含教育收费）全部纳入预算管理。预算外收入纳入预算管理后，收入预算级次保持不变，原上缴中央财政专户的收入上缴中央国库，支出通过一般预算或政府性基金预算安排。自此，预算外资金退出历史舞台。

（二）非税收入阶段

伴随着预算外资金收缴管理改革，非税收入概念被逐步确定和认可。在我国财政体系中，最早出现“非税收入”一词的文件是 2001 年 3 月 16 日财政部、中国人民银行发布的《财政国库管理制度改革试点方案》（财库〔2001〕24 号），该文件在规范收入收缴程序的集中汇缴程序时，提出“非税收入中的现金缴款，比照本程序缴入国库单一账户或预算外资金财政专户”。

2003 年 5 月，财政部、国家发展改革委、监察部、审计署联合印发《关于加强中央部门和单位行政事业性收费等收入“收支两条线”管理的通知》（财综〔2003〕29 号），对非税收入的范围作出比较明确的界定：中央部门和单位按照国家有关规定收取或取得的行政事业性收费、政府性基金、罚款和罚没收入、彩票公益金和发行费、国有资产经营收益、以政府名义接受的捐赠收入、主管部门集中收入等属于非税收入，并明确要求必须严格按照国务院或者财政部规定全额上缴国库或者财政专户，不得隐瞒、截留、挤占、坐支和挪用。

2004 年，财政部发布《关于加强政府非税收入管理的通知》（财综〔2004〕53 号），首次对非税收入的概念做出表述，明确“非税收入是指除税收以外，由各级政府、国家机关、事业单位、代行政府职能的社会团体及其他组织依法利用政府权力、政府信誉、国家资源、国有资产或提供特定公共服务、准公共服务取得并用于满足社会公共需要或准公共需要的财政资金，是政府财政收入的重要组成部分，是政府参与国民收入分配和再分配的一种形式。按照建立健全公共财政体制的要求，政府非税收入管理范围包括：行政事业性收费、政府性基金、国有资源有偿使用收入、国有资产有偿使用收入、国有资本经营收益、彩票公益金、罚没收入、以政府名义接受的捐赠收入、主管部门集中收入以及政府财政资金产生的利息收入等。社会保障基金、住房公积金不纳入政府非税收入管理范围”。

2006 年，财政部发布了《关于加强非税收入收缴管理有关事宜的通知》（财办库〔2006〕360 号），要求进一步规范非税收入收缴流程等，2009 年发布了《关于深化地方非税收入收缴管理改革的指导意见》（财库〔2009〕1 号），提出全面推进非税收入收缴管理改革、规范和完善非税收入收缴方式、健全非税收入收缴管理制度。

2016 年，财政部发布《政府非税收入管理办法》（财税〔2016〕33 号），再次对非税收入给出明确定义，对非税收入的管理范围、设立、征收、票据、资金和监督管理等方面进行了全面完善。

从预算外资金到非税收入的转变，标志着我国在建立公共财政体系的过程中，在强化政府财政职能、规范非税收入管理和完善公共收入体系方面取得了思想认识和财政实践上的新突破。

（三）资金管理模式的调整与规范

1. 自收自支阶段。

在预算外资金阶段，采取“两权”不变的资金管理模式，即资金不纳入国家预算管理，由各地区、各部门、各单位自收自支，资金所有权和使用权归同一主体。

2. “收支两条线”管理阶段。

1996年，国务院发布了《关于加强预算外资金管理的决定》（国发〔1996〕29号），首次明确预算外资金是国家财政性资金，不是部门和单位自有资金，必须纳入财政管理，实行“收支两条线”管理。该文件打破了“两权”不变的管理模式，明确了预算外资金的“三权”所属关系，即所有权归国家、调控权归政府、管理权归财政。

1998年，中共中央办公厅、国务院办公厅颁布《关于转发〈财政部 国家发展计划委员会 监察部 最高人民检察院 最高人民法院 国家工商行政管理局关于加强公安 检察院 法院和工商行政管理部门行政性收费和罚没收入“收支两条线”管理工作的规定〉的通知》，提出对行政事业性收费和罚没收入实行“单位开票、银行代收、财政统管”的管理制度，开始将部分非税收入纳入“收支两条线”管理，之后“收支两条线”管理实施范围不断扩大①，改革不断深入。

2001年，《国务院办公厅转发〈财政部关于深化收支两条线改革进一步加强财政管理意见〉的通知》（国办发〔2001〕93号），提出深化“收支两条线”的改革，并要求做好三方面工作：一是要将各部门的预算外收入全部纳入财政专户管理，有条件的纳入预算管理，任何部门不得“坐收”“坐支”。二是部门预算要全面反映部门及所属单位预算内外资金收支状况，提高各部门支出的透明度。同时，财政部门要合理核定支出标准，并按标准足额供给经费。三是要根据新的情况，修订、完善有关法规和规章制度，使“收支两条线”管理工作法制化、制度化、规范化。

2002年，财政部发布《预算外资金收入收缴管理制度改革方案》（财库〔2002〕37号）和《中央单位收入收缴管理制度改革试点办法》（财库

① 具体见1999年6月6日中共中央办公厅、国务院办公厅转发的监察部、财政部等五部门《关于1999年落实行政事业性收费和罚没收入“收支两条线”规定工作的意见的通知》。

〔2002〕38号)，对收入收缴管理改革作出了明确规定，并于当年7月1日在证监会等8个中央部门正式启动改革试点工作。同时，公安部、国家质量监督检验检疫总局等34个中央部门于2002年进行了“收支两条线”管理改革试点，其预算外收入全部纳入财政专户，实行综合预算。随着“收支两条线”改革的不断深入，纳入财政专户管理的预算外非税收入范围逐渐扩大。

3. 预算管理阶段。

2010年，为贯彻全国人大和国务院有关规定，《财政部关于将预算外资金管理的收入纳入预算管理的通知》(财预〔2010〕88号)明确，从2011年1月1日起，将预算外资金管理的收入(不含教育收费)全部纳入预算管理，收入预算级次保持不变，并相应修订了政府收支分类科目，取消全部预算外收支科目。

预算管理是非税收入管理的核心内容，它是一个由包括资金取得管理、资金预算管理及资金分配使用管理所组成的完整系统。非税收入纳入预算管理应遵循国家预算管理的基本要求，这些要求包括：

(1) 非税收入预算要与财政预算统一布置、统一编制、统一审批。按照公共财政预算完整性原则，只要是以政府为主体的资金活动应一律纳入财政预算，不允许在国家预算规定之外存在其他政府资金收支活动。

(2) 将非税收入按不同类别分别纳入财政收支预算的相应类别，按照财政收支预算的口径，全面、系统、完整地予以反映。

(3) 将非税收入的征收与征收单位的经费支出完全脱钩，真正做到非税收入纳入财政预算，实行统筹安排。非税收入涉及相关部门较多，但征收单位主要是财税部门，逐步建立“征收、预算、使用三分离”的非税收入管理模式。

二、我国政府非税收入的规模与结构

长期以来，我国非税收入的项目和预算管理几经调整，各类非税收入的收入规模和收入结构也在不断发生变化。了解非税收入的规模和结构变化，有助于准确理解和把握我国非税收入的历史发展、地位和作用，也有助于从国家治理体系和治理能力现代化的角度，深入思考应当怎样优化和完善我国非税收入管理制度。

（一）非税收入总体规模

目前，政府非税收入纳入一般公共预算、政府性基金预算和国有资本经营预算三本预算中进行管理，是各级政府的重要资金来源。其中，一般公共预算主要包括专项收入、行政事业性收费收入、罚没收入、国有资本经营收入、国有资源（资产）有偿使用收入等；政府性基金预算和国有资本经营预算中除转移性收入外均为政府非税收入。本节选取 2011—2022 年的相关数据进行分析（由于非税收入涉及除社会保险基金预算外的所有政府财政收入预算，故本节将三本预算简称为"政府财政收入"）。

2011—2022 年，政府非税收入规模整体呈缓慢上升趋势，个别年份略有下降，从 2011 年的 5.63 万亿元增长至 2022 年的 12.1 万亿元，其中 2021 年达到最高值 13.3 万亿元，年均增长率为 7.20%，与政府财政收入趋势基本一致。从政府非税收入占政府财政收入的比重看，总体呈现稳定缓慢增长趋势，2011—2017 年，政府非税收入占政府财政收入的比重稳定在 38% 左右。2018 年之后，政府非税收入占政府财政收入的比重稳定在 43% 左右（如图 1－1 和表 1－1 所示），是政府财政收入的重要组成部分。本小节图表数据无特殊说明，均来源于《中国统计年鉴》。

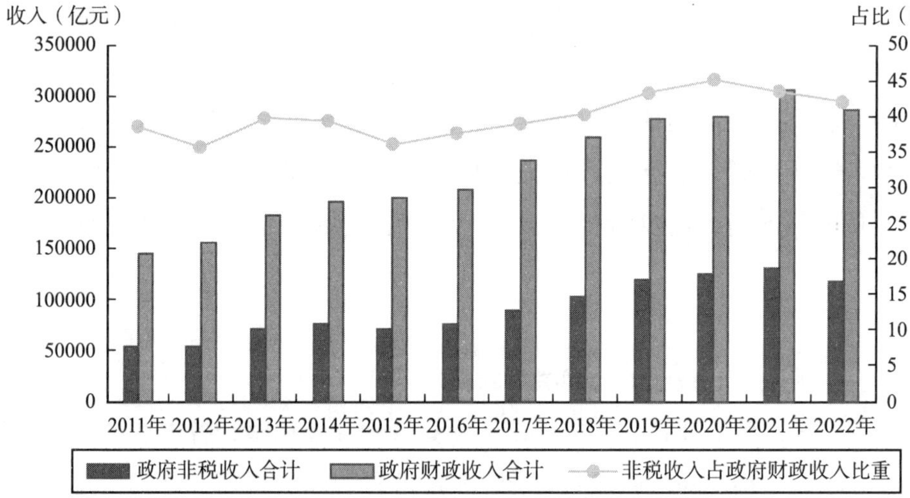

图 1－1　政府非税收入与政府财政收入规模（2011—2022 年）

从增长率看，政府非税收入增速呈波动下降趋势，与政府财政收入增速波动趋势基本一致，但波动幅度明显偏大。2013 年由于开展财政存量资金清理，导致当年政府非税收入较上年增长 30.38%，其余年份政府非税收入增减幅度较为平缓。随着非税收入管理的日趋规范，政府非税收入增速波动进一步趋缓，2015—2022 年，政府非税收入年均增长率为 7.60%，较政府财政收入年均增长率高 3.4 个百分点左右（如图 1－2 和表 1－1 所示）。

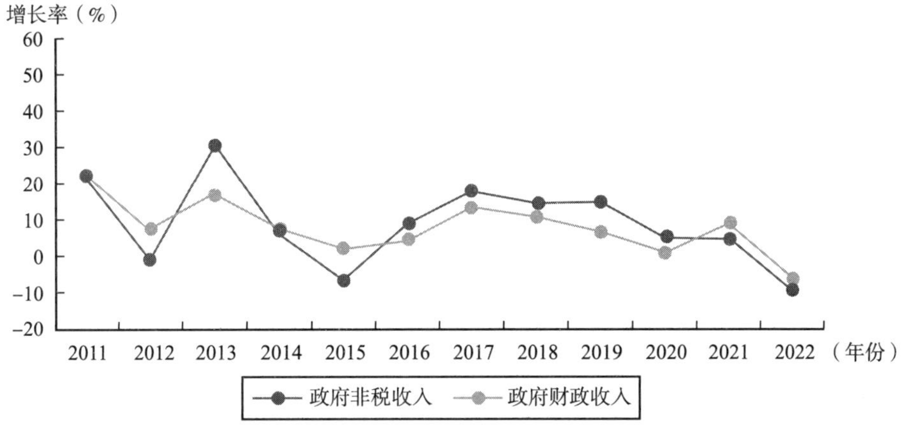

图 1－2　政府非税收入与政府财政收入增长率（2011—2022 年）

表 1－1　　政府非税收入、政府财政收入规模及增长率（2011—2022 年）

年份	政府非税收入合计/亿元	政府财政收入合计/亿元	政府非税收入增长率/%	政府财政收入增长率/%	非税收入占政府财政收入比重/%
2011	56260.69	145999.08	21.69	22.23	38.53
2012	55729.09	156343.37	−0.94	7.09	35.65
2013	72661.05	183191.75	30.38	17.17	39.66
2014	77315.96	196491.27	6.41	7.26	39.35
2015	72236.15	200158.35	−6.57	1.87	36.09
2016	78496.50	208857.23	8.67	4.35	37.58
2017	92283.46	236653.33	17.56	13.31	39.00
2018	105341.84	261744.70	14.15	10.60	40.25
2019	120865.62	278866.08	14.74	6.54	43.34
2020	126867.4	281179.69	4.97	0.83	45.12

续表

年份	政府非税收入合计/亿元	政府财政收入合计/亿元	政府非税收入增长率/%	政府财政收入增长率/%	非税收入占政府财政收入比重/%
2021	133012	305743	4.84	8.74	43.5
2022	120657	287271	-9.29	-6.04	42

（二）非税收入结构

从构成看，各本预算中的非税收入在全部非税收入中所占比重差异较大。2011—2022年，一般公共预算中的非税收入占全部非税收入的比重在20%—40%；政府性基金收入占全部非税收入的比重在60%—75%；国有资本经营预算收入占全部非税收入的比重在1%—5%。可以看到，一般公共预算中的非税收入和政府性基金在全部非税收入中占绝对主体地位，且占比此消彼长。2014年以前，政府性基金在全部非税收入中的占比在70%左右，2014年，为进一步规范政府性基金预算管理，财政部将政府性基金预算中应统筹使用的资金列入一般公共预算，造成2015年政府性基金在全部非税收入中的占比大幅下降至58.61%，之后又逐年上升至70%左右。一般公共预算中的非税收入与政府性基金表现恰好相反。国有资本经营预算收入规模、占比、增速均较小，对非税收入整体影响较小（如图1-3和表1-2所示）。

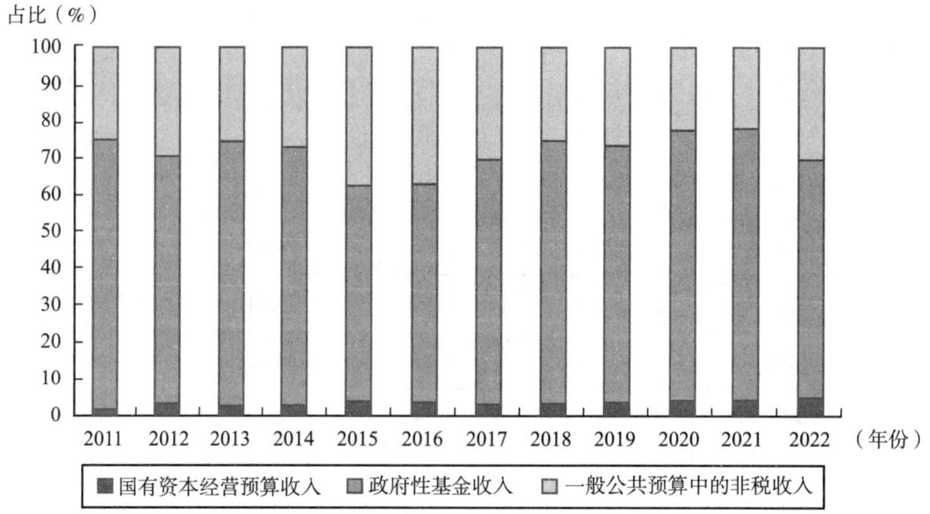

图1-3　政府非税收入构成（2011—2022年）

表 1－2　　　　政府非税收入构成（2011—2022 年）

年份	政府非税收入合计/亿元	一般公共预算中的非税收入/亿元	占比/%	政府性基金收入/亿元	占比/%	国有资本经营预算收入/亿元	占比/%
2011	56260.69	14136.04	25.13	41359.63	73.51	765.02	1.36
2012	55729.09	16639.24	29.86	37517.01	67.32	1572.84	2.82
2013	72661.05	18678.94	25.71	52268.75	71.94	1713.36	2.36
2014	77315.96	21194.72	27.41	54113.65	69.99	2007.59	2.60
2015	72236.15	27347.03	37.86	42338.14	58.61	2550.98	3.53
2016	78496.50	29244.24	37.26	46643.31	59.42	2608.95	3.32
2017	92283.46	28222.90	30.58	61479.66	66.62	2580.90	2.80
2018	105341.80	26956.98	25.59	75479.07	71.65	2905.79	2.76
2019	120865.60	32389.62	26.80	84516.00	69.93	3960.00	3.28
2020	126867.4	28601.59	22.54	93491.26	73.69	4774.55	3.76
2021	133012	29808	22.41	98024	73.70	5180	3.89
2022	120657	37089	30.74	77879	64.55	5689	4.72

从收入级次看，中央级非税收入整体规模较小且增速慢，地方级非税收入规模大且增速快。2011 年，地方级非税收入 4.97 万亿元，是中央级非税收入的 7.53 倍，此后十年间，地方级非税收入大幅增加，年均增长率为 10.24%，较中央级非税收入年均增速高 5.2 个百分点，地方级非税收入与中央级非税收入间规模差距进一步拉大，至 2022 年，地方级非税收入达 10.93 万亿元，是中央级非税收入的 9.6 倍。

从非税收入占政府财政收入的比重看，中央级非税收入占全部中央级收入的比重远低于地方级非税收入占全部地方级收入的比重。2011—2022 年，中央级非税收入占全部中央级收入的比重在 10%—20%，2020 年、2021 年比重均低于 10%，2022 年略有回升；地方级非税收入占全部地方级收入的比重在 45%—65%，平均占比为 55%（如图 1－4 和表 1－3 所示）。由此可以看出，非税收入在地方财政中具有更加重要的地位和作用。

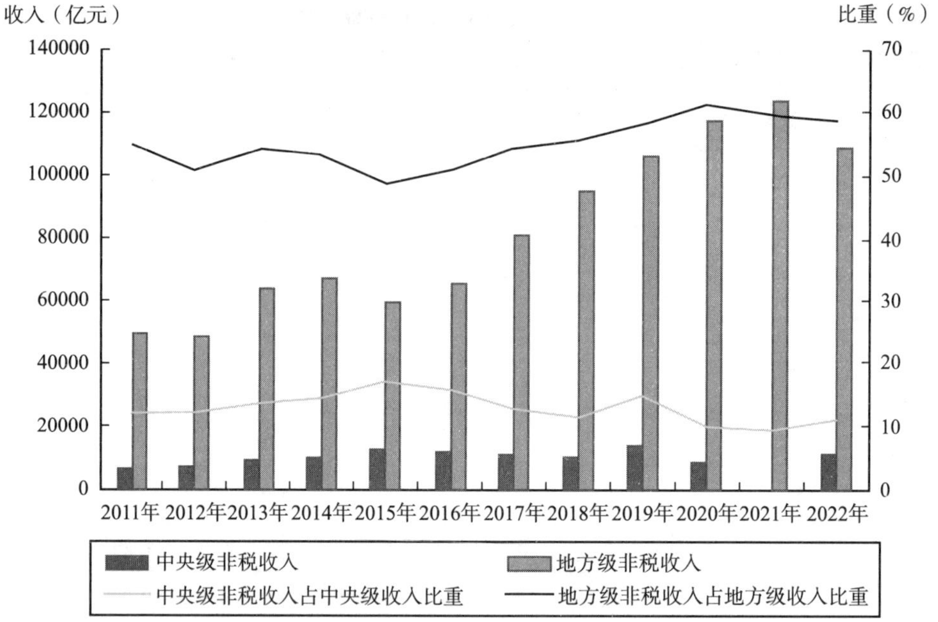

图1-4　非税收入分级次收入规模、各级次比重对比（2011—2022年）

表1-3　非税收入分级次收入规模及比重（2011—2022年）①

年份	政府财政收入合计/亿元	中央级收入/亿元	地方级收入/亿元	非税收入合计/亿元	中央级非税收入/亿元	地方级非税收入/亿元	中央级非税收入占中央级收入比重/%	地方级非税收入占地方级收入比重/%
2011	145999. 10	55218. 27	90780. 81	56260. 69	6586. 62	49674. 10	11. 93	54. 72
2012	156343. 40	60459. 50	95883. 87	55729. 09	7164. 30	48564. 80	11. 85	50. 65
2013	183191. 80	65488. 45	117703. 30	72661. 05	8848. 63	63812. 40	13. 51	54. 21
2014	196491. 30	70001. 87	126489. 40	77315. 96	9966. 47	67349. 50	14. 24	53. 25
2015	197158. 40	74992. 13	122166. 20	72236. 15	12731. 90	59504. 30	16. 98	48. 71
2016	208857. 20	77973. 87	130883. 40	78496. 50	12304. 80	66191. 70	15. 78	50. 57
2017	236653. 30	86192. 40	150460. 90	92283. 46	10495. 30	81788. 20	12. 18	54. 36
2018	261744. 70	90814. 42	170930. 28	105341. 80	10366. 40	94975. 50	11. 41	55. 56
2019	278866. 10	94985. 47	183880. 61	120865. 60	13965. 10	106900. 00	14. 70	58. 14
2020	281179. 69	88118. 72	193060. 97	126867. 4	8474. 49	118392. 91	9. 62	61. 32
2021	305742. 14	97565. 26	208192. 93	133022. 52	8618. 86	124403. 66	8. 83	59. 75
2022	287271	101352	185919	120657	11377	109280	11. 23	58. 78

① 2022年数据来源于财政部国库司数据统计。

1. 一般公共预算中的非税收入。

随着我国国民经济的快速发展，一般公共预算收入持续增长。2011—2022年，一般公共预算收入从10.39万亿元增长至20.37万亿元，年均增长率为6.43%。一般公共预算中的税收收入和非税收入规模均大幅增长，非税收入从1.4万亿元增长至3.7万亿元，年均增速9.87%。随着非税收入规模的扩大，一般公共预算收入中非税收入的比重呈波动上升态势，2011—2022年，一般公共预算收入中非税收入的比重从2011年的13.61%提升至2022年的18.21%（如图1－5和表1－4所示）。

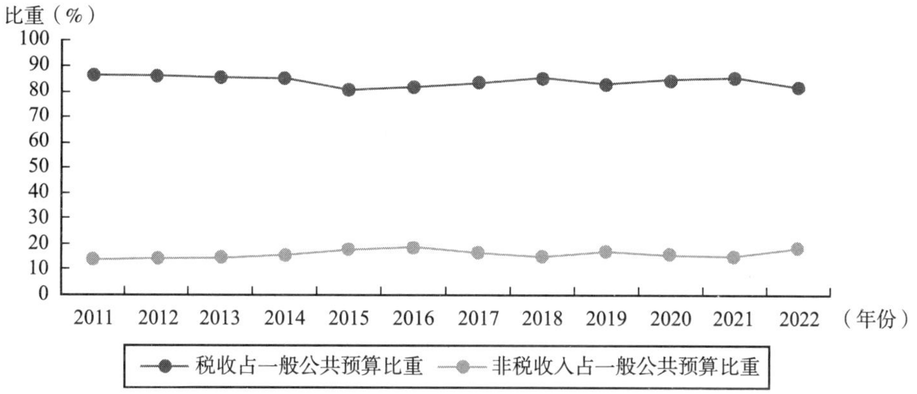

图1－5　2011—2022年税收、非税收入占一般公共预算收入的比重

表1－4　2011—2022年一般公共预算构成统计

年份	一般公共预算收入/亿元	税收收入/亿元	非税收入/亿元	一般公共预算收入中非税收入占比/%
2011	103874.43	89738.39	14136.04	13.61
2012	117253.52	100614.28	16639.24	14.19
2013	129209.64	110530.70	18678.94	14.46
2014	140370.03	119175.31	21194.72	15.10
2015	155269.23	124922.20	27347.03	17.61
2016	159604.97	130360.73	29244.24	18.32
2017	172592.77	144369.87	28222.90	16.35
2018	183359.84	156402.86	26956.98	14.70
2019	190390.08	158000.46	32389.62	17.01
2020	182913.88	154312.29	28601.59	15.64
2021	202538.88	172735.67	29818.97	14.72
2022	203703.48	166613.96	37089.52	18.21

从历年增长率看，非税收入增速波动明显大于税收收入。如2015年，受加强预算管理和预算科目调整影响，非税收入增长率为29.03%，远远高于税收收入增长速度。随着行政事业性收费清理等工作的不断深入，一般公共预算中的非税收入增速放缓，2017年、2018年均出现负增长（如图1-6和表1-5所示）。2019年以来，受宏观经济形势及新冠疫情等因素影响，非税收入增速起伏较大。

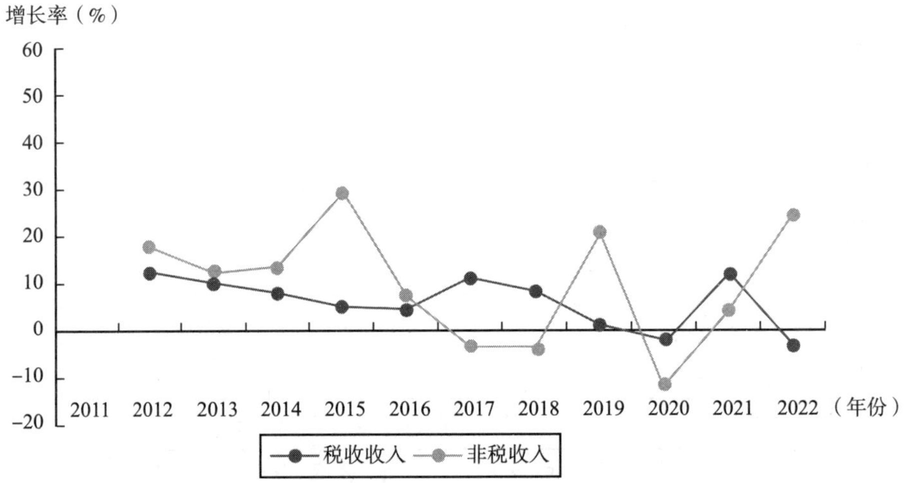

图1-6　2011—2022年一般公共预算中税收收入、非税收入增速

表1-5　　2011—2022年一般公共预算中非税收入构成

年份	非税收入/亿元	中央级收入/亿元	中央级收入比重/%	地方级收入/亿元	地方级收入比重/%
2011	14136.04	2695.67	19.07	11440.37	80.93
2012	16639.24	2880.03	17.31	13759.21	82.69
2013	18678.94	3558.66	19.05	15120.28	80.95
2014	21194.72	4458.05	21.03	16736.67	78.97
2015	27347.03	7006.92	25.62	20340.11	74.38
2016	29244.24	6696.58	22.90	22547.66	77.10
2017	28222.90	5426.21	19.23	22796.69	80.77
2018	26956.98	5008.39	18.58	21948.59	81.42
2019	32389.62	8289.14	25.59	24100.48	74.41
2020	28601.59	3126.49	10.93	25475.1	89.07
2021	29818.97	2524.01	8.46	27294.96	91.54
2022	37089.52	4910.07	13.24	32179.45	86.76

从非税收入占一般公共预算的比重看，2011—2022 年，地方级非税收入的规模明显大于中央级非税收入，约占非税收入总收入的八成，2021 年占比超过九成，进一步反映出一般公共预算中的非税收入对地方财政收入的重要意义。

分主要项目看，2014 年以前，国有资本经营收入、国有资源有偿使用收入未单独统计，其他收入规模最大、增速最快，行政事业性收费和专项收入在非税收入中居重要地位，截至 2013 年，行政事业性收费和专项收入合计占非税收入的 44.5%；2014 年以后，其他收入显著下降，国有资本经营收入、国有资源有偿使用收入大幅上升，随着行政事业性收费清理力度不断加大，一大批行政事业性收费项目被逐步取消或停征，行政事业性收费规模逐年下降，非税收入逐渐形成以国有资源有偿使用收入和专项收入为主，行政事业性收费、国有资本经营收入、罚没收入、其他收入均衡发展的局面。

2. 政府性基金中的非税收入。

政府性基金呈现出以国有土地使用权出让收入一项独大、其余基金占比均衡的特征。2021 年，国有土地使用权出让收入 87051 亿元，占政府性基金的 88.8%，是政府性基金在非税收入中占比高、非税收入在地方级收入中占比高的重要因素。剔除国有土地使用权出让收入后，政府性基金在全部非税收入中的比重从 2008 年的 23.1% 逐年下降至 2021 年的 8.3%（如图 1-7 所示）。

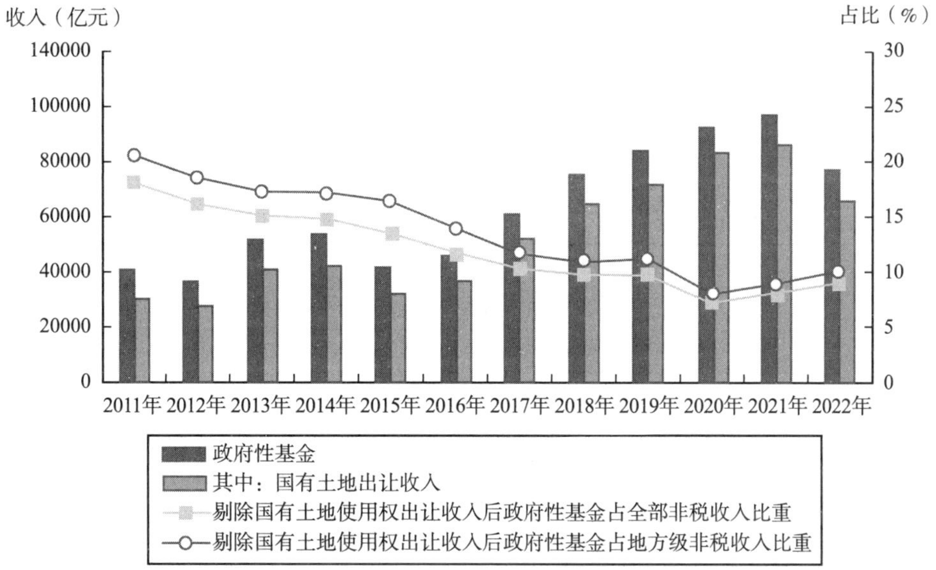

图 1-7　2011—2022 年政府性基金、国有土地使用权出让收入及占非税收入比重

3. 国有资本经营收入中的非税收入。

国有资本经营预算中的非税收入反映各级政府及其所属部门和机构履行出资人职责的企业（即一级企业）上缴的国有资本收益。2022 年，全国国有资本经营预算收入 5689 亿元，同比增长 10%。从历年收入来看，国有资本经营预算收入规模整体呈上涨趋势，但波动幅度不大，占全部非税收入比重的 2%—5%（如图 1－8 和表 1－6 所示）。

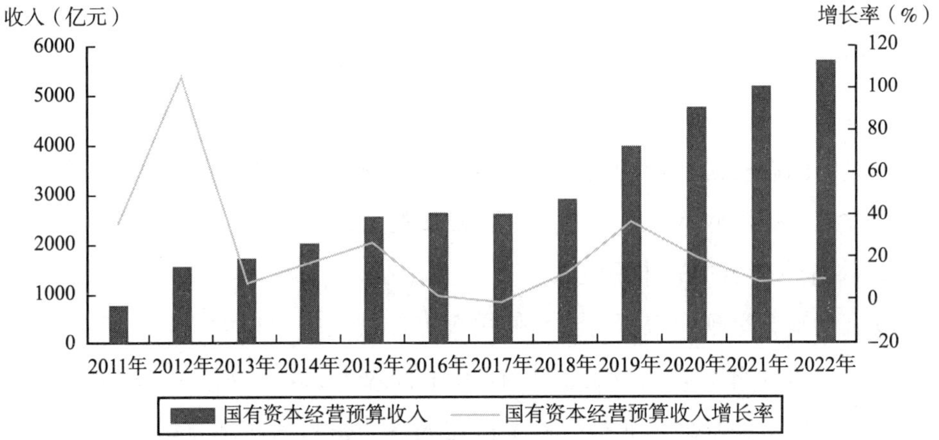

图 1－8　2011—2022 年国有资本经营预算收入、增长率

表 1－6　2011—2022 年国有资本经营预算收入及占比

年份	国有资本经营预算收入/亿元	非税收入/亿元	国有资本经营预算收入增幅/%	国有资本经营预算收入占非税收入比重/%
2011	765.02	56260.69	36.93	1.36
2012	1572.84	55729.09	105.59	2.82
2013	1713.36	72661.05	8.93	2.36
2014	2007.59	77315.96	17.17	2.60
2015	2550.98	72236.15	27.07	3.53
2016	2608.95	78496.50	2.27	3.32
2017	2580.90	92283.46	－1.08	2.80
2018	2905.79	105341.84	12.59	2.76
2019	3971.82	120879.16	36.69	3.29
2020	4774.55	126867.4	20.21	3.76
2021	5180	133012	8.49	3.89
2022	5689	120657	10	4.72

本章思考题

1. 政府非税收入有什么特点？
2. 政府非税收入具有哪些作用？
3. 政府非税收入如何分类？

第二章　国外政府非税收入概况

【学习目标】本章主要介绍了主要国家（地区）非税收入的演变历程以及非税收入管理体制的现状。通过本章学习，理解主要国家（地区）非税收入在其政府收入中的定位与地位，及其现行制度安排的逻辑等。

非税收入是世界各国政府收入的重要组成部分，受自身经济发展水平、集权分权模式、市场发育程度和政府管理体制等因素影响，各国非税收入的发展历史差异较大，分类构成、收入规模、管理方式等也都有所不同。通常来说，经济发达的国家市场发育程度较高、法律制度相对健全、预算管理更加规范，在非税收入的设立、征收、使用上更加法定、公开、透明，具有较好的借鉴意义。

第一节　美国政府非税收入概况

一、非税收入的基本情况

美国是目前世界上第一经济大国，也是联邦制国家的典型代表，拥有着高度发达的现代市场经济，财政收入主要依靠税收收入，非税收入占财政收入比重较小。美国政府非税收入主要由联邦政府非税收入、州政府非税收入和地方政府非税收入三部分构成。基于联邦制政府体制，联邦与地方政府分别拥有独立的征税权，各州和地方政府间的财政制度差异较大，不同地区间非税收入的规模及占财政收入比例都有所不同，地方非税收入占比总体高于联邦政府收入占比。

根据预算性质，美国非税收入主要分为预算内非税收入和预算外非税收入两大类，其中，预算内非税收入主要包括服务性收入、罚没收入、赠与收入和许可经营收入等，具有一定使用费性质，在预算内统一使用。预算外收入分为财产性质收入、政府部门自支收入、未分配的抵偿性收入和抵偿性政府收入，多与资源配置、市场交易息息相关。①

根据收入来源，美国非税收入可分为捐赠、政府所有的企业和公共财产收入、公共设施使用费、行政性收费、罚款和没收资产收入等。各种收费是美国政府非税收入的主要来源，根据收费的不同性质大体可以分为四类：

一是商品性收费。主要指政府向公众提供水、电等特定的公共产品或准公共产品时的收费。

二是补偿性收费。一方面指政府为了控制或消除某些不良影响向特定主体征收的成本补偿收费，如下水道、垃圾、污水处理收费等；另一方面指政府向特定项目开发者收费，如公园、街道、道路、学校、防火设施等开发项目收费。

三是监察和执行收费。主要指政府为一些特定行为或活动提供监管服务而征收的费用，用以弥补政府运行成本，如监管核能行业的费用、专业许可收费、破产申请费等。

四是特项收费。主要针对在公共改良计划中获得资产增值的特定主体征收的费用，用以弥补公共改良成本。②

在非税收入的管理上，美国非税收入的立项、征缴、资金使用和监督管理也较为成熟与规范，呈现如下管理特点：

一是严格强化立法管理。美国《宪法》规定，不经立法授权不得收费。所有非税收入项目的设立必须经过法律授权，不管是联邦政府、州政府还是地方政府，在确定非税收入立项时都必须经过政府会议或民众投票，收费标准的变动也须经过严格的法律或行政审议程序，以确保非税收入征收的合理性、公平性。因此，美国非税收入的项目和数量都较为稳定，大多数是政府向居民提供基础服务和公共设施收取的使用费及公有资产收益等政府专营收入。

---

① 蒋熙辉．中国非税收入制度新探索［M］．北京：社会科学文献出版社，2012.

② 安徽省财政厅政府非税收入管理考察团．美国、加拿大政府非税收入管理考察报告［J］．财政研究，2007（11）：74－77.

二是严格规范收费程序。除通过法律严格规范非税收入的设立和标准变化外，美国政府严格控制非税收入征收标准。美国法律明确规定，每项收费水平不能超过政府提供服务或福利的成本，不能超过外溢损失的额度。公民对收费政策享有知情权和参与权，各级政府在制定收费标准前，要进行认真的调研与评估，设立答辩程序，及时告知缴费人为什么实施收费、收费标准如何制定，未协商一致不得实施收费。

三是严格执行财政统管收支。除法律专门规定的以外，美国所有的非税收入都要纳入预算管理。即使预算外非税收入没有纳入预算，也必须保证专款专用且严格地比照预算管理方式，接受财政统支统管和政府监督，以便对政府收支情况进行综合反映和管理。

四是严格接受社会监督。美国政府非税收入的所有收支情况均须向议会、公众进行详细、及时的报告，政府网站上提供各项财政收支情况（包括非税收入）的查询，随时接受民众监督。由于美国政府非税收入的设立、收取、使用都做到了“公开透明”，外部监督伴随非税收入收支全过程，能够有效避免乱收费和资金违规使用等问题。政府也设立了收费检查委员会、国库委员会等专门机构开展内部监督和检查，通过财务审计和内部审查等多重方式督促政府部门严格执行收费政策，非税收入的内外部监督较为完善。

二、非税收入的规模结构

（一）美国政府非税收入规模

2001—2021 年，美国国内生产总值从 105819.3 亿美元增加至 229960.9 亿美元，年均增长率为 4.0%。美国所有来源的政府收入从 23992.9 亿美元上升至 55698.5 亿美元，年均增长率为 4.3%。其中，非税收入从 4459.1 亿元增长至 16571.6 亿美元，年均增速达到 6.8%。

2001—2021 年，美国非税收入占政府收入比重介于 18%—37%，平均占比为 26.8%。从变化趋势来看，美国非税收入占政府收入比重呈现先升后降、近两年回升的趋势。非税收入占 GDP 的比例在 6% 左右，变动趋势较为平缓（如图 2－1 所示）。

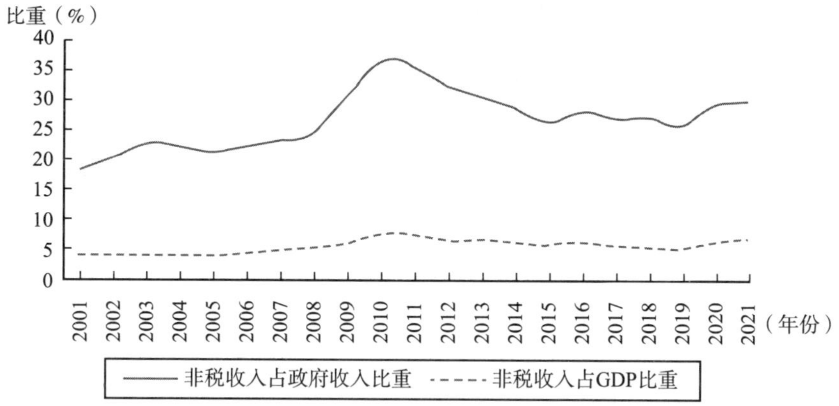

图 2-1　2001—2021 年美国政府（合并）非税收入占比①

（二）美国政府非税收入结构

从预算情况看，美国的政府非税收入主要以预算外非税收入为主，2001—2021 年，美国预算外非税收入占全部非税收入比例在 90% 左右呈波动变化。其中 2009 年达到峰值 94. 2%，2015 年为阶段最低点 86. 9%（如图 2-2 所示）。

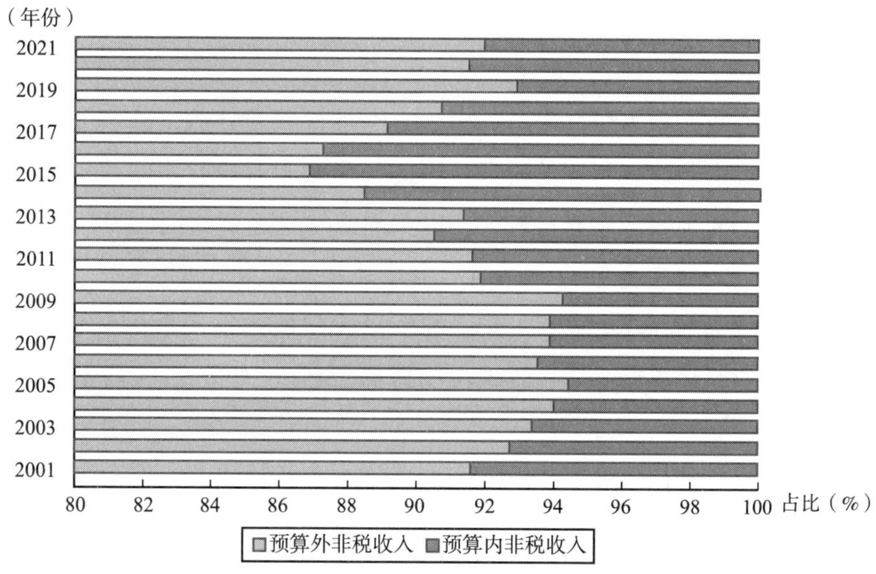

图 2-2　2001—2021 年美国政府预算内外非税收入分布②

美国预算外非税收入主要由四部分组成，分别是财产性质收入、政府部门

①② 数据来源：美国财政部，Combined Statement of Receipts, Outlays, and Balances. Table A - Receipts by Source Categories. https：//www. fiscal. treasury. gov/reports-statements/。

自支收入、未分配的抵偿性收入和抵偿性政府收入，其中后三项收入源于政府各预算账户之间交易以及各部门自收自支的收入。2001—2021 年，财产性质收入占预算外非税收入的比例在 20% 左右，政府部门自支收入占比均值为 46.1%，未分配的抵偿性收入占比在逐渐降低，从 2001 年的 46.8% 下降至 2021 年的 17.9%，抵偿性政府收入占预算外非税收入的比重较低，仅为 1% 左右（如图 2－3 所示）。

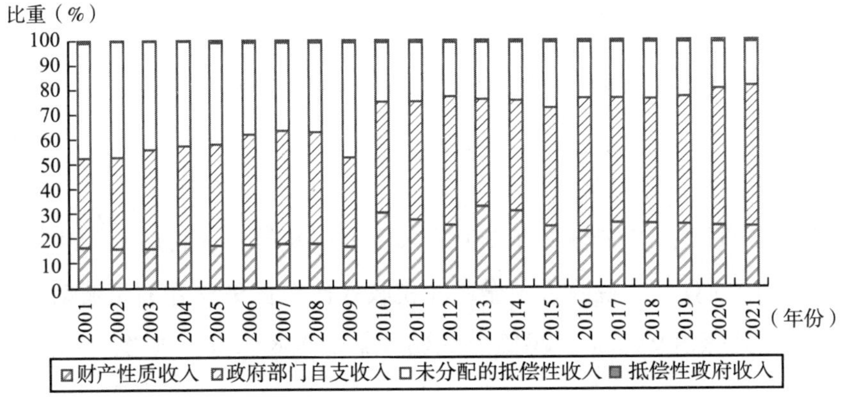

图 2－3　2001—2021 年美国预算外非税收入构成变化趋势①

从州和地方政府收入情况来看，由于美国税权较为分散，各州可根据本州法律及经济发展水平设立不同的税费，因此各州之间非税收入的差异较大，同一州在不同时期非税收入差异也较大。以美国佛罗里达州为例，2021 年佛罗里达州州级财政收入规模为 1232 亿美元，其中非税收入为 207 亿美元，非税收入占财政收入比重为 16.80%。2021 年，佛罗里达州地方收入为 985 亿美元，其中非税收入为 465 亿美元，非税收入占比为 47.21%（如表 2－1 所示）。

表 2－1　2021 年美国佛罗里达州州和地方非税收入占比情况②

收入类别	州收入规模/亿美元	占比/%	地方收入规模/亿美元	占比/%
总收入	1232	100.00	985	100.00
税收	1025	83.20	520	52.79

① 数据来源：美国财政部，Combined Statement of Receipts，Outlays，and Balances. Table A－Receipts by Source Categories. https：//www.fiscal.treasury.gov/reports-statements/。

② 数据来源：https：//www.usgovernmentrevenue.com/year_revenue_2021FLbn_23bs1n#usgs302。

续表

收入类别	州收入规模/亿美元	占比/%	地方收入规模/亿美元	占比/%
非税收入	207	16.80	465	47.21
费用和收费	86	6.98	254	25.79
教育	27	2.19	11	1.12
健康	13	1.06	86	8.73
运输	18	1.46	30	3.05
自然资源	1	0.08	12	1.22
公用事业	0	0.00	67	6.80
其他费用和收费	27	2.19	48	4.87
商业和其他收入	121	9.82	211	21.42
公共事业和酒类商店	1	0.08	101	10.25
其他	120	9.74	110	11.17

因各州之间财政收入结构和居民需求不同，各州的非税收入构成也有所差异。但根据美国联邦统计局对各州和地方政府间较为普遍和主要的非税收入项目的统计，州和地方政府非税收入主要来自于政府经常性收费和综合性收入。其中，经常性收费主要是政府在教育、医疗、居民生活等重要民生领域向公众提供产品和服务的收益，综合性收入是利息、捐赠收入、彩票收入等，在一些州和地方政府，经常性收费和综合性收入就是地方的全部非税收入。

除此之外，州和地方非税收入中还有少部分由公共设施收入和酒类商店收入构成，值得一提的是，酒类商店收入是一项非常独特的非税收入。这项非税收入源于美国历史上的禁酒运动，虽然1993年后禁酒令被废止，但在禁酒组织的坚持下，个别州仍然保持对酒类生产、销售的限制，为此由州和地方政府进行酒类专营收取相应收入。随着时间推移，征收酒类商店收入的州和地方政府日益减少，酒类商店收入在非税收入中的占比也非常微小，地方非税收入的构成仍以经常性收费和综合性收入为主。

第二节　加拿大政府非税收入概况

一、非税收入的基本情况

非税收入是加拿大政府收入的重要组成部分。加拿大的非税收入主要分为三类，分别是使用费、规费和专营收入。

使用费主要是指政府提供公共服务时收取的费用，收费标准依照成本制定，由使用者在消费时支付，如公共交通收费、公园收费、娱乐设施收费等。

规费主要是指政府基于一项权利或特权收取的费用，如提供特许权、颁发执照和许可证收费。

专营收入是基于政府对公共财产所有权而产生的收费，主要包括两类：一是授权私人企业开发和使用公共资源的收入，比如租赁费用、特许权使用费、自然资源开采许可收入；二是政府以“商业目的”提供的商品和服务取得的收入，如酒类专营收入。相比于使用费，专营收入更强调基于商业目的，取得的收入不限于收回成本，可以有盈余。

加拿大作为联邦制国家，其非税收入管理也实行分权模式，非税收入的管理呈现如下特点：

一是各级政府均对非税收入管理负有责任和义务。加拿大联邦政府和省级政府都拥有独立的非税收入立法权，省级政府又赋予地方政府非税收入立法权限，三级政府均对非税收入管理负有责任和义务。以自然资源收入为例，1982年加拿大《宪法》修正案明确赋予各省和地区拥有管理辖区内自然资源、林业资源和水力能源的权利，其中就包括征收矿业税和特许权使用费。地方政府根据省级法律负责制定相关地方事务管理细则。

二是收费项目设置流程公开透明。加拿大《服务费用法案》规定，政府设置收费项目前要明确收费理由、征收范围、收费金额、收费方式等基本情况并与利益当事人进行磋商，相关部门要结合当事人意见妥善回应，监管部门要成立审查小组就协商程序和意见答复进行审查，有关部门还须向议会提交收费提案、磋商摘要、审查小组报告等资料，经严格程序后方可确立收费项目和收费标准。

三是按照成本补偿原则设置定价标准。加拿大《财政管理法》第19条规定，政府收费项目不能超过成本价，成本计算需遵循加拿大《成本计算指南》的规定，根据全部成本信息确定收费水平上限。全部成本核算完成之后，还须考虑历史定价、通货膨胀、服务交付、可负担能力、行政效率等诸多因素，最终确定收费标准并定期审查更新，及时向公众公开标准制定情况，确保非税收入征收的公平性、合理性。

四是纳入政府基金管理。加拿大《财政管理法》规定，联邦政府收入均须放入政府综合收入基金统收统支使用。个别由国会批准设立的可周转基金，可将政府收费项目取得的收入直接用于支持收费项目运行实行收支相抵，并按照《可周转基金法案》规定进行收支管理，控制以收抵支的金额。

二、非税收入的历史变革

加拿大在建国伊始，政府的非税收入主要包括邮政收入和其他非税收入，其中，其他非税收入又包括货币收入、特许权收入、执照和许可证收入以及货物和服务销售收入。

一战期间，由于战争带来的高昂支出，加拿大的非税收入也持续上涨，战争结束后为恢复经济发展，政府对非税收入进行调节，收入规模大幅下降。1867 年，加拿大联邦政府邮政收入与其他非税收入占其政府收入的比重均为 7. 1% 。在之后的一战期间，尽管开征了所得税和联邦销售税，但战争的巨额支出带来非税收入占比的上升。1918 年，邮政收入和其他非税收入占比分别为 7. 0% 和 16. 4% 。随着所得税筹集收入能力的增加，1945 年二战结束后邮政收入和非税收入占比分别降至 2. 3% 和 0. 7% 。加拿大联邦政府财政支出在二战结束一段时期后迅速下降，非税收入占比也下降至 1955 年的 2. 5% 。1973 年石油危机后，为刺激经济增长，加拿大联邦政府加大财政支出，债务收入增加，非税收入占比更是降至 1975 年的 1. 1% ，这一水平一直持续到 20 世纪末。

在经历了 20 世纪 70 年代和 80 年代的债务周期、90 年代初的财政危机、1994 年墨西哥比索危机之后，加拿大联邦政府决定实行平衡预算，拒绝财政过度支出。与此同时，1995—2008 年，加拿大经历了一段漫长的经济扩张期。然而，2008 年全球经济危机之后，加拿大再度开启赤字融资的大门。在此背景下，加拿大联邦政府的非税收入占比也经历了不断提高的过程，从 2000 年的 5. 8% 提高至 2020 年的 8. 5%[①]。

三、非税收入的规模结构

（一）加拿大政府非税收入规模

2000—2020 年，加拿大国内生产总值从 11060. 7 亿加元增加至 22049. 1 亿

---

① 数据来源：加拿大财政部，https：//www. canada. ca/en/department-finance/services/publications/fiscal-reference-tables/2021. html。

加元，年均增长率为 3.5%，广义政府部门财政收入从 4783.2 亿加元上升至 9263.3 亿加元，年均增长率为 3.4%。其中，政府非税收入从 890.4 亿加元增加至 1630.5 亿加元[①]，接近翻一番，年均增速为 3.1%。

广义政府部门非税收入占财政收入比重在 17%—20% 波动，占 GDP 比重在 7%—8%，收入情况较为稳定。从收入趋势来看，2000 年以来，加拿大非税收入占广义政府部门收入及 GDP 的比重都呈波动性下降趋势，但下降幅度保持在 1 个百分点左右，收入水平整体平稳（如图 2－4 所示）。

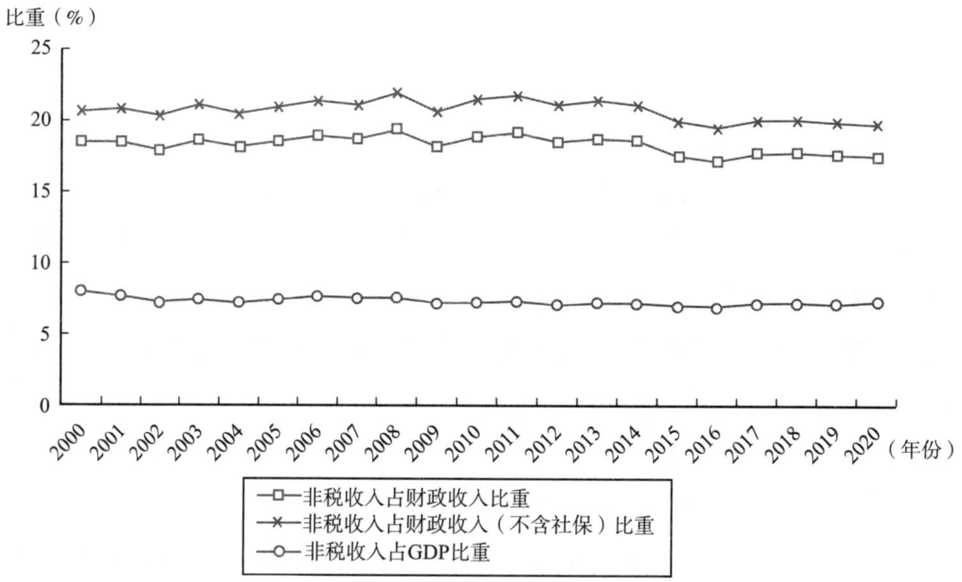

图 2－4 2000—2020 年加拿大广义政府部门非税收入占比变化趋势[②]

（二）加拿大政府非税收入结构

从不同政府层级非税收入构成看，加拿大非税收入在政府间分布并不均衡，省级政府部门非税收入占总体非税收入比重较大，联邦政府非税收入占比较小。2000 年，联邦政府、省级政府和地方政府的非税收入之比为 12.1∶54.5∶33.4，到 2020 年三者之比变为 4.6∶59.2∶36.3。其中，联邦政府所占比重大幅下降，省级政府和地方政府非税收入占整体非税收入比重有小幅提升（如图 2－5 所示）。

① 按照加拿大财政部公布的广义政府部门计算的非税收入不包括政府间转移支付，所以实际数据较小。

② 本节相关图表数据均来源于 IMF，Government Finance Statistics Yearbook，加拿大财政部。

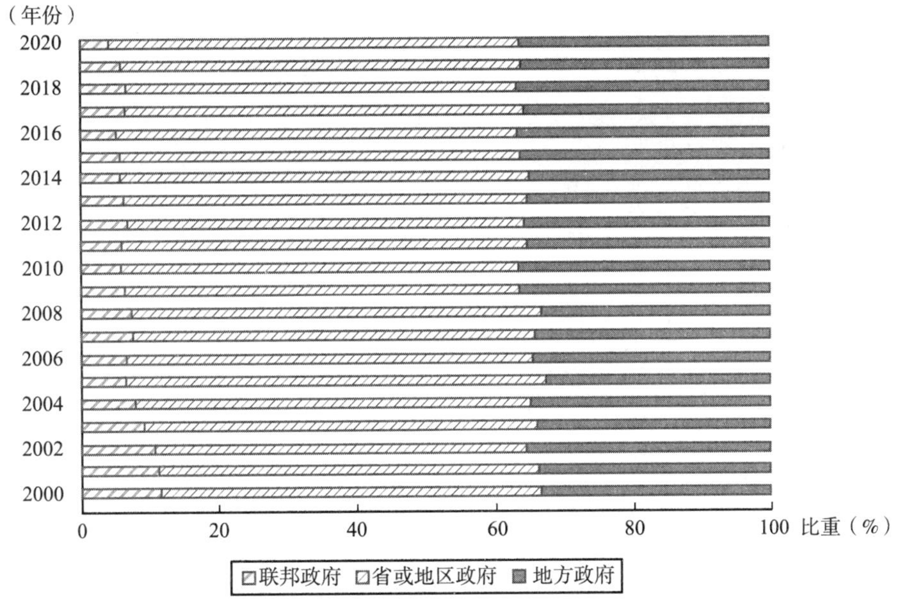

图 2－5 2000—2020 年加拿大政府非税收入在政府间分布情况

从非税收入对各级政府财政收入的贡献度看，非税收入对地方政府收入贡献较为稳定。2000 年，加拿大广义政府部门非税收入占财政收入比例为 18.6%，2020 年非税收入占比为 17.6%，20 年间仅降低 1 个百分点，变化幅度较小。

其中，联邦政府非税收入占同级财政收入比例始终较低，省级政府及地方政府非税收入占比较高且呈上涨态势（如表 2－2 所示）。主要原因为省级和地方政府承担了大部分准公共物品和公共物品的提供，需要一定的非税收入作为资金补充。同时，由于近年来地方政府基础建设压力增大，上级转移支付减少使地方政府加强了对收费项目的依赖，地方的非税收入大幅增长。

表 2－2 2000—2020 年加拿大政府非税收入对各级政府的贡献度 单位：%

年份	联邦政府		省或地区政府		地方政府
	非税收入占财政收入（含社保）比重	非税收入占财政收入（不含社保）比重	非税收入占财政收入（含社保）比重	非税收入占财政收入（不含社保）比重	非税收入占财政收入比重
2000	9.28	10.23	36.22	37.20	60.85
2001	9.15	10.08	37.56	38.59	60.91

续表

年份	联邦政府		省或地区政府		地方政府
	非税收入占财政收入（含社保）比重	非税收入占财政收入（不含社保）比重	非税收入占财政收入（含社保）比重	非税收入占财政收入（不含社保）比重	非税收入占财政收入比重
2002	8.65	9.54	36.25	37.31	61.01
2003	8.46	9.29	38.88	40.05	61.29
2004	6.81	7.42	38.08	39.27	61.42
2005	6.55	7.12	41.61	42.84	62.07
2006	6.75	7.28	40.04	41.37	63.28
2007	7.41	7.98	40.00	41.29	62.03
2008	7.69	8.28	41.53	42.86	61.21
2009	7.03	7.61	40.68	42.03	62.10
2010	7.21	7.82	43.34	44.69	63.78
2011	7.25	7.84	41.58	42.95	61.81
2012	7.69	8.34	40.28	41.64	61.13
2013	7.06	7.71	40.47	41.78	60.89
2014	6.15	6.70	40.44	41.70	60.12
2015	6.07	6.61	38.53	39.73	59.84
2016	5.51	6.00	38.39	39.61	59.99
2017	6.87	7.35	38.38	39.52	60.27
2018	6.96	7.46	38.38	39.53	61.60
2019	6.34	6.80	39.18	40.22	61.64
2020	5.06	5.43	42.86	43.93	63.31

第三节 澳大利亚政府非税收入概况

一、非税收入的基本情况

2015 年 12 月，澳大利亚政府基于联合国统计委员会更新的国民账户国际统计标准（SNA2008）和国际货币基金组织最新修订版政府财政统计手册（GFSM2014）中规定的国际标准，发布了最新的《澳大利亚政府财政统计体系：概念来源和方法》（AGFS15），该体系将澳大利亚非税收入划分为五类：公共物品和服务销售收入、利息收入、分红收入、特许权使用费收入、其他收入。

澳大利亚非税收入的管理模式具有分权、透明度高、规范性强等特点，具体如下：

一是非税收入项目设立经过严格的法律程序。联邦议会是澳大利亚的最高立法机构，联邦政府和高等法院分别为行政机构和司法机构，三者相互制约与平衡。联邦非税收入项目的设立议案需要提交联邦议会的众议院和参议院审议，审议通过并经总督批准后才能生效。州（地区）或地方政府主管部门提出立项申请并论证后，提交州（地区）议会审批，获批后才能落实。

二是使用者付费以“成本补偿”为首要原则①。政府部门提供公共物品和服务发生成本，非税收入用于抵减税收收入不能补偿的政府部门成本，因而非税收入收缴不以营利为目的。非税收入的收缴标准兼顾缴纳者的支付能力，充分考虑对未来经济和财政的影响，因而能被社会公众接受。澳大利亚非税收入项目的预算编制和执行过程不仅受到财政和行政管理部、审计署等机构的监督，且需要对全社会公开。

三是非税收入统一纳入财政管理框架。非税收入是政府财政资金的重要补充。自 1994 年明确政府财政统计的分析框架以来，非税收入的管理更加规范。澳大利亚联邦政府规定由财政部开设专门账户，用于财政资金的存款、支出等，州（地区）和地方政府征收非税收入后统一存入官方账户。

二、非税收入的历史变革

澳大利亚联邦成立之初，关税是其主要收入来源，支出不足部分以债务弥补，非税收入占比较低。1931 年，澳大利亚获得外交独立自主权后，政府取消了关税的征收，主要通过对个人和公司征收所得税筹集税收收入，非税收入也

① 马洪范，蒋义．政府非税收入管理国际经验及借鉴［J］．地方财政研究，2009（9）：22－26.

发挥一定作用[①]。1942 年，为适应战时需要，联邦政府高度集中公共部门财力，但各类收入的管理尚不规范。20 世纪 90 年代，澳大利亚开启了全面的财税体制改革。1994 年，澳大利亚发布了《政府财政统计体系：概念、来源和方法》（第一版），明确了政府财政统计的概念和分析框架，概述了数据来源和使用的编制方法，明确非税收入包括公共物品交易净盈余、财产收入和其他收入三类。其中，财产收入中包括利息收入、股息收入、土地租金收入、特许权使用费。1996 年，澳大利亚成立专业审计委员会，财政统计开始借鉴国际货币基金组织的修订数据标准。1998 年，《预算诚信章程法》出台，政府收入管理的规范性大大提高。该法一是提出财政管理的五项原则：①管理财政风险，维持债务水平；②维持国民储蓄水平，调节经济周期；③保持税负稳定和可预期，调整财政收支；④维持完整税制；⑤充分考虑预期财政影响。二是制定中期发展框架，其中前瞻预测部分明确规划了税收、非税等财政收支情况。至此，澳大利亚政府已经形成相对完整的财政收支预算体系，非税收入的管理也更加规范。

进入 21 世纪以来，澳大利亚政府财政统计体系更加完善。2005 年，澳大利亚财政部出台《政府财务统计手册 2005：概念、数据来源和统计方法》和《澳大利亚政府财政统计体系修正案》，政府财政统计框架中非税收入“公共物品交易净盈余”被修改为“公共物品和服务销售收入”，财产收入项目也更加细化。2015 年，澳大利亚政府吸纳了国际货币基金组织更新的政府财政统计手册（GFSM2014）中的变化，修订发布了《政府财务统计手册 2015：概念、数据来源和统计方法》，并沿用至今，非税收入的规定无明显变化。

三、非税收入的规模结构

（一）澳大利亚政府非税收入规模

从绝对值看，从 2008—2009 财年至 2020—2021 财年，澳大利亚国内生产总值从 12607.1 亿澳元增加至 20667.3 亿澳元，年均增长率为 4.2%，澳大利亚广义政府部门财政收入从 4130.6 亿澳元提高至 7199.7 亿澳元[②]，年均增长率达

---

① 冯格利特·利瓦伊. 统治与岁入［M］. 周军华，译. 上海：上海人民出版社，2010：157.

② 按照澳大利亚政府公布的《澳大利亚政府财政统计体系：概念来源和方法》（AGFS15）中广义政府部门计算的非税收入不包括政府间转移支付，所以实际数据比较小。

到4.7%。其中非税收入从736.1亿澳元增加至1256.4亿澳元，年均增长率为4.6%。

从相对值看，2008—2009财年至2020—2021财年，澳大利亚广义政府部门非税收入占财政收入比重在17%—20%波动，占GDP比重在5%—7%。2008—2009财年以来，澳大利亚非税收入占广义政府部门收入的比重呈先升后降趋势，从2008—2009财年的17.8%提高至2009—2010财年的阶段性峰值19.4%，此后波动下降，2020—2021财年降至17.5%。非税收入占GDP的比重微降，由2009—2010财年的6.2%降至2020—2021财年的6.1%（如图2-6所示）。

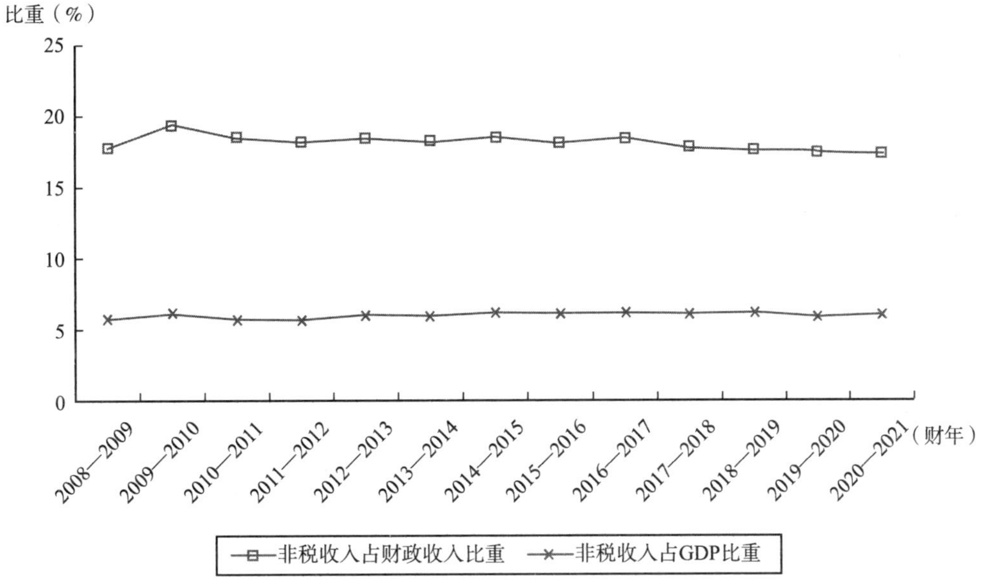

图2-6 2008—2009财年至2020—2021财年澳大利亚广义政府部门非税收入占比变化趋势①

（二）澳大利亚政府非税收入结构

从政府层级间占比方面看，澳大利亚非税收入在政府间分布并不均衡，整体来看，州（地区）政府部门非税收入占比最高，其次是联邦政府。2008—2009财年，联邦政府、州（地区）政府和地方政府间的非税收入之比为28.4∶52.9∶18.6，到2020—2021财年三者之比变为27.6∶53.6∶18.8，联邦政府所占

① 本节相关图表数据均来源于澳大利亚统计局《政府财政统计》（GFSA）。

比重整体下降，下降 0. 8 个百分点，州（地区）政府、地方政府非税收入占整体非税收入比重均有小幅提升，前后分别提升 0. 7 和 0. 2 个百分点（如图 2 -7 所示）。

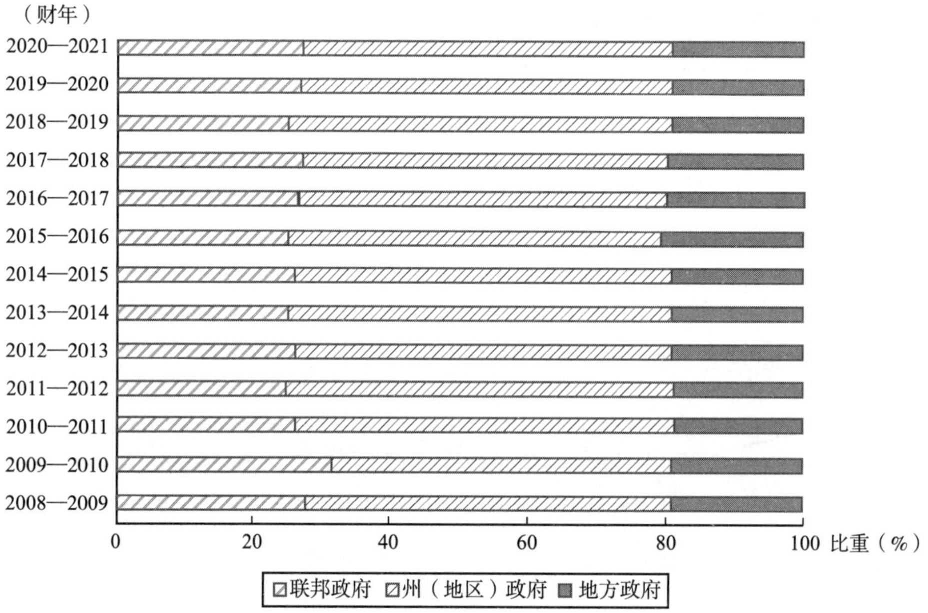

图 2 -7　2008—2009 财年至 2020—2021 财年澳大利亚政府非税收入在政府间分布情况

从财政收入贡献度方面看，2008—2009 财年至 2020—2021 财年，澳大利亚广义政府部门非税收入占财政总收入比重保持在 17% 以上，2009—2010 财年最高达 19. 4% 。2020—2021 财年非税收入占比降至 17. 5% ，较 2009—2010 财年阶段性峰值降低 2. 0 个百分点。

2008—2009 财年至 2020—2021 财年，澳大利亚各级政府非税收入占本级财政收入的比重在 7% 左右，且呈下降趋势，从 2008—2009 财年的 7% 降至 2020—2021 财年的 6. 7% ；州（地区）政府非税收入占比在 43% 左右，且呈下降趋势，从 2008—2009 财年的 43. 4% 降至 2020—2021 财年的 42. 0% ，下降了 1. 4 个百分点；地方政府非税收入占比在 55% 左右，呈下降趋势，从 2008—2009 财年的 55. 7% 降至 2020—2021 财年的 54. 0% ，整体下降了 1. 7 个百分点（如图 2 -8 和表 2 -3 所示）。

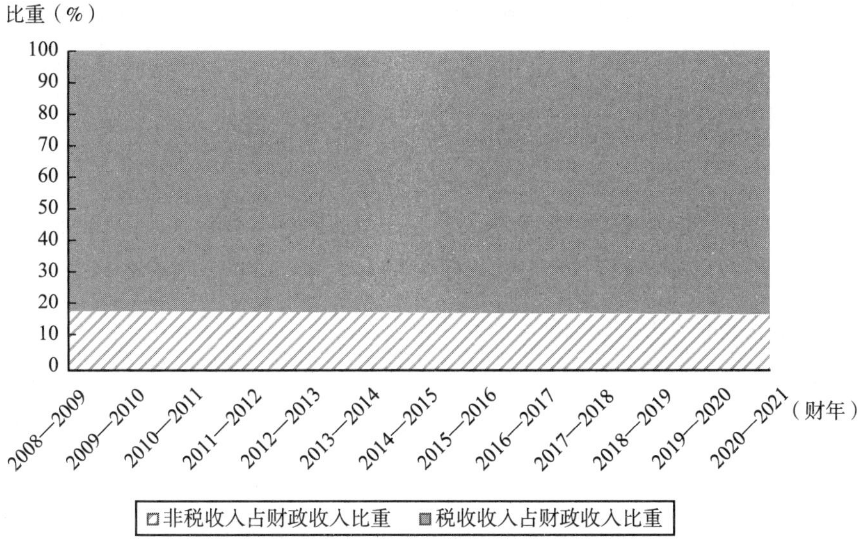

图 2－8　2008—2009 财年至 2020—2021 财年澳大利亚广义政府部门财政收入结构变化趋势

表 2－3　2008—2009 财年至 2020—2021 财年澳大利亚政府非税收入对各级政府的贡献度

财年	联邦政府		州（地区）政府		地方政府	
	非税收入/亿澳元	非税收入占财政收入比重/%	非税收入/亿澳元	非税收入占财政收入比重/%	非税收入/亿澳元	非税收入占财政收入比重/%
2008—2009	209	7.0	390	43.4	137	55.7
2009—2010	256	8.8	397	42.0	151	56.5
2010—2011	218	7.0	453	43.7	151	54.9
2011—2012	221	6.5	488	44.9	162	55.1
2012—2013	251	6.9	512	44.6	177	55.8
2013—2014	246	6.6	539	44.0	179	54.6
2014—2015	270	7.1	552	42.8	194	55.1
2015—2016	264	6.7	556	41.4	210	55.8
2016—2017	302	7.2	588	41.8	217	55.5
2017—2018	291	6.4	632	42.9	224	55.3
2018—2019	308	6.3	670	43.7	228	54.6
2019—2020	323	6.7	632	42.5	224	53.3
2020—2021	347	6.7	674	42.0	236	54.0

从澳大利亚联邦政府非税收入项目构成看，澳大利亚统计局公布的非税收入①

① 澳大利亚并没有将非税收入（non-tax revenue）作为一类进行统计，这里仅为笔者总结。

涵盖公共物品和服务销售收入、利息收入、分红收入、特许权使用费收入、其他收入等。其公共物品和服务销售收入、利息收入、分红收入占比较高。2008—2009 财年至 2020—2021 财年，财产收入始终是澳大利亚联邦政府非税收入的最重要组成部分，利息收入、分红收入、特许权使用费收入三类财产收入占非税收入比重保持在35%以上，平均占比达到41.0%，其中以利息收入和分红收入为主，二者平均占比之和达到35.7%。公共物品和服务销售收入也是澳大利亚联邦政府非税收入的大头，2008—2009 财年至 2015—2016 财年，此项收入占非税收入比重在30%以上。总的来说，2008—2009 财年至 2020—2021 财年，澳大利亚联邦政府非税收入的构成平均占比依次是：公共物品和服务销售收入 32.1%，其他收入 26.9%，分红收入 19.2%，利息收入 16.5%，特许权使用费收入 5.3%（如图 2－9 所示）。

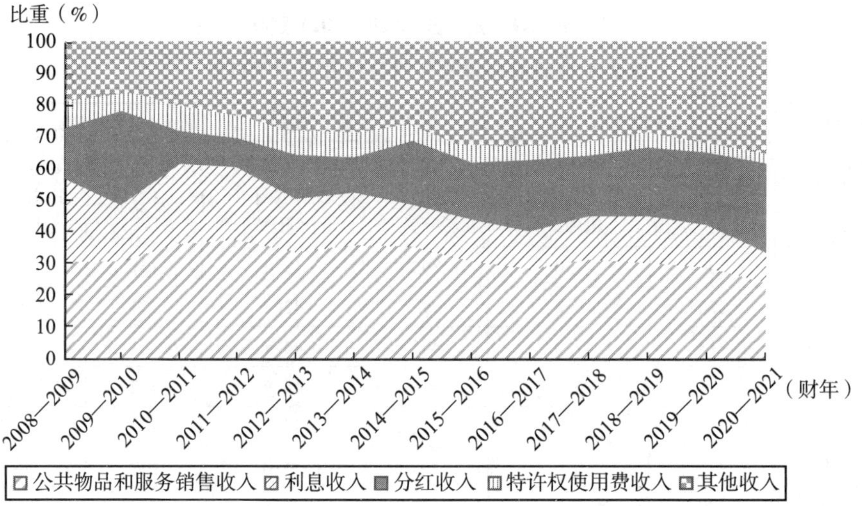

图 2－9　2008—2009 财年至 2020—2021 财年澳大利亚联邦政府非税收入构成变化趋势

从澳大利亚州（地区）政府非税收入项目构成看，其公共物品和服务销售收入、分红收入、特许权使用费收入占较大比重。2008—2009 财年至 2020—2021 财年，公共物品和服务销售收入一直是澳大利亚州（地区）政府非税收入的最重要组成部分，多数年份收入占比保持在40%以上。财产收入中分红收入和特许权使用费收入是大头，多数年份两类收入占非税收入比重保持在30%以上。总的来说，2008—2009 财年至 2020—2021 财年澳大利亚州（地区）政府非税收入的构成平均占比依次是：公共物品和服务销售收入 41.8%，特许权使用费收入

18.9%，其他收入16.7%，分红收入15.2%，利息收入7.4%（如图2－10所示）。

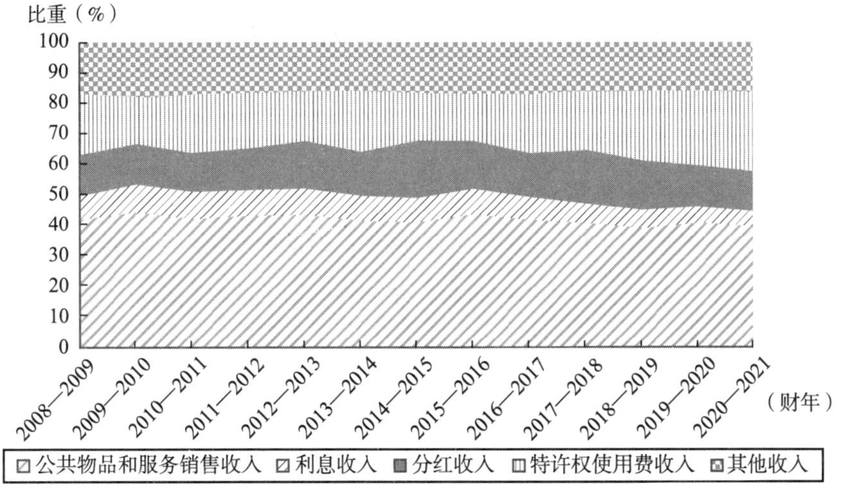

图2－10　2008—2009财年至2020—2021财年澳大利亚州（地区）政府非税收入构成变化趋势

从澳大利亚地方政府非税收入项目构成看，其公共物品和服务销售收入占较大比重。2008—2009财年至2020—2021财年，公共物品和服务销售收入一直是澳大利亚地方政府非税收入的最重要组成部分，收入占比保持在55%以上（如图2－11所示）。地方政府财产收入仅包含利息收入，占比基本在3%—8%。总的来说，2008—2009财年至2020—2021财年，澳大利亚地方政府非税收入的构成平均占比依次是：公共物品和服务销售收入58.2%，其他收入37.2%，利息收入4.6%。

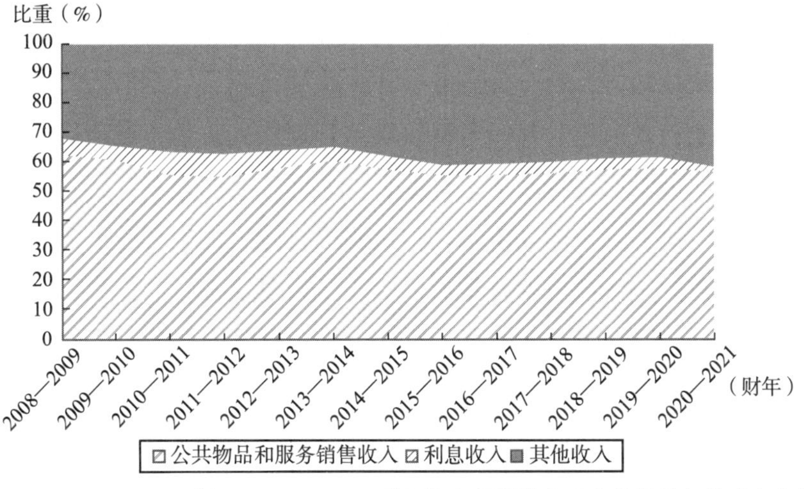

图2－11　2008—2009财年至2020—2021财年澳大利亚地方政府非税收入构成变化趋势

第四节 日本政府非税收入概况

一、非税收入的基本情况

日本实行复式预算制度，中央预算分为一般会计预算、特别会计预算和政府关联机构预算三部分。日本中央财政的一般会计预算包括税收收入、专卖收入、国有企业利润及国营事业收入、政府资产收入、杂项收入、公债和上年结转等。日本地方财政的收入包括地方税、地方让与税、地方交付税、国库支出金、地方债和其他收入等。

中央财政中的非税收入包括专卖收入、国有企业利润及国营事业收入、政府资产收入和杂项收入 4 类，地方财政中的非税收入包括交通安全对策特别补助金、分担金和负担金、使用费、手续费、国有提供设施等所在市町村交付金、财产性收入、捐赠金和各项收入 8 类。其中，各项收入是地方非税收入中占比最大的部分，包含地方存款利息、延迟金、罚款、公有企业本金和利息收入、贷款本金和利息收入、受托业务收入、收益事业收入和其他收入等。[①]

日本的国会、审计部门和财政部门的有关财政支出管理的职责、权限及程序均以法律为依据。国会对预算的审议和批准以《宪法》为依据；审计部门以《宪法》《会计法》和《会计检察院法》为依据进行审计；财政部门按《宪法》《财政法》《会计法》和《大藏省设置法》等规定从事监督管理工作[②]。1947 年《地方自治法》的实施，开启了日本地方自治，地方事权分为都道府县事权和市町村事权，规定地方预算分为一般会计预算和特别会计预算。对于特别会计预算的管理，实行政府主管部门与财政双重管理模式，地方政府在一般会计预算对本级税收实际没有选择余地，常处于中央政府“代管人”的角色[③]，因此，地方财政对公共服务支出的需求越大，在非税收入上的发挥空间就越大，但非税收入的收支也要纳入政府财政预算进行统一管理。

---

① 日本财务省财务统计，https：//www. mof. go. jp/policy/budget/reference/statistics/data. htm。

② 刘长琨．日本财政制度［M］．北京：中国财政经济出版社，1998：55.

③ 聂少林．国外政府非税收入规范管理经验借鉴及启示［J］．财政研究，2010（12）：65－69.

二、非税收入的历史变革

日本的非税收入变迁是随着政府收入制度的发展而逐渐完善。明治维新推翻了封建幕府统治，形成了最初的道府县制和市町村制，并建立了以土地税为主要税种的税制体系，后逐步引进所得税，增设了如印花税、营业税等。直至第一次世界大战前，日本的非税收入种类单一，主要是国有土地森林平原收入等。一战导致日本军费支出猛增，倒逼政府完善政府收入制度，开征新税种，发行公债，并开始实施分税制，形成了现代意义上的财政管理体制，至第二次世界大战前，日本形成了现行非税收入的基本框架。二战结束后，日本废除了因战争而开征的临时税种，以《夏普劝告》为蓝本，开始对税制进行改革，同时对非税收入的具体科目进行细化，使得非税收入管理更加规范化。例如，增加了专卖收入的明细科目（如酒业专卖特别账户）、国有企业利润收入的明细科目（如医院诊所收入）、政府资产收入（如国有财产出卖收入）、杂项收入（如国有财产利用收入）等[①]。

21 世纪以来，随着泡沫经济的破灭，日本经济开启了低增长阶段，为此日本政府采取扩张性财政政策，并以发行国债来维持不断攀升的政府支出，而地方非税收入占比随着债务率的攀升呈现出长期缓慢下降的特点，2000—2009 年维持在 11.5% 的水平，2020 年后则下降到 5%—8% 的区间内。

三、非税收入的规模结构

（一）日本政府非税收入规模

1985—2018 年，日本 GDP 从 325.4 万亿日元增加至 556.3 万亿日元，年均增长率为 1.6%，财政收入从 111.5 万亿日元增加至 207 万亿日元，年均增长率为 1.9%。其中，全国非税收入从 10.1 万亿日元增长至 14.6 万亿日元，年均增长率为 1.1%。

1985—2018 年[②]，日本全国非税收入占 GDP 比重保持在 2%—6%（如图 2－12 所示），占财政收入的比重从 10.6% 降至 8.4%，如果是包含公债的财政收入，非税收入占比在 11%—21%。其中，2009 年非税收入在（不含公债）财政收入的占比最高，达到 20.6%。

---

① 高淑娟，刘普．外国政府非税收入管理［M］．北京：中国社会科学出版社，2021：326.

② 日本令和 4 年（2022 年）统计年鉴对地方非税收入的统计为 2018 年数据，因此文中将日本中央和地方相比较的数据统计截止年份统一为 2018 年。

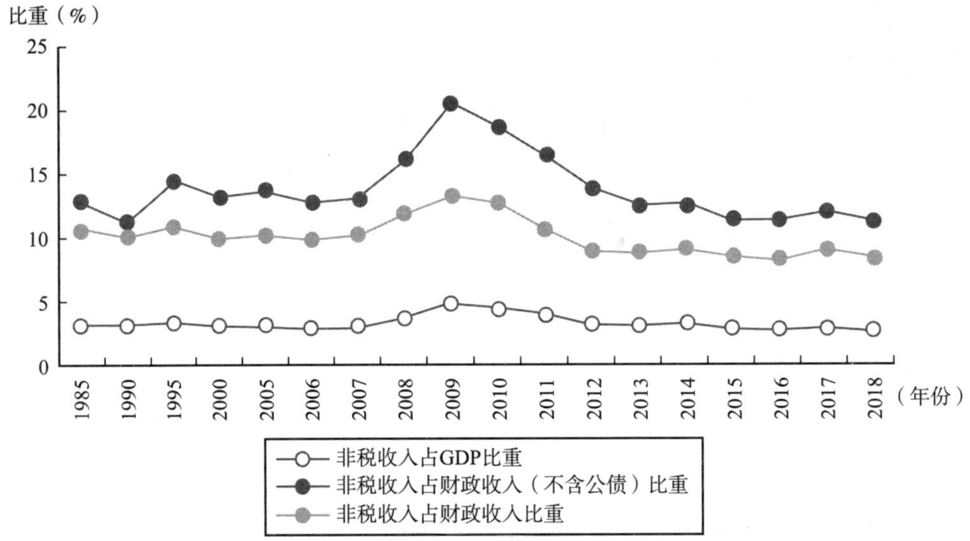

图 2－12　1985—2018 年日本非税收入占比变化趋势①

（二）日本政府非税收入结构

从中央地方占比方面看，日本非税收入在中央与地方之间的分布并不均衡。中央政府非税收入占比低于地方（包含都道府县和市町村）政府占比，长期维持在 30%—40% 的区间内（如图 2－13 所示）。

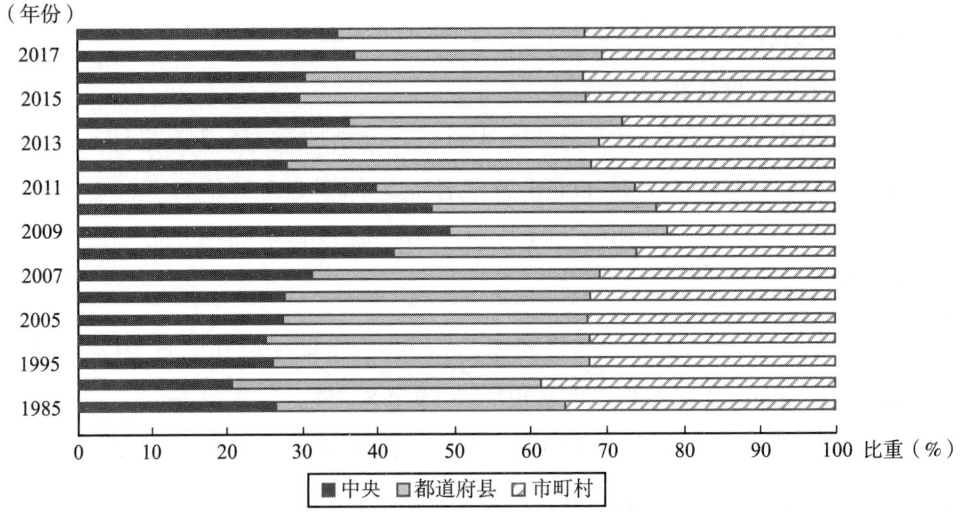

图 2－13　1985—2018 年日本政府非税收入在政府间分布情况

① 本节相关图表数据均来源于日本总务省统计局，https：//www. stat. go. jp/。

从财政收入贡献度方面看，自1985年至2018年，中央政府非税收入占比总体呈先升后降趋势。1985年，中央非税收入占比为5.2%，2018年降至5.1%；都道府县非税收入占比总体呈下降趋势，从1985年的13.0%降至2018年的9.9%；市町村非税收入占比总体呈下降趋势，从1985年的12.7%降至2018年的8.6%（如表2-4所示）。

表2-4　1985—2018年日本各级政府非税收入的财政贡献度　单位：%

年份	中央政府		都道府县		市町村	
	非税占中央财政收入（含公债）比重	非税占中央财政收入（不含公债）比重	非税占都道府县财政收入（含公债）比重	非税占都道府县财政收入（不含公债）比重	非税占市町村财政收入（含公债）比重	非税占市町村财政收入（不含公债）比重
1985	5.2	5.2	17.4	13.0	16.4	12.7
1990	4.1	4.0	16.3	13.1	16.4	13.2
1995	6.0	5.8	17.8	13.8	13.8	10.8
2000	4.9	4.6	16.8	13.4	13.2	10.5
2005	5.5	5.2	16.7	13.9	14.1	11.0
2006	5.4	5.2	15.3	13.1	13.2	10.4
2007	6.4	6.1	15.0	12.8	13.4	10.4
2008	9.7	9.4	15.3	13.0	13.5	10.4
2009	11.6	11.1	17.1	13.6	13.8	10.0
2010	11.2	10.6	16.0	13.1	13.3	9.8
2011	7.5	7.2	16.3	12.8	13.1	9.5
2012	4.6	4.2	15.8	12.7	12.9	9.2
2013	5.3	4.7	12.5	12.0	12.6	8.9
2014	6.5	6.1	12.4	12.1	12.2	8.5
2015	4.8	4.5	13.5	11.0	12.3	8.6
2016	4.7	4.5	13.0	10.6	12.5	8.6
2017	6.2	5.9	12.6	10.4	12.3	8.5
2018	5.4	5.1	11.9	9.9	12.3	8.6

从收入类型结构特点上看，1985—2018年日本政府部门非税收入、税收收入、公债占财政总收入比重分布情况如图2-14所示。从图中可以看出，各年度非税收入占比变化不大，呈下降趋势。2009年为11.3%，2018年为7.1%，

30 年间下降了 1.9 个百分点。

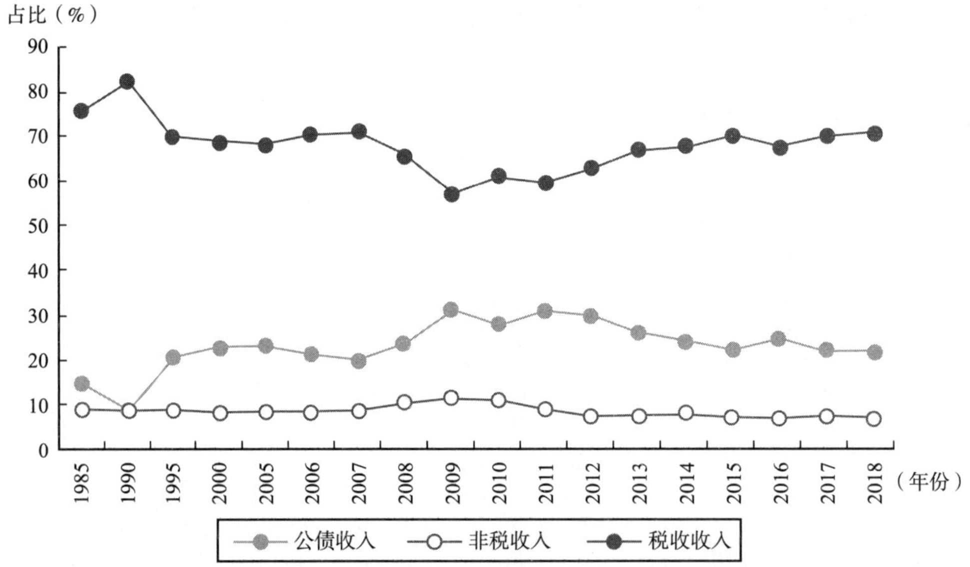

图 2－14 1985—2018 年日本政府部门财政收入结构变化趋势

在中央非税收入项目中，杂项收入是日本中央政府 1985—2021 年间非税收入中占比最大的，基本维持在 90% 左右，成为决定中央财政非税收入水平的关键项目；政府资产收入在中央财政非税收入中的占比不高，除了个别年度数值相对较大，总体收入水平处在相对稳定的水平；国有企业利润和国营事业收入在中央财政非税收入中的占比也很低，但从 2013 年开始有上升趋势（如表 2－5 所示）。

表 2－5　　1985—2021 年日本中央财政非税收入构成　　单位：亿日元

年份	中央财政非税收入	专卖收入	国有企业利润和国营事业收入	政府资产收入	杂项收入
1985	27840	110	230	1630	25870
1990	28960	110	220	1620	27010
1995	46530	160	220	2740	43410
2000	43060	210	200	2250	40400
2005	46650	—	160	3320	43170
2006	43930	—	160	2750	41020
2007	51860	—	160	2940	48760
2008	83440	—	160	2480	80800

续表

年份	中央财政非税收入	专卖收入	国有企业利润和国营事业收入	政府资产收入	杂项收入
2009	119150	—	150	1450	117550
2010	106030	—	150	7850	98030
2011	78760	—	160	2890	75710
2012	45170	—	160	2270	42740
2013	49630	—	440	3280	45910
2014	63800	—	450	14790	48560
2015	46050	—	440	2920	42690
2016	46410	—	450	3050	42910
2017	60690	—	500	2780	57410
2018	54170	—	510	2680	50980
2019	74160	—	510	2260	71390
2020	67910	—	500	2380	65030
2021	55640	—	520	2450	52670

在地方非税收入项目中，其他非税收入占比最高，其中又以使用费为主。使用费是地方政府向固定受益人征收的费用，包括综合使用费、民生使用费、卫生使用费、农林水产业使用费、工商使用费、土木使用费和教育使用费等。1985—2018 年日本地方政府使用费收入规模及其占非税收入比重情况如表 2 - 6 所示。

表 2 - 6　　1985—2018 年日本地方政府使用费及其占非税收入比重

年份	都道府县		市町村		地方合计	
	使用费/亿日元	占非税收入比重/%	使用费/亿日元	占非税收入比重/%	使用费/亿日元	占非税收入比重/%
1985	5660	14. 1	6030	16. 1	11690	16. 1
1990	7460	13. 1	7950	14. 5	15410	14. 7
1995	8450	11. 4	9790	17. 0	18240	15. 3
2000	8180	11. 3	10720	19. 3	18900	16. 4
2005	7510	11. 1	11220	20. 3	18730	16. 8
2006	7200	11. 4	10740	20. 9	17940	17. 3

续表

年份	都道府县		市町村		地方合计	
	使用费/亿日元	占非税收入比重/%	使用费/亿日元	占非税收入比重/%	使用费/亿日元	占非税收入比重/%
2007	7060	11.4	10710	20.8	17770	17.4
2008	7000	11.2	10600	20.4	17600	16.6
2009	6820	9.9	10380	19.5	17200	15.2
2010	4470	6.8	10110	19.2	14580	13.3
2011	4400	6.6	9980	19.1	14380	13.1
2012	4410	6.8	10020	19.4	14430	13.8
2013	4350	7.0	10070	19.9	14420	14.4
2014	5210	8.3	10070	20.4	15270	15.0
2015	5940	10.3	10040	19.8	15990	16.0
2016	6710	12.2	10000	19.8	16710	17.4
2017	6660	12.6	9950	19.7	16600	17.6
2018	6580	13.2	9890	19.2	16480	17.9

第五节　国外政府非税收入管理经验启示

国外一些发达国家的非税收入管理起步较早，已形成了相对成熟的管理模式，虽然由于政治体制、经济结构和具体国情等方面的差异，各个国家对非税收入的实际管理侧重不同，但有一些先进的管理经验值得学习和借鉴。

一、非税收入立法角度

国外政府非税收入管理的一个突出特点是坚持法治化原则，虽然各国的政治体制有所不同，但总体看来，各国非税收入项目的确立和征收都需要相应的法律授权并经过权力部门的审议，很多国家非税收入的立法依据、立法程序与税收基本无异。无论是宏观层面的政府职能定位、不同层级政府事权财权的划分、非税收支范围结构的厘定，还是微观层面非税收入项目和标准的确立、非税收支安排的预算管理、非税项目相关信息的公开和非税资金收缴、使用及监管，都有明确的法律依据并严格按照法令执行。法定原则的贯彻不仅使非税收入的管理具有合法性、公平性、稳定性，也大大提高了非税收入管理的规范性，这种规范性不仅体现在制度环境、法律程序上，也体现在非税项目、非税收入边界和结构、非税征缴主体、非税预算管理行为等诸多领域和环节，有效规范了政府非税收入的管理行为。我国近年来也一直在积极推进非税收入法制化建设，着力提升非税收入管理规范化水平，推进非税收入立法进程，逐步推动非税收入管理向法制化、法治化前进。

二、非税收入管理角度

（一）兼顾缴费主体权益

国外政府非税收入管理在确定非税收入项目和标准中侧重保护缴费人合法权益和合理控制成本。在非税收入项目的设立和标准变化上有严格的法律程序，既需要向缴费主体详细介绍项目开立的原因、适用范围、征收标准，也要积极与缴费人进行磋商，听取和答复缴费人意见，还需形成详细的工作资料向国会或相关部门提交备案，未与公众达成一致的不得收费。收费标准的制定也要严格控制成本，既要遵循最小成本或边际成本原则，也要充分考量历史收费情况、缴费主体承受能力、社会发展需要等诸多因素，有时最终收费标准的确定甚至会低于成本。公众在非税收入的设立和征收中具有较高的参与度和话语权，既充分保障了缴费主体的合法权益，也提高了社会公众对非税收入征收管理的认可度和遵从度。

（二）建立高效征管流程

在征收方式上，多数国家会采用多种方式并存的管理模式，既包括部门自行负责征收、委托第三方机构征收，也有通过集中平台进行征收。不同的国家侧重的模式有所不同，如美国主要采用通过财政部注册的集中平台对各联邦部门的收费进行征收，加拿大会采用各部门自己的信息平台自行负责征收。也有很多国家为了降低征收成本根据不同费种的现实情况委托第三方机构开展征收。多种征收方式交叉使用、灵活征收，既降低了行政成本，又提供了高效便捷的服务。

在支付方式上，各国都提供多种支付方式供缴费人选择适用，如支票、现金、汇款、线上支付等。目前，大多数发达国家已基本实现电子化征缴和票据管理，如美国财政部设置了集中支付平台 Pay. gov 用于集中收缴非税款项，加拿大很多联邦部门也建立了各自的电子化非税收入征缴系统，如加拿大移民局建立了公款处理系统来征收移民等相关费用。构建电子化支付平台不仅可以提升缴费人缴费便捷度、降低缴纳成本，也方便政府高效便捷地收缴各类非税收入款项，利用大数据开展综合监督和管理。

（三）采用分类管理方式

各个国家基本都会将非税收入纳入预算管理并计入不同的预算中，采取对应的管理方式。如有的非税收入计入一般类别预算中，使用需要经过重新统筹安排并经权力部门的批准。有的非税收入不计入一般预算中，由权力机构批准专款专用，实行“收支一条线”管理。采用分类管理的方式不仅有利于提高政府管理的规范性，也有利于兼顾非税收入的公平和效率。对不能确定受益人的非税收入统筹安排，可以保证该类收入的受益对象是全体公民而非某些特殊利益群体，有利于实现收入公平性；对于能够确定受益人的收入专款专用，按照谁使用谁负担的原则可以保证财政负担的公平性，也无须每次重新拨款，可以进一步提高资金使用效率。

三、非税收入监督角度

国外政府非税收入管理的监督机制健全，非税收入的收支具有较高的透明度。很多政府会高度重视非税收入的监督管理，建立了全面的监督机制，对非税收入管理全链条进行监督。如很多国家非税收入立项要报国会审议、收费标准变动需召开听证会、所有非税收入需纳入预算管理、政府要定期向公众公布收入使用情况，等等。通常来说，国外政府非税收入的监督包含三种模式，分别是部门内部监督、独立机构监督和社会公众监督。

部门监督通常表现为，政府在每年的预决算报告中应当详细披露非税收入的相关信息，如成本、征收标准和绩效等，以供自查和外部监督。政府部门定期开展自我检查，对各自负责的非税项目进行全面的自查和评估，及时调整收费标准、征收方式，使非税收入项目的运行和管理更有效率。

独立机构监督类似于政府审计监督，由相对独立的部门对非税收入开展专项审查，如美国的监督机构由总统预算和管理办公室、联邦审计办公室和国会预算办公室组成，分别向总统和国会负责。加拿大也有专门的审计机构，负责审计非税收入项目设立的合法性和资金使用的合理性。

公众监督代表民意监督，是最广泛的外部监督。公众不仅有权参与非税收入管理、使用等全过程，在各个环节开展监督，也有权随时通过政府网站查阅公布的非税收入收支情况并质疑。

综上，国外政府非税收入的监督涵盖了不同流程、不同角度、不同主体，形成了较为完备的监督机制和相对成熟的监督体系，有效防止了资金违规使用和浪费等现象，对我国非税收入的监督管理具有较好的借鉴意义。

本章思考题

1. 国外非税收入与国内非税收入的相同点和不同点是什么？
2. 国外非税收入管理有哪些普遍特点？
3. 国外非税收入管理对我国非税收入管理有哪些启示和借鉴意义？

第三章　政府非税收入法制化及预算管理

【学习目标】本章是政府非税收入基础理论中的重要内容，包括政府非税收入法制化、预算管理方面的学习内容。通过本章的学习，以期对我国非税收入的法制化建设、预算编制及审批等重点工作有一定程度的了解。

第一节　政府非税收入法制化

一、政府非税收入的法制化进程

（一）中央层面非税收入法制化进程

在中央层面，我国非税收入法制化可以大致划分为预算外资金阶段和非税收入阶段。从预算外资金阶段到非税收入阶段，围绕资金内容和管理方式的规定经历了较大的改变（见表3－1）。

表3－1　中央层面非税收入相关文件汇总

阶段	文件名称	颁发机关	颁发时间	相关内容
预算外资金阶段	《预算外资金管理试行办法》	财政部	1983年	对预算外资金的概念有了较为明确的规定，规定预算外资金分为四类，并规定了预算外资金的设立权限
	《关于加强预算外资金管理的通知》（国发〔1986〕44号）	国务院	1986年	首次提出了“预算外资金”的概念，进一步明确预算外资金的范围，实行银行式的“储存管理”的要求
	《中华人民共和国预算法》	全国人大常务委员会	1994年	附则里规定预算外资金管理办法由国务院另行规定

续表

阶段	文件名称	颁发机关	颁发时间	相关内容
预算外资金阶段	《关于加强预算外资金管理的决定》	国务院	1996 年	明确预算外资金的性质是未纳入预算管理的财政资金，明确三权所属关系。财政管理手段由“财政专户储存”变为“财政专户”，实行“收支两条线”管理
	《财政部关于深化收支两条线改革进一步加强财政管理意见的通知》（国办发〔2001〕93 号）	国务院办公厅	2001 年	要求各部门的预算外资金全部纳入财政专户管理，有条件的纳入预算管理
非税收入阶段	《财政部、中国人民银行关于印发财政国库管理制度改革试点方案的通知》（财库〔2001〕24 号）	财政部、中国人民银行	2001 年	“非税收入”一词最早被提出
	《关于加强中央部门和单位行政事业性收费等收入“收支两条线”管理的通知》（财综〔2003〕29 号）	财政部、国家发展改革委、监察部、审计署	2003 年	对非税收入进行明确的范围界定，明确要求必须严格按照国务院或者财政部规定全额上缴国库或者财政专户
	《关于加强非税收入管理的通知》（财综〔2004〕53 号）	财政部	2004 年	首次对非税收入的概念做出表述，进一步明确了非税收入的范围，规定了分类规范管理、收入分成、收缴管理等办法
	《财政部关于将预算外资金管理的收入纳入预算管理的通知》（财预〔2010〕88 号）	财政部	2010 年	将预算外资金管理的收入全部纳入预算管理
	《中华人民共和国预算法》修正案	全国人大常务委员会	2014 年	删除了“预算外资金”的表述
	《政府非税收入管理办法》（财税〔2016〕33 号）	财政部	2016 年	再次对非税收入给出明确定义，并对非税收入设立、征收、票据、资金、监督的管理办法做出了规定

（二）地方层面非税收入法制化进程

在地方层面，进入 21 世纪后，省级人民政府和省级人大常委会纷纷开始非税收入的法制化实践。2003 年 7 月 22 日，新疆维吾尔自治区人民政府发布的《新疆维吾尔自治区非税收入收缴管理暂行办法》，是省级地方层面最早的非税收入管理办法。2004 年 5 月 31 日，湖南省人民代表大会常务委员会通过了《湖南省非税收入管理条例》，成为我国第一个制定省级非税收入法规的立法机关。

目前，在全国31个省级政府中，有关非税收入管理的法规规章，包括15个省级立法机关颁布相关管理条例、10个省级人民政府颁发相关管理办法、6个由省级财政部门发布管理规章（见表3-2）。

表3-2　　全国31个省份非税收入管理法规文件汇总

省份	文件名称	颁发机关	颁发时间
新疆	《新疆维吾尔自治区非税收入收缴管理暂行办法》	新疆维吾尔自治区人民政府	2003/7/22
广东	《广东省人民政府关于深化收支两条线改革进一步加强和规范非税收入管理的意见》	广东省人民政府	2004/4/13
湖南	《湖南省非税收入管理条例》	湖南省人民代表大会常务委员会	2004/5/31
湖北	《湖北省政府非税收入管理办法》	湖北省人民政府	2006/11/1
陕西	《陕西省政府非税收入管理暂行办法》	陕西省人民政府	2006/12/12
辽宁	《辽宁省非税收入管理办法》	辽宁省人民政府	2007/1/12
吉林	《吉林省规范政府非税收入管理办法》	吉林省人民政府	2007/7/24
广西	《广西壮族自治区政府非税收入管理条例》	广西壮族自治区人大常务委员会	2007/9/29
重庆	《重庆市政府非税收入管理办法》	重庆市人民政府	2007/12/24
内蒙古	《内蒙古自治区非税收入管理条例》	内蒙古自治区人民代表大会常务委员会	2008/4/3
青海	《青海省非税收入管理条例》	青海省人民代表大会常务委员会	2009/5/22
甘肃	《甘肃省政府非税收入管理条例》	甘肃省人民代表大会常务委员会	2009/6/4
贵州	《贵州省政府非税收入收缴管理实施办法》	贵州省人民政府	2009/8/21
浙江	《浙江省政府非税收入管理条例》	浙江省人民代表大会常务委员会	2010/12/16
云南	《云南省非税收入管理条例》	云南省人民代表大会常务委员会	2011/5/26
河北	《河北省政府非税收入管理规定》	河北省人民政府	2011/10/12
江苏	《江苏省非税收入管理条例》	江苏省人民代表大会常务委员会	2012/8/1
上海	《上海市政府非税收入收缴管理办法》	上海市财政局	2013/7/25
海南	《海南省政府非税收入管理条例》	海南省人民代表大会常务委员会	2013/7/30
河南	《河南省政府非税收入管理条例》	河南省人民代表大会常务委员会	2013/12/11
天津	《关于进一步加强非税收入收支两条线管理的通知》	天津市财政局	2014/5/7
宁夏	《宁夏回族自治区政府非税收入管理条例》	宁夏回族自治区人大常务委员会	2014/7/23
江西	《江西省政府非税收入管理条例》	江西省人民代表大会常务委员会	2014/7/25
福建	《福建省非税收入管理办法》	福建省人民政府	2015/1/20
四川	《四川省非税收入征收管理条例》	四川省人民代表大会常务委员会	2015/4/1
北京	《关于加强和规范政府非税收入管理的意见》	北京市财政局	2015/12/29
西藏	《西藏自治区政府非税收入管理办法》	西藏自治区财政厅	2016/12/17

续表

省份	文件名称	颁发机关	颁发时间
山西	《山西省财政厅关于印发〈政府非税收入管理实施办法〉的通知》	山西省财政厅	2017/5/25
黑龙江	《黑龙江省政府非税收入管理条例》	黑龙江人民代表大会常务委员会	2017/10/13
安徽	《安徽省非税收入管理条例》	安徽省人民代表大会常务委员会	2017/11/17
山东	《关于印发山东省政府非税收入管理办法的通知》	山东省财政厅	2020/12/26

（三）非税收入分项目法制化进程

1. 行政事业性收费的法制化进程。

2004 年，财政部和国家发改委共同发布了《行政事业性收费项目审批管理暂行办法》（财综〔2004〕100 号），规定收费项目实行中央和省两级审批制度，国务院和省、自治区、直辖市人民政府及其财政、价格主管部门按照国家规定权限审批管理收费项目。2006 年，财政部和国家发改委共同发布了《行政事业性收费标准管理暂行办法》（发改价格〔2006〕532 号），规定收费标准实行中央和省两级审批制度，国务院和省、自治区、直辖市人民政府的价格、财政部门按照规定权限审批收费标准。2014 年，中共中央政治局审议通过了《深化财税体制改革总体方案》，为行政事业性收费制度改革提供顶层设计。同年，国务院《关于进一步加强涉企收费管理减轻企业负担的通知》（国办发〔2014〕30 号）规定，建立和实施涉企收费目录清单制度，各地区、各部门必须严格执行目录清单，目录清单之外的涉企收费，一律不得执行。2015 年，财政部发布《关于进一步加强行政事业性收费和政府性基金管理的通知》（财税〔2015〕30 号），进一步提出规范和管理收费基金的具体措施。

2. 政府性基金的法制化进程。

1996 年，《国务院关于加强预算外资金管理的决定》中首次提到“政府性基金”，政府性基金从行政事业性收费中正式分离并开始独立管理。该决定明确，政府性基金课征的目的是“为支持某项事业发展”，将当时养路费、车辆购置附加费、铁路建设基金等 13 项数额较大的政府性基金（收费）纳入财政预算管理，强调政府性基金必须严格按国务院规定统一报财政部审批，重要的报国务院审批，地方政府无权批准设立基金项目，也不得以行政事业性收费的名义变相批准设立基金项目。2004 年，财政部颁布《关于加强政府非税收入管理的通知》(财综〔2004〕53 号)，进一步强调政府性基金设立和征收的权限问题。2010 年，财政部发布《政府性基金管理暂行办法》(财综〔2010〕80 号)，规定了政府性基金属于政府非税收入，全额纳入财政预算，实行“收支两条线”管理，规范审批、征收、使用、监管等行为。2015 年，财政部发布《关于进一步加强行政事业性收费和政府性基金管理的通知》(财税〔2015〕30 号)，进一步从严规范和管理收费基金。政府性基金部分法律文件见表 3 -3。

表 3 -3　　政府性基金部分法律类文件情况

项目	法律名称	最早立法时间	最新立法时间	更新次数
水利建设基金	《中华人民共和国防洪法》	1997/8/29	2016/7/2	3
教育费附加、地方教育附加	《中华人民共和国教育法》	1995/3/18	2021/4/29	3
森林植被恢复费	《中华人民共和国森林法》	1979/2/23	2019/12/28	4
可再生能源发展基金	《中华人民共和国可再生能源法》	2005/2/28	2009/12/26	1
船舶油污损害赔偿基金	《中华人民共和国海洋环境保护法》	1982/8/23	2017/11/4	4
核电站乏燃料处理处置基金	《中华人民共和国核安全法》	2017/9/1	2017/9/1	0

3. 国有资产(资源)有偿使用收入的法制化进程。

新中国成立以来，国有资产(资源)有偿使用收入制度经历多次变迁，从无偿占有向有偿使用转变。改革开放以前，国有资源属于无偿占有状态。1979 年，《中华人民共和国中外合资经营企业法》颁布实施，规定“中国合营者的投资可包括为合营企业经营期间提供的场地使用权。如果场地使用权未作为中国合营者投资的一部分，合营企业应向中国政府缴纳使用费”，标志着我国国有资源有偿使用制度的开始。2004 年，为了进一步规范非税收入，财政部发布《加强政府非税收入管理的通知》，第一次正式提出国有资产有偿使用收入的概念，并对该收入的内容予以明确。国有资源有偿使用收入管理进入了一个全新的规范化管理阶段。2006 年，财政部发布《行政单位国有资产管理暂行办法》和《事业单位国有资产管理暂行办法》，进一步规范行政事业单位国有资产处置和出租出借收入管理。

目前，国有资源有偿使用收入总共划分为 11 项。从法律层面看，6 项收入有法律依据；从法规层面看，7 项收入有法规制度；从部门规章看，10 项收入有部门规章；另外，有 1 项收入没有任何明确的法律法规、部门规章作依据(见表 3 -4)。

表 3-4　国有资源有偿使用收入相关法律法规规章文件汇总

项目	法律名称	法规名称	主要规章名称	收入归属
海域使用金收入	《中华人民共和国海域使用管理法》	《国务院关于全民所有自然资源资产有偿使用制度改革的指导意见》（国发〔2016〕82 号）	《财政部关于养殖用海海域使用金收入分配及缴库问题的批复》（财综〔2006〕3 号）	共有
			《财政部、国家海洋局关于印发〈海域使用金减免管理办法〉的通知》（财综〔2006〕24 号）	
场地和矿区使用费收入	—	《中外合作开采陆上石油资源缴纳矿区使用费暂行规定》（财政部令第 3 号）	《财政部、国家土地管理局关于加强外商投资企业场地使用费征收管理的通知》（国发〔1993〕75 号）	共有
			《财政部关于外商投资企业交纳场地使用费有关问题的批复》（财工字〔1997〕415 号）	
		《开采海洋石油资源缴纳矿区使用费的规定》（财政部令〔1989〕1 号）	《财政部关于外商投资企业场地使用费征收问题的意见》（财企〔2008〕166 号）	
出租车经营权有偿出让和转让收入	—	—	—	地方
无居民海岛使用金收入	《中华人民共和国海岛保护法》	《国务院关于全民所有自然资源资产有偿使用制度改革的指导意见》（国发〔2016〕82 号）	《财政部、国家海洋局关于印发〈无居民海岛使用金征收使用管理办法〉的通知》（财综〔2010〕44 号）	共有
矿产资源专项收入	《中华人民共和国矿产资源法》	《矿产资源补偿费征收管理规定》（国务院令第 150 号）	《财政部、国土资源部关于印发〈矿产资源补偿费征收部门补助经费使用管理暂行办法〉的通知》（财基字〔1998〕732 号）	共有
		《中华人民共和国矿产资源法实施细则》（国务院令第 152 号）	《财政部、国土资源部关于印发〈探矿权采矿权使用费和价款管理办法〉的通知》（财综字〔1997〕74 号）	
		《国务院关于同意深化煤炭资源有偿使用制度改革试点实施方案的批复》（国函〔2006〕102 号）	《财政部 自然资源部 税务总局关于印发〈矿业权出让收益征收办法〉的通知》（财综〔2023〕10 号）	

续表

项目	法律名称	法规名称	主要规章名称	收入归属
排污权出让收入	《中华人民共和国环境保护法》	《国务院办公厅关于进一步推进排污权有偿使用和交易试点工作的指导意见》（国办发〔2014〕38 号）	《排污权出让收入管理暂行办法》（财税〔2015〕61 号）	地方
航班时刻拍卖和使用费收入	—	—	《财政部关于航班时刻拍卖收入和航班时刻使用费管理有关问题的复函》（财税〔2015〕146 号）	中央
农村集体经营性建设用地土地有偿使用费收入	—	—	《农村集体经营性建设用地土地增值收益调节金征收使用管理暂行办法》（财税〔2016〕41 号）	地方
			《财政部 国土资源部关于继续执行农村集体经营性建设用地土地增值收益调节金有关政策的通知》（财税〔2017〕95 号）	
新增建设用地土地有偿使用费收入	《中华人民共和国土地管理法》	《国务院关于加强国有土地使用权有偿出让收入管理的通知》（国发〔1989〕38 号）	《国土资源部财务司关于印发新增建设用地土地有偿使用费收缴入库程序的通知》（国土资财发〔2000〕8 号）	共有
		《国务院关于进一步加强国有土地使用权有偿使用收入征收管理工作的通知》（国发〔1993〕75 号	《财政部 国土资源部关于调整部分地区新增建设用地土地有偿使用费征收等别的通知》（财综〔2009〕24 号）	
		《中华人民共和国城镇国有土地使用权出让和转让暂行条例》（国务院令第 55 号）		
水资源费收入	《中华人民共和国水法》	《取水许可和水资源费征收管理条例》（国务院令第 460 号）	《国务院办公厅关于征收水资源费有关问题的通知》（国办发〔1995〕27 号）	共有
			《国家发展改革委 财政部 水利部关于水资源费征收标准有关问题的通知》（发改价格〔2013〕29 号）	
市政公共资源有偿使用收入	—	—	《财政部 发展改革委 住房城乡建设部关于印发〈市政公共资源有偿使用收入管理办法〉的通知》（财税〔2016〕116 号）	地方

4. 国有资本收益的法制化进程。

国有资本收益管理制度在国有资本收益税利分流后产生。1993 年，国务院发布《国务院关于实行分税制财政管理体制的决定》，提出要逐步建立国有资产投资收益按股分红、按资分利或税后利润上交的分配制度，税利分流制度正式建立。1993 年，为规范公司的组织行为，保护公司、股东和债权人的合法权益，第八届全国人民代表大会常务委员会第五次会议通过《中华人民共和国公司法》，明确了国有独资公司的设立和组织机构。2003 年，国务院通过了《企业国有资产监督管理暂行条例》，在法律上确认中央与地方的两级监管体制。2004 年，财政部发布《加强政府非税收入管理的通知》，该通知规定国有资本经营收益是政府非税收入的重要组成部分，并规定了国有资本经营收益的范围。2007 年，经国务院批准，财政部和国资委发布了《中央企业国有资本收益收取管理办法》，该办法规定中央企业国有资本收益由财政部负责收取，国资委负责组织所监管企业上交国有资本收益。2008 年，为加强对国有资产的保护，发挥国有经济在国民经济中的主导作用，第十一届全国人民代表大会常务委员会第五次会议通过《中华人民共和国企业国有资产法》，规定国家建立健全国有资本经营预算制度，对取得的国有资本收入及其支出实行预算管理。后续国家陆续调整国有资本收益上缴比例。

关于国有资本经营收入，法律及法规主要对收入类型进行了定义、对如何监督管理该项收入作出了规定，而涉及国有资本经营收入征收主体、征收标准、收入限定使用等要素多见于规范性文件。相关的法律法规文件数量及法律的修改情况如表 3－5、表 3－6 所示。

表 3－5　国有资本收益相关法律法规文件数量统计　　单位：个

类型	法律	法规	部门规章	规范性文件	地方性法规
数量	4	12	56	429	5129

表 3－6　国有资本收益相关法律类文件情况　　单位：次

法律名称	发文机关	初次通过时间	最新生效时间	修改次数
《中华人民共和国预算法》	全国人民代表大会常务委员会	1994/3/22	2018/12/29	2
《中华人民共和国企业国有资产法》	全国人民代表大会常务委员会	2008/10/28	2009/5/1	0

续表

法律名称	发文机关	初次通过时间	最新生效时间	修改次数
《中华人民共和国公司法》	全国人民代表大会常务委员会	1993/12/29	2018/10/26	5
《中华人民共和国审计法》	全国人民代表大会常务委员会	1994/8/31	2022/1/1	2

5. 罚没收入的法制化进程。

我国罚没收入的管理大致经历了从分散管理到规范管理的过程。1982 年，财政部先后颁发了《关于罚没财物管理办法》（财预字第 91 号）、《关于追回赃款赃物的财物处理办法》（财预字第 78 号），开始对罚没财物的具体管理办法作出规定。1986 年，财政部下发《罚没财物和追回赃款赃物管理办法》（财预字第 228 号），进一步提高管理办法对实际管理工作的科学指导性。1995 年，财政部制发《关于下达行政性收费、罚没收入实现预算管理实施办法的通知》，文件提出对罚没收入实行预算管理，即“收支两条线”的具体实施细则。1996 年，为规范行政处罚的设定和实施，第八届全国人民代表大会第四次会议通过《中华人民共和国行政处罚法》，明确了行政处罚的种类和设定、实施机关、执行等内容。1998 年，财政部制定《罚款代收代缴管理办法》，落实了缴罚分离机制。2000 年，财政部制定《当场处罚罚款票据管理暂行规定》，对于必须进行处罚不适宜缴罚分离的情况作出具体规定，强化了当场罚款票据的管理，有效解决了当场处罚罚没收入难以及时足额缴库的问题。罚没收入相关法律法规统计见表 3－7。

表 3－7　罚没收入相关法律法规文件数量统计（按类型）　单位：个

类型	法律	行政法规
罚款	167	345
没收违法所得	125	201
没收非法财物	6	14

6. 彩票公益金的法制化进程。

彩票发行的初始目的大多在于筹集大型体育赛事或体育设施的社会公益事业资金，彩票公益金的管理也经历了逐步规范的过程。1991 年，国务院颁布了《关于加强彩票市场管理的通知》，明确了发行彩票的批准权集中在国务院，并规定了发行单位必须建立和健全各项财务、会计制度，接受财政、审计部门的检查；同时，要定期向社会公布收入和资金使用情况。1998 年，财政部、民政部首次联合颁布《社会福利基金使用管理暂行办法》，规定社会福利基金必须全额纳入预算外资金财政专户管理，实行“收支两条线”。2007 年，财政部发布《彩票公益金管理办法》，规范和加强彩票公益金筹集、分配和使用管理，建立健全彩票公益金监督机制。为了加强彩票管理，规范彩票市场发展，维护彩票市场秩序，保护彩票参与者的合法权益，促进社会公益事业发展，2009 年 7 月 1 日起实行的《彩票管理条例》明确，彩票资金包括彩票奖金、彩票发行费和彩票公益金。2012 年 3 月 1 日《彩票管理条例实施细则》施行，进一步细化了《彩票管理条例》的各项规定，充分吸收中国现行彩票管理的成功做法，合理借鉴国际彩票管理的成熟经验，对彩票管理职责、彩票发行销售、彩票开奖兑奖、彩票资金管理等作出明确规定。2012 年 3 月 21 日，财政部修订了《彩票公益金管理办法》，主要是落实《彩票管理条例》和《彩票管理条例实施细则》的有关规定，旨在进一步规范和加强彩票公益金筹集、分配和使用管理，健全彩票公益金监督机制，提高资金使用效益。该办法强化了彩票公益金的收缴管理，强调彩票公益金资助的基本建设设施、设备或者社会公益活动等，应当以显著方式标明“彩票公益金资助—中国福利彩票和中国体育彩票”标识。

二、政府非税收入的设立

非税收入是由各级国家机关、事业单位、代行政府职能的社会团体及其他组织依法利用国家权力、政府信誉、国有资源（资产）所有者权益等取得的各项收入，因而，设立非税收入的主体不仅包括财政、交通、国土、环保等政府部门，也包括行政事业单位和代行政府职能的社会团体及其他组织。非税收入设立应符合《中华人民共和国预算法》（以下简称《预算法》）、《中华人民共和国预算法实施条例》的要求，财政部在《政府非税收入管理办法》中对设立和征收非税收入进行了明确的规定：

第一，行政事业性收费按照国务院和省、自治区、直辖市（以下统称省级）人民政府及其财政、价格主管部门的规定设立和征收；

第二，国有资源有偿使用收入、特许经营收入按照国务院和省级人民政府及其财政部门的规定设立和征收；

第三，国有资产有偿使用收入、国有资本收益由拥有国有资产（资本）产权的人民政府及其财政部门按照国有资产（资本）收益管理规定征收；

第四，彩票公益金按照国务院和财政部的规定筹集；

第五，中央银行收入按照相关法律法规征收；

第六，罚没收入按照法律、法规和规章的规定征收；

第七，主管部门集中收入、以政府名义接受的捐赠收入、政府收入的利息收入及其他非税收入按照同级人民政府及其财政部门的管理规定征收或者收取。

各级地方政府也对由自己负责管理的非税项目出台了具体的立项规定，例如，《浙江省政府非税收入管理条例》明确规定：“行政事业性收费项目和收费标准审批应当合法、合理、公开、公平。审批机关在审批前应当根据不同情况和有关规定要求，采取征询、论证或者听证等方式充分听取利害关系人的意见。”属于国家明确规定不得批准设立行政事业性收费项目的事项，审批机关不得批准。

第二节　政府非税收入的预算管理

政府非税收入应依照法律、法规规定或者按照管理权限确定的收入归属和缴款要求，缴入相应级次国库，分别纳入一般公共预算、政府性基金预算和国有资本经营预算管理。政府非税收入的预算管理包括收缴、存储、退付、清算、核算等内容。

一、预算管理的分类

（一）一般公共预算

一般公共预算是对以税收为主体的财政收入，安排用于保障和改善民生、推动经济社会发展、维护国家安全、维持国家机构正常运转等方面的收支预算[①]，其中还包含行政事业性收费、罚没收入、国有资源（资产）有偿使用收入、以政府名义接受的捐赠收入等收入。

① 参见《中华人民共和国预算法》第六条。

（二）政府性基金预算

政府性基金预算是对依照法律、行政法规的规定在一定期限内向特定对象征收、收取或者以其他方式筹集的资金，专项用于特定公共事业发展的收支预算①。政府性基金预算中的非税收入，包括政府性基金收入和专项债券对应项目专项收入。政府性基金支出按照基金的内容和性质分别用于科学技术、文学体育与传媒、社会保障与就业、节能环保、城乡社区等方面。

（三）国有资本经营预算

国有资本经营预算是对国有资本收益作出支出安排的收支预算②，具体来说，就是国家以所有者身份依法取得国有资本收益，并对所得收益进行分配而发生的各项收支预算，是政府预算的重要组成部分，是落实国家战略、增强政府宏观调控能力、推进国有经济布局优化和结构调整的重要力量。国有资本经营预算重点用于落实党中央、国务院决策部署，保障国家战略、安全等需要，支持国有企业高质量发展，推进国有经济布局优化和结构调整，对下级政府特定事项的转移支付等。

知识链接

国有资本经营预算收支范围

国有资本经营预算收入主要包含：国有独资企业按规定上交国家的利润；国有控股、参股企业国有股权（股份）获得的股利、利息；企业国有产权（含国有股份）转让或出售收入；国有独资企业清算收入（扣除清算费用）以及国有控股、参股企业国有股权分享的公司清算收入；其他收入。

国有资本经营预算支出范围，除调入一般公共预算和补充社保基金外，限定用于：费用性支出，解决国有企业历史遗留问题及相关改革成本支出；资本性支出，对关系国家安全、国民经济命脉的重要行业和关键领域国有企业的资本金注入；国有企业政策性补贴等方面。

（四）三者关系的衔接

《预算法》第五条规定，政府性基金预算、国有资本经营预算应与一般公

---

① 参见《中华人民共和国预算法》第九条。
② 参见《中华人民共和国预算法》第十条。

共预算相衔接。这体现出一般公共预算在预算报告体系中的核心地位，这是由它的性质及所担负的职责决定的。

1. 政府性基金预算与一般公共预算的衔接。

主要是将政府性基金预算中用于提供基本公共服务以及主要用于人员和结构运转方面的项目收入转列为一般公共预算。一般公共预算与政府性基金预算由财政部负责管理。

2. 国有资本经营预算与一般公共预算的衔接。

《预算法》第十条第二款规定，国有资本经营预算应当安排资金调入一般公共预算。两者的关系为“相对独立，相互衔接”，即国有资本经营预算和政府一般公共预算分别编制，分别反映各自的收支情况。国有资本经营预算由国务院国有资产监督管理委员会（以下简称国资委）管理。

二、各级预算的原则

按照《预算法》的规定，各级预算应当遵循统筹兼顾、勤俭节约、量力而行、讲求绩效和收支平衡的原则。各级政府应当建立跨年度预算平衡机制。

（一）统筹兼顾原则

统筹兼顾，是指预算资金应当由各级政府根据经济社会发展情况、事业发展需要和财政状况等因素，统筹安排使用，不宜过多限定专项用途，一般不采取与国民生产总值或者经常性收支挂钩的方式确定支出规模和方向，要做到统揽全局、科学筹划、协调发展、兼顾各方。

（二）勤俭节约原则

勤俭节约，是指各级预算支出的编制应当贯彻勤俭节约的原则，严格控制各部门、各单位的机关运行经费和楼堂馆所等基本建设支出。

（三）量力而行原则

量力而行，是指各级政府预算必须建立在积极、稳健、可靠的基础上，有充分而确实的依据，预算数应尽量准确地反映可能出现的结果，保证预算能得到真实可靠的执行。

（四）讲求绩效原则

讲求绩效，是指对预算的编制、执行和完成结果实行全面的追踪问效，强化绩效理念和绩效目标管理，加强绩效评价和应用，不断提高预算资金的使用效益。各级政府、各部门、各单位应当对预算支出情况开展绩效评价。

（五）收支平衡原则

收支平衡，是指在预算年度内，预算收入和预算支出在总量上基本相等，结构上合理协调。坚持预算收支平衡原则，并不是说不能有赤字，而是指要严格控制财政赤字，收支平衡、严控赤字是保证国民经济供求总量平衡的内在要求，是保证国民经济持续协调稳定发展的主要条件。

按照其他的分类方法，政府非税收入预算管理遵循的原则还可以分为法定性原则、完整性原则、统一性原则、可靠性原则、公开性原则、年度性原则。

三、分类型预算的管理原则

（一）一般公共预算管理的原则

一般公共预算中的行政事业性收费（含政府性基金）和罚没收入，其预算管理原则是实行“收支两条线”管理。即上述行政事业性收费和罚没收入按规定应全额上缴国库；支出按财政部门批准的计划统筹安排，从国库中核拨给执收执罚单位使用。

（二）政府性基金预算管理的原则

政府性基金预算管理的原则是以收定支、专款专用，结余结转下年继续使用。根据基金项目收入情况和实际支出需要，按基金项目编制，自求平衡，不编制赤字预算，各项政府性基金按照规定用途安排，不得挪作他用。当年基金预算收入不足的，可使用以前年度资金安排支出；当年基金预算收入超出预算支出的，结余资金结转下年继续安排使用。

（三）国有资本经营预算管理的原则

国有资本经营预算管理的原则是收支平衡、不列赤字。国资委负责编制国有资本经营收益的收支预算，主要是一般收支项目，分为一般收入项目和一般支出项目。一般收入项目包括一般经营性收入项目、国有资产出售与转让收入、国有企业的清算所得、公共预算转入资金。一般支出项目包括一般经营性支出、专项支出、国有资产监管部门的运行费用、对社会保障预算的补充支出。同时，国有资本经营预算还包括债务性收支等预算。

四、预算管理的主要内容

政府非税收入预算管理的主要内容分为预算规划与决策、预算编制与审批、预算执行与决算、预算审计与评价、预算控制与监督等，其中核心内容为预算编制与审批以及预算执行与决算。

（一）预算规划与决策

政府年度预算属于短期计划，应建立在中长期经济运行与社会发展规划的基础上，结合国内外政治经济形势的变动，按照财政收支情况做出相应的决策部署。

（二）预算编制与审批

预算编制阶段，财政部门要根据法律法规的要求、国民经济和社会发展计划指标等测算主要财政收支指标，按照部门预算编制的要求、基本支出的编制原则和定员定额标准、项目支出的编制原则等，经过“两上两下”的编制程序完成预算草案。预算草案编制完成后按照法定程序交由各级人大进行审查批准。

知识链接

预算编制的程序

一般来说，政府非税收入中部门预算的编制程序是“两上两下”，即预算部门两次将预算草案上报给财政部门，财政部门又两次返回预算部门的过程。

“一上”：部门编报预算建议数。本阶段，各预算单位应按照有关预算编制要求提出预算建议数，并提供与预算需求相关的基础数据和相关资料，主要涉及基本支出核定相关的编制人数和实有人数、增人增支的文件、必保项目的文件等，然后层层审核汇总，由一级预算单位审核汇编成部门预算建议数，上报财政部门。

“一下”：财政部门下达预算控制数。本阶段，财政部门各业务主管机构对部门上报的预算建议数进行初审，再由预算部门审核、平衡，在财政部门内部按照规定的工作程序反复协商和沟通，最后由预算部门汇总成本及预算初步方案报本级政府，经批准后向各部门下达预算控制限额。

“二上”：部门上报预算。本阶段，部门根据财政部门下达的预算控制限额，编制部门预算草案上报财政部门。

“二下”：财政部门批复预算。本阶段，财政部门根据本级人民代表大会批准的预算草案批复部门预算。

（三）预算执行与决算

预算执行是预算安排的收支计划指标的实现过程，也是各项预算决策是否能够落实到位的关键环节，该阶段要求通过合理规划收入和有序安排支出实现既定目标。在预算执行过程中，由于客观情况的发展变化，可能出现计划外的事项，使预算收支从平衡转化为不平衡，这就需要采取措施组织新的平衡，主要措施是增收节支和进行预算调整。各级政府、部门、单位在预算年度终了后，应按规定的时间编制决算草案，该草案要求收支数额准确、内容完整、报送及时。

（四）预算控制与监督

预算控制与监督是对政府预算编制、执行、决算和评价等过程进行的控制和监督，其目的是提高预算编制与执行的效率与效益，实现政府预算的政策目标。

（五）预算审计与评价

预算审计与评价是按照一定的财务会计、预算规定与预算绩效评价指标对预算实施的结果进行检查与评价的过程。其目的是通过对预算结果与预算目标的差异、预算执行成本与效益的分析，及时发现问题，调整和矫正预算中的偏差。

本章思考题

1. 最早制定非税收入管理办法的是哪个省份？最早通过省级人大常委会制定非税收入管理条例的是哪个省份？
2. 12 类非税收入中，哪一类别只能由法律法规设立征收？
3. 政府预算分类有哪些？其中非税收入项目分列在哪几类预算之中？预算管理流程是如何规定的？

第四章　行政事业性收费

【学习目标】本章主要介绍我国行政事业性收费相关内容，包括行政事业性收费的基本概念、特点及部分收费项目。通过本章学习，可以进一步了解我国行政事业性收费的基本情况，掌握部分行政事业性收费项目的基本定义、费制要素等。

第一节　行政事业性收费概述

一、行政事业性收费的基本概念

行政事业性收费，是指国家机关、事业单位、代行政府职能的社会团体及其他组织根据法律法规等有关规定，依照国务院规定程序批准，在实施社会公共管理，以及在向公民、法人提供特定公共服务过程中，向特定对象收取的费用。

上述概念包括三层含义：一是收费主体包括但不限于国家机关、事业单位，代行政府职能的社会团体及其他组织亦可成为收费主体；二是收费的设立须严格按照法定程序批准，收费主体无权自行决定；三是行政事业性收费作为财政收入的一种形式，不以营利为目的。

二、我国行政事业性收费发展历程

（一）行政事业性收费制度的产生

行政事业性收费作为一个法律概念，不同时期、不同背景下的内涵有所差别，经过了一段较长时间的探索，其内涵与外延才逐步厘清。

1987 年，国务院发布的《中华人民共和国价格管理条例》正式使用了行政性收费、事业性收费的概念。该条例第三十六条规定：“对行政性收费、事业性收费，物价部门应当根据国家的价格方针、政策进行管理和监督，并会同有关部门核定收费标准。”该条例虽未对行政性收费、事业性收费给出清晰界定，但为行政事业性收费概念的产生奠定了基础。

1988 年，根据《中华人民共和国价格管理条例》和《国务院关于加强预算外资金管理的通知》，国家物价局、财政部印发《关于加强行政事业性收费管理的通知》(价涉字〔1988〕278 号)，其中第一条规定：“行政性收费是指国家机关、事业单位为加强社会、经济、技术管理所收取的费用。事业性收费是指国家机关、事业单位为社会或个人提供特定服务所收取的费用。行政、事业性收费项目及其收费标准的制定，必须以客观的管理行为和服务事实为依据。”简言之，行政性收费是基于公共管理的收费，事业性收费是基于特定服务的收费。

1996 年，国务院发布《关于加强预算外资金管理的决定》，从整体上使用了行政事业性收费的概念。该决定指出：“行政事业性收费要严格执行中央、省两级审批的管理制度。……未按规定报经批准的或不符合审批规定的各种行政事业性收费，都属乱收费行为，必须停止执行。”

2005 年，财政部、国家发展和改革委员会印发了《行政事业性收费项目审批管理暂行办法》，将行政事业性收费统一界定为“国家机关、事业单位、代行政府职能的社会团体及其他组织根据法律、行政法规、地方性法规等有关规定，依照国务院规定程序批准，在向公民、法人提供特定服务的过程中，按照成本补偿和非营利原则向特定服务对象收取的费用”。

(二) 行政事业性收费制度的规范

为了解决有关部门乱收费难题，从 20 世纪 80 年代末开始，国家开始大力推动收费改革。国家发展改革委、财政部等部门也制定了《行政事业性收费项目审批管理暂行办法》《行政事业性收费标准管理暂行办法》和《收费许可证管理办法》等规章和规范性文件，从收费项目的设立、收费标准的审批、收费行为的监管等多方面，对行政事业性收费管理行为和执收行为进行了规范。归纳起来主要有四项措施：

(1) 建立中央和省两级审批制度：根据 1988 年起党中央、国务院颁布的一系列法规和规范性文件，行政事业性收费实行“统一领导，分级管理”，审批权集中于中央和省两级政府的财政和物价部门。

(2) 建立“收支两条线”管理制度：根据国家 1999 年颁布的《行政事业

性收费和罚没收入实行收支两条线管理的若干规定》以及2003年颁布的《行政许可法》，各政府部门和事业单位的收费收入须按规定上缴财政，由财政部门统筹分配。

（3）纳入预算管理：把上缴财政部门的收费纳入《预算法》规定的管理程序，使收费的收支决策公开化、透明化和法治化。这一改革从20世纪90年代初开始逐步实施，直至2010年后将全部预算外资金纳入预算管理。

（4）目录管理：将行政收费的项目列入向社会公开的目录，未列入该目录的，行政机关不得收取费用。

三、行政事业性收费的特点

行政事业性收费作为非税收入的一种形式，按照我国预算制度，纳入一般公共预算管理，为不征税收入。其特点主要表现为主体限定性、事项特定性、依据强制性及费用补偿性。

（一）主体限定性

行政事业性收费征收主体类型不限于行政机关和事业单位，还包括代行政府职能的社会团体及其他组织，但不能是国家机关或事业单位的内设机构、自然人等，在类型上具有一定的限定性。

行政事业性收费的管理和服务对象是特定的，如果这部分支出由全体纳税人承担，不符合政府公共财政预算的原则，也不符合公共财政公平公正的原则。如办理出国护照、工商营业执照、办理不动产登记及参加有关执业资格考试等，为这类特定管理和服务对象提供的产品和服务应当全额收取费用，以体现公平公正原则。

（二）事项特定性

所谓特定性，是指依法特别指定的某些行政管理项目和某些事业服务项目才可收费。也就是说，不是所有的国家行政管理和社会事业服务活动都可以收费，如《行政许可法》第五十八条规定："行政机关实施行政许可和对行政许可事项进行监督检查，不得收取任何费用……行政机关提供行政许可申请书格式文本，不得收费。"只有特定条件和原因的行政管理和特定情况特定条件下的事业服务，才可以按照法律法规规定收取一定费用，如各地公安部门收取的养犬管理服务费是基于提供特定公共服务需要而设立。

（三）依据强制性

行政事业性收费作为价格的一种形式，但与经营价格不同，能否收费以及以何种标准收费都不取决于公共服务供需双方，而是取决于法律法规等有关规定，此即为行政事业性收费的依据强制性。此外，行政事业性收费的依据强制性还体现为，缴费人若不依照法律法规等规定按期足额缴费，不仅无法享受到相应的公共服务，甚至将因此承担相应的行政法律责任。

（四）费用补偿性

行政事业性收费的补偿性是其另一个明显特点。事业性收费所提供社会事业服务的成本耗费，其部分或大部分要向服务受益人收取补偿，谁直接享受服务，直接受益，就由谁补偿；谁不直接享受服务，不直接受益，就不用负担补偿。行政性收费，除部分干预性和惩罚性收费之外，一些行政管理也为被管理者带来一定的特别受益，或者其特别权益受到国家的保护，这些特别受益都必须向国家作出补偿；从另一角度看，行政事业性收费还可看作是对国家财政支出的一种补偿。

四、行政事业性收费的分类

（一）按资金性质分类

按照资金性质，可将行政事业性收费分为行政性收费和事业性收费两类。行政性收费指根据法律、法规等有关规定，在履行政府行政管理职能时，向公民、法人和其他组织收取的费用，如各种手续费、证件费、注册费、登记费、诉讼费等，收费主体以国家机关和法律法规授权的社会团体及其他组织为主。因为只有这些主体才有公共权力，才能行使政府管理职能。事业性收费则指根据法律、法规等有关规定，在向公民、法人和其他组织提供特定服务时收取的费用，其收费主体主要是不具有行政管理职权的事业单位，如公办幼儿园保教费、住宿费、高等学校（含科研院所、各级党校等）学费、函大电大夜大及短期培训费等。

（二）按管理权限分类

按照管理权限，可将行政事业性收费划分为中项中标收费、中项省标收费、省项省标收费、其他收费等四类。中项中标收费指中央审批项目、中央制定标准的行政事业性收费，如外交部门收取的认证费、签证费。中项省标收费指中央审批项目、省（区、市）制定标准的行政事业性收费，如民政部门收取的殡葬费，普通高中、中专学费、住宿费。省项省标收费指省（区、市）审批项目、省（区、市）制定标准的行政事业性收费，如各地的养犬管理服务费、专业技术资格评审费。其他收费指省（区、市）审批项目、省（区、市）委托下级价格主管部门制定标准的行政事业性收费。

（三）按收费类别分类

按照收费类别，可将行政事业性收费划分为行政管理类收费、资源补偿类收费、鉴定类收费、考试类收费、培训类收费、其他类收费等六类。行政管理类收费指国家行政机关依据有关法律、法规规定，在行使国家管理职能时，向被管理对象收取的费用，如注册费、登记费、手续费、审验费、审查费、签证费以及各种证照收费。资源补偿类收费指开采、利用自然和社会公共资源，按照法律、法规规定缴纳的费用，主要包括无线电频率占用费、水资源费等资源类收费和特许权等无形资产使用费、社会抚养费等补偿和治理类收费。鉴定类收费指按照法律、法规规定，从事检验、检测、鉴定、检定、认证、检疫等活动而收取的费用，主要包括检验费、检测费、鉴定费、检定费、认证费、检疫费等。考试类收费指国家行政机关、事业单位和社会团体按照法律、法规以及国务院或省级政府文件规定组织的考试，或实施经人力资源和社会保障部批准的专业技术资格、执业资格和职业资格考试而收取的费用。培训类收费则指根据法律、法规规定开展强制性培训活动而收取的费用。其他类收费，指上述五类收费以外的行政事业性收费。

第二节　行政事业性收费的标准

一、行政事业性收费立项管理

行政事业性收费的立项需要经过立项调查、可行性分析、撰写立项建议书等程序，既能堵塞管理漏洞，还可提高行政事业性收费决策的科学性和透明度。鉴于我国的行政事业性收费采取中央与省分级审批模式，但我国行政层级却远不止两级，因此行政事业性收费在立项管理上呈现从中央到省级地方再到市县级地方的多级立项管理样态。

（一）中央立项管理

我国既有的行政事业性收费项目绝大多数由中央立项管理。中央国家机关、事业单位、代行政府职能的社会团体及其他组织（包括中央驻地方单位，以下统称中央单位）申请设立收费项目，统一由中央主管部门的财务机构负责提出，并以部（委、局）级公文形式报财政部、国家发展改革委。申请立项的单位在提交书面申请时，还应提供相应的材料，就收费项目相关事项作出说明。财政部、国家发展改革委收到申请设立收费项目文件后，应对申请文件的形式及其包括的内容进行初步审查，对符合规定的予以正式受理，并应当对收费项目是否符合法律、行政法规等内容进行审查，通过召开座谈会、论证会、书面征求意见等形式，广泛听取缴费人和其他相关部门或单位的意见，对申请设立收费项目的有关情况进行详细调查。

（二）省级立项管理

省级立项管理与中央立项管理颇为类似。全省范围内收取的行政事业性收费的立项统一由省级业务主管部门以公文形式按照管理权限向省人民政府财政、价格主管部门申报，由省人民政府财政主管部门会同省级价格主管部门审批。省人民政府及其财政、价格主管部门收到申请设立收费项目文件后，应对申请文件的形式及其包括的内容进行初步审查，对符合规定的予以正式受理，并应当对收费项目是否符合法律、行政法规等内容进行审查，通过召开座谈会、论证会、书面征求意见等形式，广泛听取缴费人和其他相关部门或单位的意见，对申请设立收费项目的有关情况进行详细调查。省级政府及其财政、价格主管部门批准设立的收费项目，应当于批准之日起 30 日内报财政部和国家发展改革委备案。①

（三）市、县级立项管理

市、县级的立项管理与前两者有一定差别，集中体现为申请立项的主体更为多元。在设区的市范围内收取的行政事业性收费，多由设区的市人民政府有关业务主管部门提出收费项目、收费标准的具体方案，报设区的市人民政府财政、价格主管部门审核，经设区的市人民政府同意后，由设区的市人民政府财政、价格主管部门按照管理权限向省人民政府财政、价格主管部门申报；在县

---

① 参见《财政部 国家发展改革委关于发布〈行政事业性收费项目审批管理暂行办法〉的通知》（财综〔2004〕100 号）。

（市）范围内收取的行政事业性收费，由县（市）人民政府有关业务主管部门提出收费项目、收费标准的具体方案，报县（市）人民政府财政、价格主管部门审核，经县（市）人民政府同意后，由设区的市人民政府财政、价格主管部门审核并经本级人民政府同意后，按照管理权限向省人民政府财政、价格主管部门申报。某些情况下，设区的市、县（市、区）人民政府也可能直接申请设立收费项目，其审批程序可能不必经过同级财政、价格主管部门审批，但仍需逐级上报省级政府审批。

二、行政事业性收费标准审批原则

（一）注重公开、公平、公正与效率原则

公开是一种手段，公平、公正是目的。行政事业性收费的公平公正要求有关主体公开收费项目及其标准确定依据。效率作为与公平公正相对应的另外一种法律价值，在确保行政事业性收费公开、公平、公正目标实现的同时，也应注重收费的可操作性及其行政成本。这要求国务院和省级政府的财政、价格主管部门在审批行政事业性收费标准时，在注重收费标准核定相关信息公开的基础上，做到同等情况同等对待，公平对待每一个缴费人，避免收费标准畸高畸低和厚此薄彼，并尽可能减少收费的复杂性，提升收费的可操作性，实现高效收费。

（二）合理补偿成本并与社会承受能力相适应原则

行政事业性收费标准过高会对缴费人财产权构成不当剥夺；收费标准过低不足以弥补国家为个别人提供公共服务的成本，会损及公共财政的完整性，进而影响普通纳税人可以享受的社会福利。这要求相关部门在审批收费标准时必须高度重视合理补偿成本原则并将之作为收费标准确定的基本原则。强调成本补偿原则的同时，还应结合国家经济社会发展实际情况，对国家需要鼓励或者扶持的对象在收费标准上给予必要的饶让。必须明确的是，对价理论的收费与基于能力原则的税收不同，量能原则只能居于辅助地位，不能也不应处于主导地位，对社会承受能力的考量能且只能限于很小范围。

（三）统筹环境资源保护与经济社会可持续发展原则

环境资源领域的收费标准很难按照成本补偿原则进行确定，如水资源费、草原植被恢复费、土地闲置费等，该类环境资源收费旨在促进环境资源节约集约利用，财政弥补意义较弱，环境资源保护目的更为突出，需要更多考虑其调

控和引导行为的功能。理论上，该类收费的最佳标准是相关环境资源利用行为产生的环境负外部性，但由于该类外部性很难用经济成本来衡量，故而在确定该类收费的标准时应统筹考虑经济社会可持续发展目标与环境资源保护目标，根据环境资源治理实际，适时调整费率。

（四）符合国际惯例和国际对等原则

一般情况下，有关部门在审批行政事业性收费标准时所依据的成本补偿原则除适用于我国国民，也一体适用于外籍人士。但在某些特殊领域的收费，如体育领域的外国团体来华登山注册费、外交领域的外籍人士申办中国外交部领事司的领事认证费、民航领域的适航审查费、红十字会收取的造血干细胞配型费等，由于该类收费的成本不易核算，收费的外交意义较之于成本弥补的意义更为突出，此类面向外籍人士的收费的标准就不应再简单按照成本补偿原则确定，须根据国际惯例和国际对等原则，参考该外籍人士的母国对我国国民相关收费标准情况加以确定。

三、行政事业性收费标准确定准则

行政事业性收费标准审批原则主要从宏观上考量行政事业性收费应该怎么收，行政事业性收费标准确定准则主要从中观乃至微观层面阐释各类收费标准确定需要考虑的具体因素。在行政事业性收费标准审批原则的基础上，围绕行政管理类收费、资源补偿类收费、鉴定类收费、考试类收费、培训类收费、教育类收费等收费标准确定准则展开。

（一）行政管理类收费

行政管理类收费，即根据法律法规规定，在行使国家管理职能时，向被管理对象收取的费用。其收费标准按照补偿成本的原则，根据实施该项管理的合理费用开支与经费来源情况确定。其中，各种证件、牌照、簿卡等证照收费标准按照证照印制、发放的直接成本，即印制费用、运输费用、仓储费用及合理损耗等成本进行审核确定。为避免行政部门乱收费或者虚增管理成本，涉及证照印制的费用标准原则上按照招标价格确定。对于全国统一印制、分散发放的证照，还应分别制定印制证照和具体发放证照部门的收费标准。

（二）资源补偿类收费

资源补偿类收费，即根据法律法规规定向开采、利用自然和社会公共资源者收取的费用。在确定其收费标准时主要参考相关资源的价值或稀缺性，并适当考虑可持续发展等因素。其中，对开采利用自然资源造成生态破坏、环境污染或者其他环境损坏的，确定收费标准时，还应当充分考虑相关生态环境治理和恢复成本，按照补偿环境污染治理和生态环境修复成本，并逐步使污染损坏环境承担支出高于主动治理成本的原则确定。

（三）鉴定类收费

鉴定类收费，即根据法律法规规定，行使或者代行政府职能强制实施检验、检测、检定、认证、检疫等收取的费用。此类收费的标准主要按照成本补偿原则，根据提供的服务内容和实际成本核定。鉴定类收费标准在满足有关部门行使行政管理职能需要基础上，还要把实施鉴定所需的场地费用、人员劳务费、仪器设备折旧、流动耗材损耗及其他成本一并纳入考虑。

（四）考试类收费

考试类收费，即根据法律法规、国务院或者省级政府文件规定组织考试收取的费用，以及组织经人力资源和社会保障部批准的专业技术资格、执业资格和职业资格考试收取的费用。此类收费的标准遵循成本补偿原则，主要按照考务工作、组织报名、租用考试场地、聘请监考人员等组织考试的成本进行确定。其中，在全国范围内统一组织的考试，还可以分别制定中央有关单位向各地考试机构收取的考务费标准和各地考试机构向考生收取的考试费标准。

（五）培训类收费

培训类收费，即根据法律法规或者国务院规定开展强制性培训收取的费用。该类收费同样遵循成本补偿原则，其收费标准主要根据聘请师资、租用培训场地、编制培训资料、交通支出等培训成本确定。

（六）教育类收费

教育类收费作为典型的事业性收费，主要包括公立非义务教育阶段的学费和住宿费。在确定教育类收费中的学费标准时，需综合考虑培养层次、学习方式、当地物价水平及社会承受能力等因素，按照年生均教育培养成本的一定比例核定。在确定教育类收费中住宿费标准时，则要综合考虑实际成本、住宿条件和当地经济发展水平等因素，按照补偿成本和非营利原则核定。

（七）其他类收费

其他类收费标准也主要根据管理或者服务需要，按照成本补偿和非营利原则确定。需要特别提及的是，当收费涉及与其他国家或者地区关系的，收费标准还要按照国际惯例和对等原则确定。

第三节　部分行政事业性收费项目介绍

根据2023年《全国性及中央部门和单位行政事业性收费目录清单》（详见本书附录1、附录2），目前全国性及中央部门和单位征收的行政事业性收费项目共153项，由税务部门征收的共5项，包括土地闲置费、生活垃圾处理费、水土保持补偿费、草原植被恢复费、防空地下室易地建设费。本节主要从基本概念、历史沿革、费制要素等方面介绍防空地下室易地建设费、水土保持补偿费、草原植被恢复费。

一、防空地下室易地建设费

（一）基本情况

1. 基本定义。

防空地下室易地建设费，是指在人防重点城市的市区（直辖市含近郊区）新建民用建筑，因条件限制不能同步配套建设防空地下室，由建设单位提出易地建设申请，经有批准权限的人防主管部门批准后，按应建防空地下室的建筑面积和规定的易地建设费标准缴纳的建设费用。

防空地下室易地建设费征收入库后，专项用于人民防空建设，任何单位和个人不得平调、截留和挪用，由人防主管部门统一就地就近安排易地建设人防工程。

2. 历史沿革。

防空地下室易地建设费开征于2000年，2002年明确为行政事业性收费收入。北京市的防空地下室易地建设费自2017年5月1日起开始由税务机关代收，云南省自2018年1月1日起，按照《云南省人民政府办公厅关于做好非税收入征收管理体制改革工作的通知》（云政办发〔2017〕118号），明确防空地下室易地建设费由税务机关负责征收。2020年12月，财政部印发《财政部关于水土保持补偿费等四项非税收入划转税务部门征收的通知》（财税〔2020〕58号），明确自2021年1月1日起，防空地下室易地建设费划转税务部门征收。随后，国家税务总局印发《国家税务总局关于水土保持补偿费等政府非税收入项目征管职责划转有关事项的公告》（国家税务总局公告2020年第21

号)，明确有关具体征管事项。

3. 预算管理。

防空地下室易地建设费为全额地方收入，在政府收支分类科目中列一般公共预算收入。

（二）费制要素

1. 征收范围。

防空地下室易地建设费在全国范围征收，征收对象为城市新建民用建筑。

2. 缴费主体。

防空地下室易地建设费缴费人为需要缴纳防空地下室易地建设费的建设单位。《国家计委 财政部 国家国防动员委员会 建设部印发〈关于规范防空地下室易地建设收费的规定〉的通知》（计价格〔2000〕474 号）规定，对按规定需要同步配套建设，但确因下列条件限制不能同步配套建设的，建设单位可以申请易地建设：①采用桩基且桩基承台顶面埋置深度小于 3 米（或者不足规定的地下室空间净高）的；②按规定指标应建防空地下室的面积只占地面建筑首层的局部，结构和基础处理困难，且经济很不合理的；③建在流砂、暗河、基岩埋深很浅等地段的项目，因地质条件不适于修建的；④因建设地段房屋或地下管道设施密集，防空地下室不能施工或者难以采取措施保证施工安全的。

3. 计费方法。

应缴防空地下室易地建设费 = 应建防空地下室建筑面积 × 征收标准

（1）应建防空地下室建筑面积。

根据《国家国防动员委员会 国家发展计划委员会 建设部 财政部关于颁发〈人民防空工程建设管理规定〉的通知》（国人防办字〔2003〕18 号）第四十七条规定，新建民用建筑应当按照下列标准修建防空地下室：①新建 10 层（含）以上或者基础埋深 3 米（含）以上的民用建筑，按照地面首层建筑面积修建 6 级（含）以上防空地下室。②新建除①规定和居民住宅以外的其他民用建筑，地面总建筑面积在 2000 平方米以上的，按照地面建筑面积的 2%—5% 修建 6 级（含）以上防空地下室。③开发区、工业园区、保税区和重要经济目标区除①规定和居民住宅以外的新建民用建筑，按照一次性规划地面总建筑面积的 2%—5% 集中修建 6 级（含）以上防空地下室；按②和③规定的幅度具体划分：一类人民防空重点城市按照 4%—5% 修建；二类人民防空重点城市按照 3%—4% 修建；三类人民防空重点城市和其他城市（含县城）按照 2%—3% 修建。④新建除①规定以外的人民防空重点城市的居民住宅楼，按照地面首层建筑面积修建 6B 级防空地下室。⑤人民防空重点城市危房翻新住宅项目，按照翻新住宅地面首层建筑面积修建 6B 级防空地下室。

（2）征收标准。

防空地下室易地建设费的收费标准，由省、自治区、直辖市价格主管部门会同同级财政、人防主管部门按照当地防空地下室的造价制定，报国家计委、财政部、国家人防办备案。

4. 征收期限。

防空地下室易地建设费按次申报缴纳。

5. 申报方式。

缴费人根据人防部门核定的收费金额向税务部门申报缴纳。

（三）主要政策依据

1.《中华人民共和国人民防空法》。

2.《国家国防动员委员会 国家发展计划委员会 建设部 财政部关于颁布〈人民防空工程建设管理规定〉的通知》（国人防办字〔2003〕18 号）。

3.《财政部关于水土保持补偿费等四项非税收入划转税务部门征收的通知》（财税〔2020〕58 号）。

4.《国家税务总局关于水土保持补偿费等政府非税收入项目征管职责划转有关事项的公告》（国家税务总局公告 2020 年第 21 号）。

（四）优惠政策

1. 新建民用建筑项目优惠。

《国家计委 财政部 国家国防动员委员会 建设部印发〈关于规范防空地下室易地建设收费的规定〉的通知》（计价格〔2000〕474 号）规定，①享受政府优惠政策建设的廉租住房、经济适用房等居民住房，减半收取；②新建幼儿园、学校教学楼、养老院及为残疾人修建的生活服务设施等民用建筑，减半收取；③临时民用建筑和不增加面积的危房翻新改造商品住宅项目，予以免收；④因遭受水灾、火灾或其他不可抗拒的灾害造成损害后按原面积修复的民用建筑，予以免收。

2. 廉租住房、经济适用住房、棚户区改造和旧住宅区整治优惠。

《财政部关于贯彻落实〈国务院关于解决城市低收入家庭住房困难若干意见〉的通知》（财综〔2007〕53 号）规定，对廉租住房和经济适用住房建设、棚户区改造、旧住宅区整治，免收防空地下室易地建设费。

3. “校舍安全工程”建设项目优惠。

《财政部 国家发展改革委关于免收全国中小学校舍安全工程建设有关收费的通知》（财综〔2010〕57 号）规定，对所有中小学校“校舍安全工程”建设所涉及的防空地下室易地建设费全额免收。

4. 社区家庭服务业优惠。

《财政部 税务总局 发展改革委 民政部 商务部 卫生健康委关于养老、托育、家政等社区家庭服务业税费优惠政策的公告》（财政部 税务总局 发展改革委 民政部 商务部 卫生健康委公告 2019 年第 76 号）规定，用于提供社区养老、托育、家政服务的房产、土地，确因地质条件等原因无法修建防空地下室的，免征防空地下室易地建设费。

5. 保障性住房建设。

《财政部 税务总局 住房城乡建设部关于保障性住房有关税费政策的公告》（财政部 税务总局 住房城乡建设部公告 2023 年第 70 号）规定，保障性住房项目免收各项行政事业性收费和政府性基金，包括防空地下室易地建设费、城市基础设施配套费、教育费附加和地方教育附加等。

二、水土保持补偿费

（一）基本情况

1. 基本定义。

水土保持补偿费是对损坏水土保持设施和地貌植被、不能恢复原有水土保持功能的生产建设单位和个人征收并主要用于水土流失预防治理的资金。

2. 历史沿革。

1991 年《中华人民共和国水土保持法》颁布。2010 年 12 月 25 日，第十一届全国人民代表大会常务委员会对《中华人民共和国水土保持法》进行修订，水土保持补偿费开征。2014 年 1 月，《水土保持补偿费征收使用管理办法》（财综〔2014〕8 号）发布，明确了具体征收办法。2020 年 12 月，财政部印发《财政部关于水土保持补偿费等四项非税收入划转税务部门征收的通知》（财税〔2020〕58 号），明确自 2021 年 1 月 1 日起，水土保持补偿费划转税务部门征收。随后，国家税务总局印发《国家税务总局关于水土保持补偿费等政府非税收入项目征管职责划转有关事项的公告》（国家税务总局公告 2020 年第 21

号)，明确有关具体征管事项。

3. 预算管理。

水土保持补偿费收入按照 1∶9 的比例分别上缴中央和地方国库。地方各级政府之间水土保持补偿费的分配比例，由各省（区、市）财政部门商水行政主管部门确定。

水土保持补偿费收入在政府收支分类科目中列一般公共预算收入，为中央和地方共用收入科目。

（二）费制要素

1. 征收范围。

在山区、丘陵区、风沙区以及水土保持规划确定的容易发生水土流失的其他区域开办生产建设项目或者从事其他生产建设活动，损坏水土保持设施、地貌植被，不能恢复原有水土保持功能的单位和个人，应当缴纳水土保持补偿费。其中，从事其他生产建设活动包括取土、挖砂、采石（不含河道采砂），烧制砖、瓦、瓷、石灰，排放废弃土、石、渣。

2. 缴费主体。

水土保持补偿费的缴费人为在山区、丘陵区、风沙区以及水土保持规划确定的容易发生水土流失的其他区域开办生产建设项目或者从事其他生产建设活动，损坏水土保持设施、地貌植被，不能恢复原有水土保持功能的单位和个人。

3. 计费方法。

（1）对一般性生产建设项目，按照征占用土地面积一次性计征，东部地区每平方米不超过 1.4 元（不足 1 立方米的按 1 立方米计，下同），中部地区每平方米不超过 1.5 元，西部地区每平方米不超过 1.7 元。

对水利水电工程建设项目，水库淹没区不在水土保持补偿费计征范围之内。

（2）开采矿产资源的，建设期间，按照征占用土地面积一次性计征。开采期间，石油、天然气以外的矿产资源按照开采量（采掘、采剥总量）计征。石油、天然气根据油、气生产井（不包括水井、勘探井）占地面积按年征收，每口油、气生产井占地面积按不超过 2000 平方米计算；对丛式井每增加一口井，增加计征面积按不超过 400 平方米计算，每平方米每年收费不超过 1.4 元。各地在核定具体收费标准时，应充分评估损害程度，对生产技术先进、管理水平较高、生态环境治理投入较大的资源开采企业，在核定收费标准时应按照从低原则制定。

（3）取土、挖砂（河道采砂除外）、采石以及烧制砖、瓦、瓷、石灰的，根据取土、挖砂、采石量，按照每立方米0.3—1.4元计征。对缴纳义务人已按前两种方式计征水土保持补偿的，不再重复计征。

（4）排放废弃土、石、渣的，根据土、石、渣量，按照每立方米0.3—1.4元计征。对缴纳义务人已按前三种方式计征水土保持补偿费的，不再重复计征。

各省、自治区、直辖市根据本地实际制定具体标准。

4. 征收期限。

按次缴纳的，应于项目开工前或建设活动开始前，缴纳水土保持补偿费。按期缴纳的，在期满之日起15日内申报缴纳水土保持补偿费。

5. 申报方式。

由缴费人向税务部门自行申报缴纳。

（三）主要政策依据

1.《中华人民共和国水土保持法》。

2.《中华人民共和国水土保持法实施条例》。

3.《水土保持补偿费征收使用管理办法》（财综〔2014〕8号）。

4.《国家发展改革委 财政部 水利部关于水土保持补偿费收费标准（试行）的通知》（发改价格〔2014〕886号）。

5.《国家发展改革委 财政部关于降低电信网码号资源占用费等部分行政事业性收费标准的通知》（发改价格〔2017〕1186号）。

6.《财政部关于水土保持补偿费等四项非税收入划转税务部门征收的通知》（财税〔2020〕58号）。

7.《国家税务总局关于水土保持补偿费等政府非税收入项目征管职责划转有关事项的公告》（国家税务总局公告2020年第21号）。

（四）优惠政策

《水土保持补偿费征收使用管理办法》（财综〔2014〕8号）第十一条明确了免征水土保持补偿费的七种情形：①建设学校、幼儿园、医院、养老服务设施、孤儿院、福利院等公益性工程项目的；②农民依法利用农村集体土地新建、翻建自用住房的；③按照相关规划开展小型农田水利建设、田间土地整治建设和农村集中供水工程建设的；④建设保障性安居工程、市政生态环境保护基础设施项目的；⑤建设军事设施的；⑥按照水土保持规划开展水土流失治理活动的；⑦法律、行政法规和国务院规定免征水土保持补偿费的其他情形。

三、草原植被恢复费

（一）基本情况

1. 基本定义。

草原植被恢复费是用地单位和个人进行矿藏勘查开采和工程建设需要征用或使用草原，或因工程建设、勘查、旅游等活动需要临时占用草原且未履行恢复义务的，按照规定标准需缴纳的行政事业性收费。

2. 历史沿革。

1985 年，《中华人民共和国草原法》颁布，该法规定因建设征收、征用或者使用草原的，应当缴纳草原植被恢复费。2022 年 12 月，财政部印发《财政部关于将森林植被恢复费、草原植被恢复费划转税务部门征收的通知》（财税〔2022〕50 号），明确自 2023 年 1 月 1 日起，草原植被恢复费划转税务部门征收。

3. 预算管理。

草原植被恢复费全额缴入地方国库，在政府收支分类科目中，列入一般公共预算收入。

（二）费制要素

1. 征收范围。

勘查、开采矿藏和工程建设需征用或使用草原的情形，以及因工程建设、勘查、旅游等活动需要临时占用草原且未履行恢复义务的情形。

在草原上修建直接为草原保护和畜牧业生产服务的工程设施，以及农牧民按规定标准建设住宅使用草原的，不缴纳草原植被恢复费。

2. 缴费主体。

勘查、开采矿藏和工程建设需征用或使用草原的用地单位和个人，以及因工程建设、勘查、旅游等活动需要临时占用草原且未履行恢复义务的单位和个人。

3. 计费方法。

按征收或使用草原的面积与征收标准的乘积计算应纳费额。草原植被恢复费标准，由所在地省、自治区、直辖市价格主管部门会同财政部门核定，并报国家发展改革委、财政部备案。

4. 征收期限。

草原植被恢复费实行按次征收，在办理国有土地使用权审批手续前缴纳。

5. 申报方式。

缴费人依据林草部门核定的费额向税务部门申报缴纳。

（三）主要政策依据

1.《中华人民共和国草原法》。

2.《关于同意收取草原植被恢复费有关问题的通知》（财综〔2010〕29 号）。

3.《关于草原植被恢复费收费标准及有关问题的通知》（发改价格〔2010〕1235 号）。

4.《财政部关于将森林植被恢复费、草原植被恢复费划转税务部门征收的通知》（财税〔2022〕50 号）。

本章思考题

1. 行政事业性收费是什么？
2. 如何合理地制定行政事业性收费的标准？
3. 行政事业性收费在一定程度上可以促进行政效能提升，请简要论述你的看法。

第五章 政府性基金

【学习目标】本章主要介绍我国政府性基金的基本概况、发展历程、收入特点、分类及部分政府性基金项目等。通过本章学习，应能够理解我国政府性基金的发展历程，掌握我国政府性基金的定义、特点、分类等。

第一节 政府性基金概述

一、政府性基金的基本概念

政府性基金是指各级人民政府及其所属部门根据法律、行政法规和中共中央、国务院文件规定，为支持特定公共基础设施建设和公共事业发展，向公民、法人和其他组织无偿征收的具有专项用途的财政资金。

国家设立政府性基金的主要目的是筹集资金，支持经济建设，特别是支持重大工程建设项目和各项急需发展的科学技术事业。政府性基金一般不与被征收主体发生直接的管理或服务关系，而是政府凭借行政权力强制地、无偿地征收。①

二、我国政府性基金发展历程

历史上单个政府性基金项目出现时，还没有“政府性基金”这一正式称谓。根据财政部《关于公布保留的政府性基金项目的通知》（财综〔2002〕33号），我国在改革开放以前设置的政府性基金至少有三项，它们分别是农（牧）业税附加（1958 年）、城镇公用事业附加（1964 年）和育林基金（1972 年）。从名称上可以看出这些基金都是比较典型的政府性基金，分别是附加税、附加

① 蒋熙辉．中国非税收入制度新探索［M］．北京：社会科学文献出版社，2012：32.

费和基金。

1980年，为恢复和发展国民经济，调动各方面增收节支的积极性，中共中央、国务院发布《关于节约非生产性开支、反对浪费的通知》，明确对行政、事业单位试行“预算包干”的办法，节余留用，增收归己。在“预算包干”办法下，我国预算外收入快速增加。据不完全统计，预算外管理阶段是我国政府性基金数量最多的时期。此阶段，国家对政府性基金的管理权限没有明确的规定，以致基金违规设立、资金任意使用的问题较为严重。

1990年9月，根据中共中央、国务院《关于坚决制止乱收费、乱罚款和各种摊派的决定》，各种政府性基金的审批权集中在财政部，由财政部会同有关部门审批，重要的报国务院批准。此后，政府性基金的管理制度不断细化加严，国务院和财政部陆续下发关于审批管理和监督的文件。

1995年以来，国家开始对各种基金进行清理整顿。1995年4月发布的《国务院办公厅转发财政部、审计署、监察部对各种基金进行清理登记意见的通知》指出“全国清理登记各种基金的工作由财政部、审计署、监察部负责，办公室设在财政部”。2002年4月，《财政部关于公布取消部分政府性基金项目的通知》（财综〔2002〕24号）宣布取消不适应社会主义市场经济发展要求的政府性基金和越权设立的政府性基金277项。2004年，《财政部关于发布全国政府性基金项目目录的通知》（财综〔2004〕6号）明确财政部每年对社会公布上一年度在全国范围征收的《全国政府性基金目录》（以下简称目录），凡未列入目录的政府性基金，各级各部门应立即停止征收，作为被征收对象的公民、法人和其他社会组织等有权拒绝支付，对控制政府性基金项目的数量和规模发挥了重要的作用。2009年11月，《关于进一步加强地方政府性基金预算管理的意见》（财预〔2009〕376号）指出“已明确取消和违反审批管理规定越权设立的基金项目要坚决停止征收”。2010年9月，财政部印发《政府性基金管理暂行办法》，使得政府性基金管理有据可依。

三、政府性基金的特点

（一）征收主体多元

在实践中，我国政府性基金的征收主体相对较为复杂。征收主体有以下几类：一是由财政部门（包括财政部以及财政部驻各地监管局，各地财政厅、财政局）负责征收，如旅游发展基金；二是由税务机关负责征收，如教育费附加、地方教育附加、国家重大水利建设基金等；三是由相关行业主管部门或企业代为征收，如船舶油污损害赔偿基金由海事管理机构代征、民航发展基金由航空公司或者销售代理机构代征等。由此可以看出，相较于税收所实行的专门、统一的征收主体模式，政府性基金的征收主体分散在各个部门。

（二）全额纳入财政预算管理

根据《中华人民共和国预算法》的规定，政府全部收入和支出都应当纳入预算。政府性基金属于政府非税收入，应当全额纳入财政预算，严格执行“收支两条线”，收入全额上缴国库，支出按照财政部门批准的预算安排使用，实行收支脱钩，先收后支，强化资金管理，不得将政府性基金收入直接抵顶执收单位的支出。

（三）专款专用

政府性基金一般是为了支持特定公共基础设施建设和公共事业发展而设立，因此一般具有专项用途，比如，铁路建设基金的设立主要是为了铁路建设，国家电影事业发展专项资金是国家为支持电影事业发展而设立的政府性基金。专款专用也是政府性基金区别于其他政府收入形式的特征之一。

（四）无偿征收

政府性基金是政府及其所属部门向公民、法人和其他组织无偿征收的财政资金，这里的无偿性强调的是政府性基金与被征收者之间不存在直接的交易对价关系。虽然被征收者可能从资金的最终使用上受益，但是这种支付和受益不是直接对等的，如教育费附加和地方教育附加。

（五）时效性

政府性基金具有一定的时效性，由于其设立目的是支持特定公共基础设施和公共事业发展，征收年限一般都有明确规定。[①] 如三峡工程建设基金自 2010 年 1 月 1 日起停止征收，利用三峡工程建设基金停征后的电价空间设立国家重大水利工程建设基金，并规定从 2010 年 1 月 1 日起开始征收，至 2019 年 12 月 31 日止。2019 年《财政部关于调整部分政府性基金有关政策的通知》（财税〔2019〕46 号）明确国家重大水利工程建设基金征收至 2025 年 12 月 31 日。

四、政府性基金的分类

政府性基金按照项目名称、设立依据、收入归属及课征基础可做如下分类：

---

① 施祖麟，徐润华．非税收入规范化管理与制度创新［M］．北京：中国言实出版社，2007：156.

（一）按照项目名称分类

按照项目名称，政府性基金可以分为基金（如已划转税务机关征收的可再生能源发展基金、重大水利工程建设基金等各类政府性基金）、资金（如国家电影事业发展专项资金等）、附加（如教育费附加等）和专项收费（如客运站场建设费等）四种。

（二）按照设立依据分类

政府性基金的设立依据是法律、行政法规和中共中央、国务院文件。按设立依据分类，可以将政府性基金分为法定型基金和行政型基金。法定型基金即以全国人大及其常委会制定的法律为设立依据的政府性基金，如教育费附加和地方教育附加依据《中华人民共和国教育法》；行政型基金是依据政府和部门规定设立的政府性基金，如国家重大水利工程建设基金①。

（三）按照收入归属分类

政府性基金按照收入归属可以划分为中央政府性基金、地方政府性基金以及中央与地方共享的政府性基金。中央政府性基金如大中型水库移民后期扶持基金、废弃电器电子产品处理基金等；地方政府性基金如地方教育附加等，中央与地方共享的政府性基金如教育费附加、文化事业建设费等。

（四）按照课征基础分类

政府性基金按照征收基础或征收对象可大致分为以下几类：

第一，以政府收入为征收或提取对象的政府性基金。这类政府性基金没有独立的征收基础，而是附加在其他政府收入（税收和非税收入）之上，具有附加税（费）性质。比如，教育费附加和地方教育附加的征收基础为纳税人的增值税和消费税税额；再如，中央水利建设基金从车辆购置税、铁路建设基金等收入中提取。

第二，以营业收入为征收对象的政府性基金。比如，文化建设事业费以娱乐业、广告业的计费销售额为征收对象；又如，国家电影事业发展专项资金以经营性电影放映单位的票房收入为征收对象。

第三，以占用的资源或能源数量为征收对象的政府性基金。比如，森林植被恢复费以占用的林地面积为征收对象；可再生能源电价附加、国家重大水利工程建设基金以及中央水库移民扶持基金等以销售电量为征收对象。

---

① 丁正智，王斯龙．非税收入征缴实务［M］．上海：立信会计出版社，2019：28.

第四，以销售或购买的商品或服务为征收对象的政府性基金。比如，民航发展基金以旅客购买的航空服务为征收对象；高等级公路车辆通行附加费以汽、柴油零售企业购买的汽、柴油数量为征收对象。

第五，以运输的货物为征收对象的政府性基金。比如，铁路建设基金以铁路运输货物的种类、重量、运输距离等为征收对象；船舶油污损害赔偿基金以海上运输持久性油类物质重量为征收对象。

五、政府性基金的征缴

（一）政府性基金的征收

1. 征收部门。

各级财政部门可以自行征收政府性基金，也可以委托其他机构代征政府性基金。委托其他机构代征政府性基金的，其代征费用由同级财政部门通过预算予以安排。政府性基金征收部门和单位负责政府性基金的具体征收工作。

2. 征收标准。

政府性基金征收机构应当严格按照法律、行政法规规定的项目、范围、标准和期限征收政府性基金。公民、法人或者其他组织不得拒绝缴纳符合规定设立的政府性基金。

3. 票据开具。

政府性基金征收机构在征收政府性基金时，应当按照规定开具财政部或者省级政府财政部门统一印制的财政票据；不按规定开具票据的，公民、法人和其他组织有权拒绝缴纳。

（二）政府性基金的缴库

政府性基金按照规定实行国库集中收缴制度。各级财政部门应当按照有关规定，监督政府性基金的征收和解缴入库。

第二节　部分政府性基金项目介绍

根据《全国政府性基金目录清单》（详见本书附录 3），目前全国政府性基金共 20 项，其中税务部门征收项目 13 项，具体为教育费附加、地方教育附加、文化事业建设费、残疾人就业保障金、废弃电器电子产品处理基金、国家重大水利工程建设基金、农网还贷资金、可再生能源发展基金、中央水库移民扶持基金（包括大中型水库移民后期扶持基金、跨省际大中型水库库区基金、三峡水库库区基金）、地方水库移民扶持基金（包括省级大中型水库库区基金、小型水库移民扶助基金）、水利建设基金、核电站乏燃料处理处置基金、森林植被恢复费。本节主要从基本概念、历史沿革、费制要素等方面对教育费附加等13项政府性基金项目进行介绍。

一、教育费附加、地方教育附加

（一）基本情况

1. 基本定义。

教育费附加，是为加快发展地方教育事业，扩大地方教育经费的资金来源，对缴纳增值税、消费税的单位和个人征收的政府性基金。

地方教育附加，是指省、自治区、直辖市人民政府根据《中华人民共和国教育法》和国务院的有关规定，征收的用于教育的政府性基金。

2. 历史沿革。

（1）教育费附加。

1985年5月27日中共中央印发的《关于教育体制改革的决定》提出，为保证地方教育事业，除国家拨款以外，地方机动财力中应有适当比例用于教育，乡财政收入应主要用于教育。地方可以征收教育费附加，此项收入首先用于改善基础教育的教学设施，不得挪作他用。

1986年，为贯彻落实中共中央《关于教育体制改革的决定》，国务院于当年4月28日印发《征收教育费附加的暂行规定》（国发〔1986〕50号），规定从1986年7月1日起由税务机关负责征收教育费附加，教育费附加率为1%，分别与产品税、增值税、营业税同时缴纳。

1990年，国务院《关于修改〈征收教育费附加的暂行规定〉的决定》（国务院令第60号）修改教育费附加率为2%，并规定除国务院另有规定外，任何地区、部门不得擅自提高或者降低教育费附加率。同时，将教育费附加纳入预算管理，作为教育专项资金，根据“先收后支、列收列支、收支平衡”的原则使用和管理。地方各级人民政府应当依照国家有关规定，使预算内教育事业费逐步增长，不得因教育费附加纳入预算专项资金管理而抵顶教育事业费拨款。

1994年，根据《国务院关于实行分税制财政管理体制的决定》（国发

〔1993〕85 号）要求，为了保证教育费附加及时、足额征收，《国务院关于教育费附加征收问题的紧急通知》（国发明电〔1994〕2 号）规定，教育费附加以各单位和个人实际缴纳的增值税、营业税、消费税的税额为计征依据，附加率为 3%，分别与增值税、营业税、消费税同时缴纳。按照改革后的税收征收管理规定，教育费附加分别由国家税务局和地方税务局负责征收。

1994 年，《国务院关于教育费附加征收问题的补充通知》（国发明电〔1994〕23 号）规定，对“三资企业”① 暂不征收教育费附加。

1995 年，《中华人民共和国教育法》明确税务机关依法足额征收教育费附加，由教育行政部门统筹管理，主要用于实施义务教育。

2010 年，《国务院关于统一内外资企业和个人城市维护建设税和教育费附加制度的通知》（国发〔2010〕35 号）规定，1985 年及 1986 年以来国务院及国务院财税主管部门发布的有关城市维护建设税和教育费附加的法规、规章、政策同时适用于外商投资企业、外国企业及外籍个人。同年，财政部、国家税务总局印发《关于对外资企业征收城市维护建设税和教育费附加有关问题的通知》（财税〔2010〕103 号）规定，自 2010 年 12 月 1 日起，对外商投资企业、外国企业及外籍个人征收城市维护建设税和教育费附加。

2016 年 5 月 1 日，我国全面推行营改增后，教育费附加以各单位和个人实际缴纳的增值税、消费税的税额为计税依据，附加率为 3%，分别与增值税和消费税同时缴纳。

（2）地方教育附加。

1995 年，《中华人民共和国教育法》规定，国家建立以财政拨款为主、其他多种渠道筹措教育经费为辅的体制，逐步增加对教育的投入，保证国家举办的学校教育经费的稳定来源。省、自治区、直辖市人民政府根据国务院的有关规定，可以决定开征用于教育的地方附加费，专款专用。此后，内蒙古、贵州、辽宁、重庆、福建、河北、江苏、安徽、广西、青海、山东、云南、浙江、宁夏、黑龙江、湖南、湖北、甘肃、新疆、江西 20 个省（自治区、直辖市）先后开征地方教育附加，费率分为 0.5%、1%、1.5%、2% 等不同情况。开征的 20 个省（自治区、直辖市）中部分由地方税务部门负责征收，部分委

---

① 三资企业即在中国境内设立的中外合资经营企业、中外合作经营企业、外商独资经营企业三类外商投资企业。

托地方税务部门代征，上述20个省（自治区、直辖市）以外的省（自治区、直辖市）未开征。

2010年，为贯彻落实《国家中长期教育改革和发展规划纲要（2010—2020年）》，进一步规范和拓宽财政性教育经费筹资渠道，支持地方教育事业发展，财政部制发《关于统一地方教育附加政策有关问题的通知》（财综〔2010〕98号），要求统一开征地方教育附加，征收标准统一为单位和个人（包括外商投资企业、外国企业及外籍个人）实际缴纳的增值税、营业税和消费税税额的2%。未开征的地区陆续按照规定开征，已开征的地区统一费率为2%。至此，地方教育附加在全国范围内统一开征。

2016年5月1日，我国全面推行营改增后，地方教育附加以各单位和个人实际缴纳的增值税、消费税的税额为计征依据，附加率为2%，分别与增值税、消费税同时缴纳。

3. 预算管理。

在政府收支分类科目中，教育费附加收入列一般公共预算收入，为中央和地方共用收入科目。地方教育附加收入列一般公共预算收入，为地方收入科目。

（二）费制要素

1. 征收范围。

凡实际缴纳增值税、消费税的单位和个人（包括外商投资企业、外国企业及外籍个人），都应当依照规定缴纳教育费附加、地方教育附加。

2. 缴费主体。

实际缴纳增值税、消费税的单位和个人为教育费附加、地方教育附加的缴费主体。

3. 计费方法。

教育费附加和地方教育附加以各单位和个人实际缴纳的增值税、消费税的税额为计征依据，附加率分别为3%、2%，与增值税、消费税同时计算缴纳。

计算公式：

$$\begin{matrix}\text{应缴教育费附加或}\\\text{地方教育附加}\end{matrix}=\text{实际缴纳的增值税、消费税的税额}\times\text{费率}$$

对海关代征的进口商品增值税、消费税，不征收教育费附加、地方教育附加。经税务部门正式审核批准的当期免抵的增值税税额应纳入教育费附加、地方教育附加的计征范围，按规定的费率征收教育费附加、地方教育附加。对实行增值税期末留抵退税的纳税人，允许其从教育费附加和地方教育附加的计税（征）依据中扣除退还的增值税税额。

4. 征收期限。

缴纳义务人应选择与增值税、消费税相同的申报期限，即按月、按季或按次缴纳教育费附加。扣缴义务人在代扣代缴增值税、消费税时，应同时代扣代缴教育费附加和地方教育附加。

为创新纳税服务机制，推进办税便利化改革，自 2016 年 4 月 1 日起，增值税小规模纳税人缴纳增值税、消费税，以及随增值税、消费税附征的城市维护建设税、教育费附加、地方教育附加等税费，原则上实行按季申报。随增值税、消费税附征的城市维护建设税、教育费附加、地方教育附加免于零申报。

5. 申报方式。

由缴费人向税务部门自行申报缴纳。

（三）主要政策依据

1. 《中华人民共和国教育法》。

2. 《国务院关于征收教育费附加的暂行规定》（国发〔1986〕50 号，1990 年国务院令第 60 号第一次修改，2005 年国务院令第 448 号第二次修改，2011 年国务院令第 588 号第三次修改）。

3. 《财政部关于统一地方教育附加政策有关问题的通知》（财综〔2010〕98 号）。

4. 《财政部 国家税务总局关于对外资企业征收城市维护建设税和教育费附加有关问题的通知》（财税〔2010〕103 号）。

5. 《国务院关于进一步加大财政教育投入的意见》（国发〔2011〕22 号）。

（四）优惠政策

1. 教育费附加、地方教育附加免征政策。

（1）《财政部关于免征全国中小学校舍安全工程建设有关政府性基金的通知》（财综〔2010〕54 号）。

（2）《财政部关于做好城市棚户区改造相关工作的通知》（财综〔2015〕57 号）。

（3）《财政部 国家税务总局关于扩大有关政府性基金免征范围的通知》

（财税〔2016〕12 号）。

（4）《财政部 税务总局 人力资源社会保障部 农业农村部关于进一步支持重点群体创业就业有关税收政策的公告》（财政部 税务总局 人力资源社会保障部 农业农村部公告 2023 年第 15 号）。

2. 教育费附加、地方教育附加减半征收政策。

（1）《财政部 税务总局关于实施小微企业普惠性税收减免政策的通知》（财税〔2019〕13 号）规定，2019 年 1 月 1 日至 2021 年 12 月 31 日，对增值税小规模纳税人可以在 50% 的税额幅度内减征教育费附加和地方教育附加。增值税小规模纳税人已依法享受教育费附加和地方教育附加其他优惠政策的，可叠加享受以上规定的优惠政策。

（2）《国家税务总局关于进一步实施小微企业"六税两费"减免政策有关征管问题的公告》（税务总局公告 2022 年第 3 号）。

（3）《财政部 税务总局关于进一步支持小微企业和个体工商户发展有关税费政策的公告》（财政部 税务总局公告 2023 年第 12 号）。

3. 教育费附加、地方教育附加支持重点群体创业就业政策。

（1）《财政部 税务总局 退役军人部关于进一步扶持自主就业退役士兵创业就业有关税收政策的通知》（财税〔2019〕21 号）。

（2）《财政部 税务总局 人力资源社会保障部 国务院扶贫办关于进一步支持和促进重点群体创业就业有关税收政策的通知》（财税〔2019〕22 号）。

（3）《财政部 税务总局 退役军人事务部关于进一步扶持自主就业退役士兵创业就业有关税收政策的公告》（财政部 税务总局 退役军人事务部公告 2023 年第 14 号）。

（4）《财政部 税务总局 人力资源社会保障部 农业农村部关于进一步支持重点群体创业就业有关税收政策的公告》（财政部 税务总局 人力资源社会保障部 农业农村部公告 2023 年第 15 号）。

4. 教育费附加特有优惠政策。

（1）《财政部 国家税务总局关于黄金税收政策问题的通知》（财税〔2002〕142 号）。

（2）《国家税务总局关于印发〈黄金交易增值税征收管理办法〉的通知》（国税发明电〔2002〕47 号）。

（3）《财政部 国家税务总局关于黄金期货交易有关税收政策的通知》（财

税〔2008〕5号）。

（4）《财政部 国家税务总局关于免征国家重大水利工程建设基金的城市维护建设税和教育费附加的通知》（财税〔2010〕44号）。

二、文化事业建设费

（一）基本情况

1. 基本定义。

文化事业建设费，是国家为了促进社会主义文化事业的健康发展，进一步完善文化经济政策，拓宽文化事业资金投入渠道而对广告、娱乐行业征收的一种政府性基金。

2. 历史沿革。

1996年，为加强社会主义精神文明建设，促进文化事业健康发展，进一步完善文化经济政策，在加大各级财政对文化事业投入力度的同时，拓宽文化事业资金投入渠道，国务院印发《关于进一步完善文化经济政策的若干规定》（国发〔1996〕37号），规定从1997年1月1日起，在全国范围内开征文化事业建设费，由提供广告服务的广告媒介单位和户外广告经营单位，以及提供娱乐服务的单位和个人缴纳。

1997年，财政部、国家税务总局印发《文化事业建设费征收管理暂行办法》（财税字〔1997〕95号），进一步明确在中华人民共和国境内依照规定缴纳娱乐业、广告业营业税的单位和个人，由地方税务局在征收娱乐业、广告业营业税时一并征收文化事业建设费。

自2012年1月1日起，随着营改增的实施和推进，根据《财政部 国家税务总局关于营业税改征增值税试点中文化事业建设费征收有关问题的通知》（财综〔2012〕68号）等规定，纳入营改增试点地区，提供广告服务的单位和个人，其文化事业建设费也随同增值税由国家税务局一并征收。同时，娱乐业的文化建设事业费依然由地方税务局负责征缴。

自2016年5月1日起，随着营改增的全面推开，娱乐业的文化事业建设费也随同增值税由国家税务局一并征收。营改增后，有关文化事业建设费政策及征收管理略做修改，在境内提供娱乐服务和广告服务的缴费人，继续缴纳文化事业建设费。

3. 预算管理。

在政府收支分类科目中，文化事业建设费收入列一般公共预算收入，为中央和地方共用收入科目。

（二）费制要素

1. 征收范围。

文化事业建设费的征缴范围仅限在中华人民共和国境内提供的广告服务、娱乐服务。

广告服务，是指利用图书、报纸、杂志、广播、电视、电影、幻灯、路牌、招贴、橱窗、霓虹灯、灯箱、互联网等各种形式为客户的商品、经营服务项目、文体节目或者通告、声明等委托事项进行宣传和提供相关服务的业务活动。包括广告代理和广告的发布、播映、宣传、展示等。

娱乐服务，是指为娱乐活动同时提供场所和服务的业务。具体包括：歌厅、舞厅、夜总会、酒吧、台球、高尔夫球、保龄球、游艺（包括射击、狩猎、跑马、游戏机、蹦极、卡丁车、热气球、动力伞、射箭、飞镖）。

2. 缴费主体。

在中华人民共和国境内提供广告服务的广告媒介单位和户外广告经营单位，以及在中华人民共和国境内提供娱乐服务的单位和个人，是文化事业建设费的缴费义务人。需要注意的是，广告服务业的征缴范围不包括个人，而娱乐服务业包括个人。

中华人民共和国境外的广告媒介单位和户外广告经营单位在境内提供广告服务，在境内未设有经营机构的，以广告服务接受方为文化事业建设费的扣缴义务人。

3. 计费方法。

文化事业建设费按提供广告服务、娱乐服务取得的计费销售额和3%的费率计征。

广告服务计费销售额，为纳税人提供广告服务取得的全部含税价款和价外费用，减除支付给其他广告公司或广告发布者的含税广告发布费后的余额。

娱乐服务计费销售额，为缴费人提供娱乐服务取得的全部含税价款和价外费用。

4. 征收期限。

文化事业建设费原则上与增值税同步。

5. 申报方式。

由缴费人向税务部门自行申报缴纳。

（三）主要政策依据

《国务院关于进一步完善文化经济政策的若干规定》（国发〔1996〕37号）。

（四）优惠政策

1.《财政部 国家税务总局关于营业税改征增值税试点有关文化事业建设费政策及征收管理问题的通知》（财税〔2016〕25号）。

2.《财政部 国家税务总局关于营业税改征增值税试点有关文化事业建设费政策及征收管理问题的补充通知》（财税〔2016〕60号）。

3.《财政部关于调整部分政府性基金有关政策的通知》（财税〔2019〕46号）。

三、残疾人就业保障金

（一）基本情况

1. 基本定义。

残疾人就业保障金是指为保障残疾人权益，由未按规定安排残疾人就业的机关、团体、企业、事业单位和民办非企业单位（以下简称用人单位）缴纳，主要用于支持残疾人就业和保障残疾人生活的资金。

2. 历史沿革。

为维护残疾人的合法权益，发展残疾人事业，保障残疾人平等地充分参与社会生活，共享社会发展成果，《中华人民共和国残疾人保障法》规定用人单位应当按一定比例安排残疾人就业，并为其选择适当的工种和岗位。达不到规定比例的，按照国家有关规定履行保障残疾人就业义务。

2007年5月1日起施行的《残疾人就业条例》（国务院令第488号），规定用人单位安置残疾人就业的比例不得低于本单位在职职工总数的1.5%，并授权各省政府可根据本地区的实际情况规定具体比例。

2015年9月9日，财政部、国家税务总局、中国残疾人联合会印发《残疾人就业保障金征收使用管理办法》（财税〔2015〕72号），全面规范残疾人就业保障金的征收使用管理，明确自2015年10月1日，残疾人就业保障金由用人单位所在地的税务部门征收。随着经济社会发展和残疾人就业形势的变化，残疾人就业保障金作用发挥不充分等问题日益突出，亟待完善。为更好发挥残疾人就业保障金制度作用，有效有力促进残疾人就业，优化残疾人就业保障金征收，经国务院同意，国家发展改革委、财政部、民政部、人力资源和社会保障部、税务总局、中国残疾人联合会6部门联合印发《关于完善残疾人就业保障金制度 更好促进残疾人就业的总体方案》（发改价格规〔2019〕2015号），规定自2020年1月1日起，一是实行分档征收，用人单位安排残疾人就业比例1%（含）以上但低于本省（区、市）规定比例的，3年内按应缴费额50%征收，1%以下的3年内按应缴费额90%征收；二是对在职职工总数30人（含）以下的企业，暂免征收残疾人就业保障金；三是征收残疾人就业保障金依据的社会平均工资口径，明确为城镇私营单位和非私营单位就业人员加权平均工资。《财政部关于调整残疾人就业保障金征收政策的公告》（财政部公告2019年第98号）对有关政策进行了细化。2023年3月28日，《财政部关于延续实施残疾人就业保障金优惠政策的公告》（财政部公告2023年第8号）将残疾人就业保障金分档减缴政策，以及在职职工人数在30人（含）以下的企业免征残疾人就业保障金政策延续至2027年12月31日。

3. 预算管理。

在政府收支分类科目中，残疾人就业保障金收入列一般公共预算收入，为中央和地方共用收入科目。

（二）费制要素

1. 征收范围。

用人单位安排残疾人就业的比例不得低于本单位在职职工总数的1.5%。具体比例由各省、自治区、直辖市人民政府根据本地区的实际情况规定。用人单位安排残疾人就业达不到其所在地省、自治区、直辖市人民政府规定比例的，应当缴纳残疾人就业保障金。

2. 缴费主体。

未按规定比例安排残疾人就业的机关、团体、企业、事业单位和民办非企业单位是残疾人就业保障金的缴纳义务人。

3. 计费方法。

（1）计算公式。

$$\begin{array}{c}\text{残疾人就业保障}\\\text{金年缴纳额}\end{array} = \left(\begin{array}{c}\text{上年用人单位}\\\text{在职职工人数}\end{array} \times \begin{array}{c}\text{所在地省、自治区、直辖市人民}\\\text{政府规定的安排残疾人就业比例}\end{array} - \right.$$

上年用人单位实际安排的残疾人就业人数）× 上年用人单位在职职工年平均工资（或当地社平工资的2倍，取低值）

（2）残保金计算的相关口径。

①上年用人单位在职职工，是指用人单位在编人员或依法与用人单位签订1年以上（含1年）劳动合同（服务协议）的人员。季节性用工应当折算为年平均用工人数。用人单位应向主管的残疾人联合会申报核定按比例安排残疾人就业情况，由残疾人联合会对用人单位安排就业的残疾人人数进行核实，并出具核定书。

②上年用人单位安排残疾人就业未达到规定比例的差额人数，以公式计算结果为准，可以不是整数。用人单位应于规定时间，向本级残疾人就业服务机构申报上年实际安排残疾人就业人数。残疾人就业服务机构对用人单位安排就业的残疾人人数进行核实，出具核定书，并及时将审核情况提供给主管税务部门。用人单位应按规定时限，如实向残疾人就业服务机构申报上年本单位安排的残疾人就业人数。用人单位未在规定时限申报的，视为未安排残疾人就业。

③上年用人单位在职职工年平均工资，按用人单位上年在职职工工资总额除以用人单位上年在职职工人数计算。职工工资总额由工资、奖金、津贴、补贴组成。计算口径以国家统计局指标解释为准。

④社会平均工资，为城镇私营单位和非私营单位就业人员加权平均工资，以当地统计行政部门公布的数据为准。

⑤自2018年4月1日起，将残疾人就业保障金征收标准上限由当地社会平均工资的3倍降低至2倍。其中，用人单位在职职工平均工资未超过当地社会平均工资2倍（含）的，按用人单位在职职工年平均工资计征残疾人就业保障金；超过当地社会平均工资2倍的，按当地社会平均工资2倍计征残疾人就业保障金。

（3）安置残疾人注意事项。

①残疾人，是指持有《中华人民共和国残疾人证》上注明属于视力残疾、听力残疾、言语残疾、肢体残疾、智力残疾、精神残疾和多重残疾的人员，或者持有《中华人民共和国残疾军人证》（1至8级）的人员。

②用人单位将残疾人录用为在编人员或者依法与就业年龄段内的残疾人签订1年以上（含1年）劳动合同（服务协议），且实际支付的工资不低于当地

最低工资标准，并足额缴纳社会保险费的，方可计入用人单位所安排的残疾人就业人数。

③用人单位安排1名持有《中华人民共和国残疾人证》（1至2级）或《中华人民共和国残疾军人证》（1至3级）的人员就业的，按照安排2名残疾人就业计算。

④用人单位跨地区招用残疾人的，应当计入所安排的残疾人就业人数。

4. 申报方式。

由缴费人向税务部门自行申报缴纳。

（三）主要政策依据

1.《中华人民共和国残疾人保障法》。

2.《残疾人就业条例》（国务院令第488号）。

3.《残疾人就业保障金征收使用管理办法》（财税〔2015〕72号）。

（四）优惠政策

1.《财政部 国家税务总局关于对小微企业免征有关政府性基金的通知》（财税〔2014〕122号），自工商登记注册之日起3年内，对安排残疾人就业未达到规定比例、在职职工总数20人以下（含20人）的小微企业，免征残疾人就业保障金。

2.《财政部关于取消、调整部分政府性基金有关政策的通知》（财税〔2017〕18号），将残疾人就业保障金免征范围，调整为在职职工总数30人（含）以下的企业。设置残疾人就业保障金征收标准上限用人单位在职职工年平均工资未超过当地社会平均工资（用人单位所在地统计部门公布的上年度城镇单位就业人员平均工资）3倍（含）的，按用人单位在职职工年平均工资计征残疾人就业保障金；超过当地社会平均工资3倍以上的，按当地社会平均工资3倍计征残疾人就业保障金。

3.《财政部关于降低部分政府性基金征收标准的通知》（财税〔2018〕39号），将残疾人就业保障金征收标准上限，由当地社会平均工资的3倍降低至2倍。

4.《财政部关于调整残疾人就业保障金征收政策的公告》（财政部公告2019年第98号），对残疾人就业保障金实行分档减缴政策；同时，在职职工人数在30人（含）以下的企业，暂免征收残疾人就业保障金。

5.《财政部关于延续实施残疾人就业保障金优惠政策的公告》（财政部公

告 2023 年第 8 号），将 2019 年财政部第 98 号公告涉及优惠政策延续至 2027 年 12 月 31 日。

四、废弃电器电子产品处理基金

（一）基本情况

1. 基本定义。

废弃电器电子产品处理基金，是国家为了规范废弃电器电子产品的回收处理活动，促进资源综合利用和循环经济发展，保护环境，保障人体健康，根据《中华人民共和国清洁生产促进法》和《中华人民共和国固体废物污染环境防治法》等法律设立的政府性基金。

2. 历史沿革。

2009 年，《废弃电器电子产品回收处理管理条例》（国务院令第 551 号）明确，自 2011 年 1 月 1 日起国家建立废弃电器电子产品处理基金，用于废弃电器电子产品回收处理费用的补贴。电器电子产品生产者、进口电器电子产品的收货人或者其代理人应当按照规定履行废弃电器电子产品处理基金的缴纳义务。该项基金在全国范围内征收，吉林、海南、云南、青海、宁夏、西藏 6 省（区）因没有电器电子生产企业，暂未征收。

2012 年，为规范处理基金征收使用管理，财政部、环境保护部、国家发展改革委、工业和信息化部、海关总署、国家税务总局 6 部委联合印发了《废弃电器电子产品处理基金征收使用管理办法》（财综〔2012〕34 号）。规定电器电子产品生产者按季申报缴纳处理基金，并明确了对电器电子产品生产者征收处理基金的产品范围和征收标准。电器电子产品生产者应缴纳的基金，由税务局负责征收。进口电器电子产品的收货人或者其代理人应缴纳的基金，由海关负责征收。

为了完成好基金征收工作，国家税务总局发布了《废弃电器电子产品处理基金征收管理规定》（国家税务总局公告 2012 年第 41 号），对基金缴纳义务人、基金征收范围和标准以及其他具体的征管制度作出规定。

2015 年，国家发展改革委、环境保护部、工业和信息化部、财政部、海关总署、国家税务总局联合发布了《关于公布〈废弃电器电子产品处理目录（2014 年版）〉的公告》（国家发展和改革委员会公告 2015 年第 5 号），明确自 2016 年 3 月 1 日起，基金征收品目由 5 类扩大到 14 类。

2016 年，为贯彻实施 2014 年版目录，帮助各有关方面理解目录范围，4 月 25 日，国家发展改革委等 6 部委办公厅联合印发《废弃电器电子产品处理目录（2014 年版）释义的通知》（发改办环资〔2016〕1050 号），对 14 类征收品目的产品范围等作出明确规定。

3. 预算管理。

在政府收支分类科目中，废弃电器电子产品处理基金收入列政府性基金预算收入，为中央收入科目。

（二）费制要素

1. 征收范围。

2012 年，《废弃电器电子产品处理目录（第一批）》规定对电视机、电冰箱、洗衣机、房间空调器、微型计算机 5 类产品征收废弃电器电子产品处理基金。2015 年，《废弃电器电子产品处理目录（2014 年版）》明确，从 2016 年 3 月 1 日起，基金征收范围增加了吸油烟机、电热水器、燃气热水器、打印机、复印机、传真机、监视器、移动通信手持机、电话单机 9 类产品，共对 14 类产品征收。

2. 缴费主体。

废弃电器电子产品处理基金缴费主体是电器电子产品生产者、进口电器电子产品的收货人或者其代理人。

废弃电器电子产品处理基金缴纳义务人是电器电子产品生产者，包括自主品牌生产企业和代工生产企业。

电器电子产品来源于进口和国内生产，流向是出口和国内销售，最终走向回收处理。电器电子产品在生产销售、进口产品环节缴纳废弃电器电子处理基金。废弃电器电子产品处理基金全额上缴中央国库，纳入中央政府性基金预算管理，用于补贴废弃电器电子产品的回收处理。由于基金用于补贴取得废弃电器电子产品处理资格的企业，所以销往境外的电器电子产品免征废弃电器电子产品处理基金。

3. 计费方法。

废弃电器电子产品处理基金分别按照电器电子产品生产者销售、进口电器电子产品的收货人或者其代理人进口的电器电子产品数量定额征收。

废弃电器电子产品处理基金缴纳义务人销售或受托加工生产相关电器电子产品，按照从量定额的办法计算应缴纳废弃电器电子处理基金。

计算公式：

应缴纳废弃电器电子处理基金 = 销售数量（受托加工数量）× 征收标准

废弃电器电子产品处理目录征收标准如表 5－1 所示。

表 5－1　　废弃电器电子产品处理目录征收标准　　单位：元/台

序号	产品种类	产品范围	征收标准
1	电视机	阴极射线管（黑白；彩色）电视机；等离子电视机；液晶电视机；背投电视机；其他用于接收信号并还原出图像及伴音的终端设备	13
2	电冰箱	冷藏冷冻箱（柜）；冷藏箱（柜）；冷冻箱（柜）；其他具有制冷系统；消耗能量以获取冷量的隔热箱体	12
3	洗衣机	波轮式洗衣机；滚筒式洗衣机；搅拌式洗衣机；脱水机；其他依靠机械作用洗涤衣物（含兼有干衣功能）的器具	7
4	房间空调器	整体式空调（窗机、穿墙机等）；分体式空调（分体壁挂、分体柜机等）；一拖多空调器；其他制冷量在 14000W 及以下的房间空气调节器具	7
5	微型计算机	台式微型计算机的显示器；主机、显示器一体形式的台式微型计算机；便携式微型计算机（含平板电脑、掌上电脑）；其他信息事务处理实体	10

注：本表仅为废弃电器电子产品处理目录（第一批）征收标准，《废弃电器电子产品处理目录》（2014 年版）征收标准暂未出台。

4. 征收期限。

废弃电器电子处理基金实行按季度申报，缴纳义务人应当自季度终了之日起 15 日内申报缴纳废弃电器电子产品处理基金。

5. 申报方式。

由缴费人向税务部门自行申报缴纳。

（三）主要政策依据

1. 《废弃电器电子产品回收处理管理条例》（国务院令第 551 号）。

2. 《财政部 环境保护部 国家发展改革委 工业和信息化部 海关总署 税务总局〈关于印发废弃电器电子产品处理基金征收使用管理办法〉的通知》（财综〔2012〕34 号）。

3. 《废弃电器电子产品处理基金征收管理规定》（国家税务总局公告 2012 年第 41 号）。

4. 《财政部 国家税务总局关于进一步明确废弃电器电子产品处理基金征收产品范围的通知》（财综〔2012〕80 号）。

5.《废弃电器电子产品处理目录（2014 年版）》（中华人民共和国国家发展和改革委员会 中华人民共和国环境保护部 中华人民共和国工业和信息化部 中华人民共和国财政部 中华人民共和国海关总署 国家税务总局公告 2015 年第 5 号）。

6.《国家税务总局关于修订〈废弃电器电子产品处理基金申报表〉的公告》（国家税务总局公告 2015 年第 62 号）。

7.《国家发展和改革委员会办公厅 环境保护部办公厅 工业和信息化部办公厅 财政部办公厅 海关总署办公厅 国家税务总局办公厅关于印发〈废弃电器电子产品处理目录（2014 年版）〉释义的通知》（发改办环资〔2016〕1050 号）。

（四）优惠政策

1. 出口产品免征。

《废弃电器电子产品处理基金征收管理规定》（国家税务总局公告 2012 年第 41 号）。

2. 进料加工或来料加工免征。

《财政部关于进（来）料受托加工复出口免征废弃电器电子产品处理基金有关问题的公告》（财政部公告 2014 年第 29 号）。

3. 环保技术产品减征。

《废弃电器电子产品处理基金征收使用管理办法》（财综〔2012〕34 号）。

（五）停征

根据《关于停征废弃电器电子产品处理基金有关事项的公告》（财政部 生态环境部 国家发展改革委 工业和信息化部 2023 年第 74 号）规定，自 2024 年 1 月 1 日起停征废弃电器电子产品处理基金。

五、国家重大水利工程建设基金

（一）基本情况

1. 基本定义。

国家重大水利工程建设基金，是为筹集国家重大水利工程建设资金，确保国家重大水利工程建设的顺利实施，促进经济社会可持续发展而设立的政府性基金，用于支持南水北调工程建设、解决三峡工程后续问题以及加强中西部地区重大水利工程建设。南水北调和三峡工程直接受益省份筹集的国家重大水利工程建设基金，纳入中央财政预算管理，由中央财政安排用于南水北调工程建设、三峡工程后续工作等。南水北调和三峡工程非直接受益省份筹集的国家重大水利工程建设基金，纳入省级财政预算管理，专项用于本地重大水利工程建设。

2. 历史沿革。

2009年12月，财政部、国家发展改革委、水利部联合印发《国家重大水利工程建设基金征收使用管理暂行办法》（财综〔2009〕90号），决定从2010年1月1日起停止征收三峡工程建设基金，利用三峡工程建设基金停征后的电价空间设立国家重大水利工程建设基金，并规定从2010年1月1日起开始征收，至2019年12月31日止。

2017年《财政部关于降低国家重大水利工程建设基金和大中型水库移民后期扶持基金征收标准的通知》（财税〔2017〕51号）规定，自2017年7月1日起将国家重大水利工程建设基金的征收标准降低25%；2018年《财政部关于降低部分政府性基金征收标准的通知》（财税〔2018〕39号）将征收标准再降低25%；2019年《财政部关于调整部分政府性基金有关政策的通知》（财税〔2019〕46号）规定，在前两次降低的基础上，征收标准再降低50%，并明确国家重大水利工程建设基金征收至2025年12月31日。

2019年以前，北京、天津、河北、河南、山东、江苏、上海、浙江、安徽、江西、湖北、湖南、广东、重庆14个南水北调和三峡工程直接受益省份电网企业代征的国家重大水利工程建设基金，由财政部驻当地财政监察专员办事处（以下简称专员办）负责征收，并全额上缴中央国库。山西、内蒙古、辽宁、吉林、黑龙江、福建、广西、海南、四川、贵州、云南、陕西、甘肃、青海、宁夏、新疆16个南水北调和三峡工程非直接受益省份电网企业代征的国家重大水利工程建设基金，由当地省级财政部门负责征收，并全额上缴省级国库。2018年财政部印发《关于将国家重大水利工程建设基金等政府非税收入项目划转税务部门征收的通知》（财税〔2018〕147号），规定自2019年1月1日起，专员办负责征收的国家重大水利工程建设基金划转税务部门征收。2020年财政部印发《关于国家重大水利建设基金、水利建设基金划转税务部门征收的通知》（财税〔2020〕9号），规定自2020年1月1日起，地方政府及有关部门负责征收的国家重大水利工程建设基金划转税务部门征收。《国家税务总局关于水利建设基金等政府非税收入项目征管职责划转有关事项的公告》（国家税务总局公告2020年第2号）对划转后国家重大水利工程建设基金征缴相关事项作出规定。

3. 预算管理。

在政府收支分类科目中，国家重大水利工程建设基金收入列政府性基金预算收入，包含中央收入科目和地方收入科目。

（二）费制要素

1. 征收范围。

国家重大水利工程建设基金在除西藏自治区以外的全国范围内筹集。

各省、自治区、直辖市全部销售电量包括省级电网企业销售给电力用户的电量、省级电网企业扣除合理线损后的趸售电量（即实际销售给转供单位的电量）、省级电网企业销售给子公司的电量和对境外销售电量、企业自备电厂自发自用电量、地方独立电网销售电量（不含省级电网企业销售给地方独立电网企业的电量）。

跨省（自治区、直辖市）电力交易，计入受电省份销售电量。

资源综合利用（利用余热余压发电、煤矸石发电等）、热电联产的企业自备电厂纳入国家重大水利工程建设基金征收范围，不得免征。

2. 缴费主体。

除西藏自治区以外全国范围内的电力用户。

3. 计费方法。

计算公式：

$$\text{国家重大水利工程建设基金} = \text{全部销售电量（扣除国家扶贫开发工作重点县农业排灌用电）} \times \text{征收标准}$$

国家重大水利工程建设基金按每千瓦时计算征收，各地标准不同。根据《财政部关于调整部分政府性基金有关政策的通知》（财税〔2019〕46号）规定，从2019年7月1日起各省（区、市）实行新的标准，具体如表5－2所示。

表5－2　国家重大水利工程建设基金征收标准　单位：厘/千瓦时

省（自治区、直辖市）	征收标准	省（自治区、直辖市）	征收标准
北京	1.96875	河南	3.189375
天津	1.96875	湖北	0
上海	3.915	湖南	1.0546875
河北	1.96875	广东	1.96875
山西	1.96875	广西	1.125

续表

省（自治区、直辖市）	征收标准	省（自治区、直辖市）	征收标准
内蒙古	1.125	海南	1.125
辽宁	1.125	重庆	1.96875
吉林	1.125	四川	1.96875
黑龙江	1.125	贵州	1.125
江苏	4.1934375	云南	1.125
浙江	4.03875	陕西	1.125
安徽	3.63375	甘肃	1.125
福建	1.96875	青海	1.125
江西	1.5525	宁夏	1.125
山东	1.96875	新疆	1.125

4. 征收期限。

国家重大水利工程建设基金按月申报缴纳，按年汇算清缴。

5. 申报方式。

地方独立电网销售电量、属地管理的自备电厂企业自发自用电量，按月自行申报缴纳，税务部门征收。

除上述两种情况外，由省级电网企业向电力用户收取电费时一并代征，按月自行申报缴纳，税务部门征收。

省级电网企业、地方独立电网企业和属地管理的自备电厂企业应根据全年实际销售电量（自发自用电量），在次年3月底前完成汇算清缴。

（三）主要政策依据

1.《财政部 国家发展改革委 水利部关于印发〈国家重大水利工程建设基金征收使用管理暂行办法〉的通知》（财综〔2009〕90号）。

2.《财政部关于征收国家重大水利工程建设基金有关问题的通知》（财综〔2010〕97号）。

3.《财政部关于对国家电网四川省电力公司有关政府性基金上缴问题的批复》（财税〔2015〕80号）。

4.《国家税务总局关于国家重大水利工程建设基金等政府非税收入项目征管职责划转有关事项的公告》（国家税务总局公告2018年第63号）。

5.《财政部关于将国家重大水利工程建设基金等政府非税收入项目划转税务部门征收的通知》(财税〔2018〕147 号)。

6.《国家税务总局关于水利建设基金等政府非税收入项目征管职责划转有关事项的公告》(国家税务总局公告 2020 年第 2 号)。

7.《财政部关于国家重大水利建设基金、水利建设基金划转税务部门征收的通知》(财税〔2020〕9 号)。

(四)优惠政策

1. 基金免征城市维护建设税和教育费附加。

《财政部 国家税务总局关于免征国家重大水利工程建设基金的城市维护建设税和教育费附加的通知》(财税〔2010〕44 号)。

2. 分布式光伏发电自发自用电量免征基金。

《财政部关于对分布式光伏发电自发自用电量免征政府性基金有关问题的通知》(财综〔2013〕103 号)。

3. 降低基金征收标准。

(1)《财政部 国家发展改革委 水利部关于印发〈国家重大水利工程建设基金征收使用管理暂行办法〉的通知》(财综〔2009〕90 号)。

(2)《财政部关于降低国家重大水利工程建设基金和大中型水库移民后期扶持基金征收标准的通知》(财税〔2017〕51 号)。

(3)《财政部关于降低部分政府性基金征收标准的通知》(财税〔2018〕39 号)。

(4)《财政部关于调整部分政府性基金有关政策的通知》(财税〔2019〕46 号)。

六、农网还贷资金

(一)基本情况

1. 基本定义。

农网还贷资金,是指国家对农网改造贷款“一省多贷”的省、自治区、直辖市电力用户征收的,专项用于解决农村电网改造贷款还本付息问题的政府性基金。

2. 历史沿革。

2001 年财政部印发《农网还贷资金征收使用管理办法》(财企〔2001〕

820 号），明确了农网还贷资金的征收管理，并将执行时间暂定为 2001 年 1 月 1 日至 2005 年 12 月 31 日。

2007 年经国务院批准，农网还贷资金继续予以保留。

根据党中央、国务院关于非税收入征管职责划转的有关要求，自 2019 年 1 月 1 日起，农网还贷资金划转税务部门征收。

3. 预算管理。

在政府收支分类科目中，农网还贷资金收入列政府性基金预算收入，为中央和地方共用收入科目。

（二）费制要素

1. 征收范围。

农网改造贷款“一省多贷”的省、自治区、直辖市的社会用电量属于农网还贷资金征收范围，涉及山西、吉林、湖南、湖北、广东、广西、四川、重庆、云南、陕西等省（自治区、直辖市）。

2019 年 1 月 1 日起，山西、吉林、湖南、湖北、广西、四川、重庆、云南、陕西 9 个省市农网还贷资金由税务部门征收。按照《财政部关于农网还贷资金征收使用管理有关问题的通知》（财企〔2002〕266 号）规定，广东省农网还贷资金由广东省财政厅征收。2022 年，根据《财政部关于陕西省农网还贷资金管理有关问题的批复》（财税〔2022〕2 号），陕西省不再将农网还贷资金作为政府性基金管理，改按“一省一贷”方式，由企业自收自用，税务部门不再征收。

2. 缴费主体。

农网改造贷款“一省多贷”的省、自治区、直辖市的电力用户。

3. 计费方法。

除规定的减免用量外，农网改造贷款“一省多贷”的省、自治区、直辖市的社会用电量按每度电 2 分钱的征收标准征收。

4. 征收期限。

农网还贷资金实行按月申报缴费，每月 15 日前申报缴纳。

5. 申报方式。

除属地管理的自备电厂按月自行向税务部门申报缴费外，其他地区由电网企业在向电力用户收取电费时一并代征农网还贷资金，按月向税务部门申报缴纳。

根据《国家税务总局关于国家重大水利工程建设基金等政府非税收入项目

征管职责划转有关事项的公告》（国家税务总局公告 2018 年第 63 号）规定，农网还贷资金使用《非税收入通用申报表》申报缴纳。

（三）主要政策依据

1.《财政部关于印发〈农网还贷资金征收使用管理办法〉的通知》（财企〔2001〕820 号）。

2.《财政部关于农网还贷资金征收使用管理有关问题的通知》（财企〔2002〕266 号）。

3.《财政部关于农网还贷资金征缴工作有关问题的通知》（财企〔2006〕347 号）。

4.《财政部关于延续农网还贷资金等 17 项政府性基金政策问题的通知》（财综〔2007〕3 号）。

5.《财政部关于对分布式光伏发电自发自用电量免征政府性基金有关问题的通知》（财综〔2013〕103 号）。

6.《财政部关于调整重庆市农网还贷资金中央和地方缴库比例有关问题的批复》（财税〔2015〕59 号）。

7.《财政部关于将国家重大水利工程建设基金等政府非税收入项目划转税务部门征收的通知》（财税〔2018〕147 号）。

8.《国家税务总局关于国家重大水利工程建设基金等政府非税收入项目征管职责划转有关事项的公告》（国家税务总局公告 2018 年第 63 号）。

（四）优惠政策

1. 分布式光伏发电自发自用电量免征基金。

《财政部关于对分布式光伏发电自发自用电量免征政府性基金有关问题的通知》（财综〔2013〕103 号）规定，为了促进光伏产业健康发展，自 2013 年 11 月 19 日起，对分布式光伏发电自发自用电量免收可再生能源电价附加、国家重大水利工程建设基金、大中型水库移民后期扶持基金、农网还贷资金 4 项针对电量征收的政府性基金。

2. 其他优惠。

《农网还贷资金征收使用管理办法》（财企〔2001〕820 号）规定，农业排灌、抗灾救灾及氮肥、磷肥、钾肥和原化工部颁发生产许可证的复合肥生产用电免征农网还贷资金；国有重点煤炭企业生产用电、核工业铀扩散厂和堆化工厂生产用电农网还贷资金暂按每千瓦时用电量 3 厘钱标准征收。

七、可再生能源发展基金

（一）基本情况

1. 基本定义。

可再生能源发展基金，是指为了促进可再生能源的开发利用，根据《中华人民共和国可再生能源法》有关规定设立的包括国家财政公共预算安排的专项资金和依法向电力用户征收的可再生能源电价附加收入等的政府性基金。

可再生能源发展专项资金由中央财政从年度公共预算中予以安排（不含国务院投资主管部门安排的中央预算内基本建设专项资金）。可再生能源电价附加在除西藏自治区以外的全国范围内，对各省、自治区、直辖市扣除农业生产用电（含农业排灌用电）后的销售电量征收。

2. 历史沿革。

2011 年，根据《财政部 国家发展改革委 国家能源局关于印发〈可再生能源发展基金征收使用管理暂行办法〉的通知》（财综〔2011〕115 号），设立可再生能源发展基金，自 2012 年 1 月 1 日起开征，由财政部驻各省（自治区、直辖市）财政监察专员办事处征收。

2013 年 9 月，财政部印发《关于调整可再生能源电价附加征收标准的通知》（财综〔2013〕89 号），规定自 2013 年 9 月 25 日起，将向除居民生活和农业生产以外的其他用电量征收的可再生能源电价附加征收标准提高至 1.5 分/千瓦时。

2015 年 4 月，财政部印发《可再生能源发展专项资金管理暂行办法》（财建〔2015〕87 号），规范和加强可再生能源发展专项资金的管理，提高资金使用效益，明确了财政部、国务院有关部门、地方财政和相关主管部门在资金管理、使用方面的主要职责，界定了可再生能源发展专项资金的重点支持范围等。

2016 年 1 月，财政部、国家发展改革委印发了《关于提高可再生能源发展基金征收标准等有关问题的通知》（财税〔2016〕4 号），规定自 2016 年 1 月 1 日起将各省（自治区、直辖市，不含新疆维吾尔自治区、西藏自治区）居民生活和农业生产以外全部销售电量的基金征收标准由 1.5 分/千瓦时提高到 1.9 分/千瓦时，并要求各省价格主管部门同幅度调整省级电网和地方独立电网销售电价，严格执行国家统一规定的基金征收标准，另外切实加强企业自备电厂等基金征收管理。

2019年1月1日起，根据党中央、国务院关于非税收入征管职责划转的要求，可再生能源发展基金划转税务部门征收。

3. 预算管理。

在政府收支分类科目中，可再生能源发展基金收入列政府性基金预算收入，为中央收入科目。

（二）费制要素

1. 征收范围。

可再生能源电价附加在除西藏自治区以外的全国范围内，对各省、自治区、直辖市扣除农业生产用电（含农业排灌用电）后的销售电量征收。

纳入可再生能源电价附加征收范围的销售电量包括：

（1）省级电网企业（含各级子公司）销售给电力用户的电量；

（2）省级电网企业扣除合理线损后的趸售电量（即实际销售给转供单位的电量，不含趸售给各级子公司的电量）；

（3）省级电网企业对境外销售电量；

（4）企业自备电厂自发自用电量；

（5）地方独立电网（含地方供电企业，下同）销售电量（不含省级电网企业销售给地方独立电网的电量）；

（6）大用户与发电企业直接交易的电量。

省（自治区、直辖市）际交易电量，计入受电省份的销售电量征收可再生能源电价附加。

2. 缴费主体。

根据《可再生能源发展基金征收使用管理暂行办法》（财综〔2011〕115号）规定，可再生能源电价附加的缴费主体是除西藏自治区以外全国范围内的电力用户。

3. 计费方法。

居民生活用电征收标准为8厘/千瓦时。各省（自治区、直辖市，不含新疆维吾尔自治区、西藏自治区）居民生活和农业生产以外全部销售电量的可再生能源发展基金征收标准为1.9分/千瓦时。新疆维吾尔自治区征收标准为1.5分/千瓦时。

计算公式：

可再生能源电价附加＝销售电量×征收标准

4. 征收期限。

可再生能源电价附加实行按月申报，按年汇算清缴。

5. 申报方式。

地方独立电网销售电量、属地管理的自备电厂企业自发自用电量，按月自行申报缴纳，税务部门征收。

除上述两种情况外，由省级电网企业向电力用户收取电费时一并代征，按月自行申报缴纳，税务部门征收。

省级电网企业、属地管理的自备电厂企业和地方独立电网企业应根据全年实际销售电量（自发自用电量），在次年3月底前完成汇算清缴。

（三）主要政策依据

1.《财政部 国家发展改革委 国家能源局关于印发〈可再生能源发展基金征收使用管理暂行办法〉的通知》（财综〔2011〕115号）。

2.《财政部关于调整可再生能源电价附加征收标准的通知》（财综〔2013〕89号）。

3.《财政部关于印发〈可再生能源发展专项资金管理暂行办法〉的通知》（财建〔2015〕87号）。

4.《财政部 国家发展改革委关于提高可再生能源发展基金征收标准等有关问题的通知》（财税〔2016〕4号）。

5.《财政部关于将国家重大水利工程建设基金等政府非税收入项目划转税务部门征收的通知》（财税〔2018〕147号）

6.《国家税务总局关于国家重大水利工程建设基金等政府非税收入项目征管职责划转有关事项的公告》（国家税务总局公告2018年第63号）

（四）优惠政策

《财政部关于对分布式光伏发电自发自用电量免征政府性基金有关问题的通知》（财综〔2013〕103号），对分布式光伏发电自发自用电量免收可再生能源电价附加。

八、大中型水库移民后期扶持基金

（一）基本情况

1. 基本定义。

大中型水库移民后期扶持基金，是国家为扶持大中型水库农村移民解决生产生活问题而设立的政府性基金。

2. 历史沿革。

1986年，为解决1985年底以前建成水库的移民遗留问题，按照《国务院办公厅转发水利电力部关于抓紧处理水库移民问题报告的通知》（国办发〔1986〕56号）规定，设立库区建设基金。

1996年，为对1986—1995年投产和1996年以前国家批准开工建设的大中型水电站、水库库区移民进行扶持，重点解决库区移民生产生活设施建设滞后等遗留问题，《国家计委 财政部 电力工业部 水利部关于设立水电站和水库库区后期扶持基金的通知》（计建设〔1996〕526号）规定，自1996年1月1日起，设立后期扶持基金。

2006年，为扶持大中型水库的农村移民，《国务院关于完善大中型水库移民后期扶持政策的意见》（国发〔2006〕17号）规定，将库区建设基金并入完善后的水库移民后期扶持资金。

2006年，根据《国务院关于完善大中型水库移民后期扶持政策的意见》（国发〔2006〕17号）的相关规定，财政部印发《大中型水库移民后期扶持基金征收使用管理暂行办法》（财综〔2006〕29号），自2006年6月30日起开始征收大中型水库移民后期扶持基金，并明确了基金的征收管理。

2013年，财政部印发《关于对分布式光伏发电自发自用电量免征政府性基金有关问题的通知》（财综〔2013〕103号），规定自2013年11月19日起对分布式光伏发电自发自用电量免征大中型水库移民后期扶持基金。

2016年，《财政部关于取消、停征和整合部分政府性基金项目等有关问题的通知》（财税〔2016〕11号）规定，自2016年2月1日起，将大中型水库移民后期扶持基金、跨省（区、市）大中型水库库区基金、三峡水库库区基金合并为中央水库移民扶持基金。

2017年，财政部印发《关于降低国家重大水利工程建设基金和大中型水库移民后期扶持基金征收标准的通知》（财税〔2017〕51号），规定自2017年1月1日起将大中型水库移民后期扶持基金的征收标准统一降低25%。

2019年1月1日，大中型水库移民后期扶持基金划转税务部门征收。

3. 预算管理。

在政府收支分类科目中，大中型水库移民后期扶持基金收入列政府性基金预算收入，为中央收入科目。

（二）费制要素

1. 征收范围。

大中型水库移民后期扶持基金对省级电网企业在本省（区、市）区域内全部销售电量加价征收，但下列电量实行免征：

（1）农业生产用电；

（2）省级电网企业间销售电量（由买入方在最终销售环节向用户收取）；

（3）经国务院批准，可以免除交纳后期扶持基金的其他电量。

2. 缴费主体。

除西藏自治区外，其余省（自治区、直辖市）范围内的电力用户为缴费人，由各省级电网企业在向电力用户收取电费时一并代征。

3. 计费方法。

大中型水库移民后扶持基金根据水库和水电站实际上网销售电量（扣除免征电量）加价征收，各地征收标准不完全相同（如表5－3所示）。

计算公式：

$$\frac{\text{应缴大中型水库}}{\text{移民后期扶持基金}} = \frac{\text{实际上网销售电量}}{\text{（扣除免征电量）}} \times \text{各地征收标准}$$

表5－3　各省（区、市）从销售电价加价中征收的后期扶持基金标准

单位：厘/千瓦时

省（区、市）	征收标准	省（区、市）	征收标准
北京	8.3	河南	8.3
天津	8.3	湖北	8.3
上海	8.3	湖南	8.3
河北	3.5	广东	8.3
山西	3.2	广西	8.3
内蒙古	3.1	海南	8.3
辽宁	8.3	重庆	8.3
吉林	5.5	四川	8.3
黑龙江	3.9	贵州	6.3
江苏	8.3	云南	5.0
浙江	8.3	陕西	8.3

续表

省（区、市）	征收标准	省（区、市）	征收标准
安徽	8.3	甘肃	3.5
福建	8.3	青海	1.9
江西	8.3	宁夏	2.1
山东	8.3	新疆	2.8

注：根据《财政部关于降低国家重大水利工程建设基金和大中型水库移民后期扶持基金征收标准的通知》（财税〔2017〕51 号）规定，现行征收标准在此基础上降低 25%。

4. 征收期限。

大中型水库移民后扶持基金实行按月申报，按年汇算清缴。

5. 申报方式。

地方独立电网销售电量、属地管理的自备电厂企业自发自用电量，按月自行申报缴纳，税务部门征收。

除上述两种情况外，由省级电网企业向电力用户收取电费时一并代征，按月自行申报缴纳，税务部门征收。

省级电网企业、属地管理的自备电厂企业和地方独立电网企业应根据全年实际销售电量（自发自用电量），在次年 3 月底前完成汇算清缴。

（三）主要政策依据

1. 《国务院办公厅转发水利电力部关于抓紧处理水库移民问题报告的通知》（国办发〔1986〕56 号）。

2. 《国家计委 财政部 电力工业部 水利部关于设立水电站和水库库区后期扶持基金的通知》（计建设〔1996〕526 号）。

3. 《国务院关于完善大中型水库移民后期扶持政策的意见》（国发〔2006〕17 号）。

4. 《财政部关于印发〈大中型水库移民后期扶持基金征收使用管理暂行办法〉的通知》（财综〔2006〕29 号）。

5. 《财政部关于印发〈财政监察专员办事处大中型水库移民后期扶持基金征收管理操作规程〉的通知》（财监〔2006〕95 号）。

6. 《财政部关于降低国家重大水利工程建设基金和大中型水库移民后期扶持基金征收标准的通知》（财税〔2017〕51 号）。

7.《国家税务总局关于国家重大水利工程建设基金等政府非税收入项目征管职责划转有关事项的公告》（国家税务总局公告2018年第63号）。

（四）优惠政策

1.《财政部关于对分布式光伏发电自发自用电量免征政府性基金有关问题的通知》（财综〔2013〕103号），对分布式光伏发电自发自用电量免收大中型水库移民后期扶持基金。

2.《财政部关于降低国家重大水利工程建设基金和大中型水库移民后期扶持基金征收标准的通知》（财税〔2017〕51号），将大中型水库移民后期扶持基金的征收标准统一降低25%。

九、地方水库移民扶持基金

（一）基本情况

1. 基本定义。

地方水库移民扶持基金属于政府性基金，具体包括省级大中型水库库区基金、小型水库移民扶助基金两个征收项目，基金收入归属省级财政。

2. 历史沿革。

2006年，《国务院关于完善大中型水库移民后期扶持政策的意见》（国发〔2006〕17号）规定，为妥善解决小型水库移民的困难和现有后期扶持项目续建问题，各省、自治区、直辖市人民政府可通过提高本省（区、市）区域内全部销售电量（扣除农业生产用电）的电价筹集资金，统筹解决小型水库移民的困难，并保证对在建后期扶持项目的后续资金投入，确保项目按期建成并发挥作用。提价标准为每千瓦时不超过0.5厘，具体方案报国家发展改革委、财政部审批后实施。

2007年，《财政部关于印发〈大中型水库库区基金征收使用管理暂行办法〉的通知》（财综〔2007〕26号）将原库区维护基金、原库区后期扶持基金及经营性大中型水库承担的移民后期扶持资金进行整合，设立大中型水库库区基金，实行分省统筹，纳入财政预算，实行"收支两条线"管理。其中，跨省、自治区、直辖市的大中型水库库区基金，原由财政部驻发电企业所在地区财政监察专员办事处负责征收，2019年1月1日划转税务部门征收；省级辖区内大中型水库的库区基金，原由省级财政部门负责征收，2021年1月1日起划转税务部门征收。

2016 年，《财政部关于取消、停征和整合部分政府性基金项目等有关问题的通知》（财税〔2016〕11 号）规定，自 2016 年 2 月 1 日起，将省级大中型水库库区基金、小型水库移民扶助基金合并为地方水库移民扶持基金。

2017 年，为切实减轻企业负担，促进实体经济发展，《财政部关于取消、调整部分政府性基金有关政策的通知》（财税〔2017〕18 号）规定，“十三五”期间，省、自治区、直辖市人民政府可以结合当地经济发展水平、相关公共事业和设施保障状况、社会承受能力等因素，自主决定免征、停征或减征地方水利建设基金、地方水库移民扶持基金。各省、自治区、直辖市财政部门应当将本地区出台的减免政策报财政部备案。

根据党中央、国务院关于政府非税收入征管职责划转的有关要求，《财政部关于水土保持补偿费等四项非税收入划转税务部门征收的通知》（财税〔2020〕58 号）规定，自 2021 年 1 月 1 日起，地方水库移民扶持基金划转税务部门征收。

2022 年，《财政部 发展改革委关于延长部分行政事业性收费、政府性基金优惠政策执行期限的公告》（财政部 发展改革委公告 2022 年第 5 号）规定，《财政部关于取消、调整部分政府性基金有关政策的通知》（财税〔2017〕18 号）第三条规定的地方水库移民扶持基金政策，执行期限延长至 2023 年 12 月 31 日。

2023 年，《财政部 国家发展改革委关于继续执行部分行政事业性收费、政府性基金优惠政策的公告》（财政部 国家发展改革委公告 2023 年第 45 号）规定，自 2024 年 1 月 1 日至 2027 年 12 月 31 日，继续执行《财政部关于取消、调整部分政府性基金有关政策的通知》（财税〔2017〕18 号）第三条规定的地方水库移民扶持基金政策。

3. 预算管理。

在政府收支分类科目中，地方水库移民扶持基金列政府性基金预算收入，为地方收入科目。

（二）费制要素

1. 征收范围。

河北、山西、辽宁、吉林、黑龙江、浙江、福建、江西、河南、湖北、广东、广西、海南、重庆、四川、贵州、云南、陕西、甘肃、青海等 20 个省（区、市）。

2. 缴费主体。

各省、自治区、直辖市行政区域内装机容量2.5万千瓦及以上的大中型水库和水电站缴纳省级大中型水库库区基金。

各省（区、市）通过提高行政区域内电网企业全部销售电量（扣除农业生产用电）的电价筹集资金缴纳小型水库移民扶助基金。

3. 计费方法。

省级大中型水库库区基金＝费率×实际上网销售电量

小型水库移民扶助基金＝费率×全部销售电量（扣除农业生产用电）

4. 征收期限。

省级大中型水库库区基金按月缴纳，具体时间各地规定不完全相同。例如，浙江省规定每月终了后5日内缴纳，江西省、河北省规定每月终了后7日内缴纳，四川省规定每月终了后10日内缴纳，黑龙江省规定每月终了后15日内缴纳。

小型水库移民扶助基金可以按月、按季、按半年、按年缴纳，具体时间各地规定不完全相同。例如，广东省规定在每月15日前，将征缴的扶助基金及时足额上缴省国库；辽宁、浙江、福建、河南、湖南等省（区、市）规定每季度首月15日前缴纳上季度基金；重庆市规定上半年7月10日前，下半年12月20日前缴纳；江西省、海南省按年缴纳。

5. 申报方式。

水力发电企业根据实际上网销售电量，向执收部门缴纳地方水库移民扶持基金。划转税务部门征收前有三种征收方式：一是财政直接征收；二是财政委托税务部门征收（如四川、重庆、江西）；三是财政委托其他部门征收（如浙江、湖南由省级水库移民管理机构征收，黑龙江由省电力有限公司直接征收）。2021年1月1日划转税务部门征收后，由缴费人向税务部门自行申报缴纳。

根据《国家税务总局关于国家重大水利工程建设基金等政府非税收入项目征管职责划转有关事项的公告》（国家税务总局公告2018年第63号）规定，地方水库移民扶持基金使用《非税收入通用申报表》申报缴纳。

（三）主要政策依据

1.《国务院关于完善大中型水库移民后期扶持政策的意见》（国发〔2006〕17号）。

2. 《财政部关于印发〈大中型水库库区基金征收使用管理暂行办法〉的通知》(财综〔2007〕26号)。

3. 《财政部关于加强大中型水库库区基金征收管理有关问题的通知》(财综〔2009〕51号)。

4. 《财政部关于取消、停征和整合部分政府性基金项目等有关问题的通知》(财税〔2016〕11号)。

5. 《财政部关于抽水蓄能电站征收大中型水库库区基金有关问题的通知》(财税〔2016〕13号)。

6. 《财政部关于取消、调整部分政府性基金有关政策的通知》(财税〔2017〕18号)。

7. 《财政部关于水土保持补偿费等四项非税收入划转税务部门征收的通知》(财税〔2020〕58号)。

8. 《财政部 发展改革委关于延长部分行政事业性收费、政府性基金优惠政策执行期限的公告》(财政部 发展改革委公告2022年第5号)。

9. 《财政部 国家发展改革委关于继续执行部分行政事业性收费、政府性基金优惠政策的公告》(财政部 国家发展改革委公告2023年第45号)。

(四)优惠政策

《财政部关于取消、调整部分政府性基金有关政策的通知》(财税〔2017〕18号)规定,"十三五"期间,省、自治区、直辖市人民政府可以结合当地经济发展水平、相关公共事业和设施保障状况、社会承受能力等因素,自主决定免征、停征或减征地方水库移民扶持基金。

《财政部 发展改革委关于延长部分行政事业性收费、政府性基金优惠政策执行期限的公告》(财政部 发展改革委公告2022年第5号)规定,财税〔2017〕18号文件规定的地方水库移民扶持基金政策,执行期限延长至2023年12月31日。

《财政部 国家发展改革委关于继续执行部分行政事业性收费、政府性基金优惠政策的公告》(财政部 国家发展改革委公告2023年第45号)规定,自2024年1月1日至2027年12月31日,继续执行《财政部关于取消、调整部分政府性基金有关政策的通知》(财税〔2017〕18号)第三条规定的地方水库移民扶持基金政策。

十、水利建设基金

（一）基本情况

1. 基本定义。

水利建设基金，是由中央水利建设基金和地方水利建设基金组成，用于水利建设的专项资金。中央水利建设基金从车辆购置税、铁路建设基金、港口建设费中提取，主要用于关系经济社会发展全局的重点水利工程建设。地方水利建设基金一部分从其他税费中提取，一部分向企事业单位和个体经营者征收，主要用于地方水利工程建设。

2. 历史沿革。

1997 年，《中华人民共和国防洪法》第五十一条规定，国家设立水利建设基金，用于防洪工程和水利工程的维护和建设。具体办法由国务院规定。受洪水威胁的省、自治区、直辖市为加强本行政区域内防洪工程设施建设，提高防御洪水能力，按照国务院的有关规定，可以规定在防洪保护区范围内征收河道工程修建维护管理费。为加快水利建设步伐，提高大江大河防洪抗旱能力，改变重点水利工程设施和江河防洪体系建设滞后的状况，缓解水资源供需矛盾，促进社会经济持续、快速、健康发展，财政部、国家计委、水利部等有关部门制定了《水利建设基金筹集和使用管理暂行办法》（国发〔1997〕7 号），自 1997 年 1 月 1 日起实行，到 2010 年 12 月 31 日止。

2011 年，财政部、国家发展改革委、水利部联合印发《水利建设基金筹集和使用管理办法》（财综〔2011〕2 号），明确自 2011 年 1 月 1 日至 2020 年 12 月 31 日，征收水利建设基金。项目名称上，大部分省（区、市）为地方水利建设基金，个别省（区、市）为江海堤防工程管理费（或防洪工程维护费等）。

2017 年，《财政部关于取消、调整部分政府性基金有关政策的通知》（财税〔2017〕18 号）规定，“十三五”期间，省、自治区、直辖市人民政府可以结合当地经济发展水平、相关公共事业和设施保障状况、社会承受能力等因素，自主决定免征、停征或减征地方水利建设基金。

2020 年，《财政部关于国家重大水利工程建设基金、水利建设基金划转税务部门征收的通知》（财税〔2020〕9 号）规定，自 2020 年 1 月 1 日起，向企事业单位和个体经营者征收的水利建设基金，划转税务部门征收。

2020 年，《财政部关于民航发展基金等 3 项政府性基金有关政策的通知》

（财税〔2020〕72 号）规定，2020 年 12 月 31 日前已开征地方水利建设基金的省、自治区、直辖市，省级财政部门可提出免征、停征或减征地方水利建设基金的方案，报省级人民政府批准后执行。截至 2023 年底，仅内蒙古、吉林、安徽、福建、湖南、云南、陕西、宁夏 8 个省（自治区）向企事业单位和个体经营者征收水利建设基金。

3. 预算管理。

在政府收支分类科目中，水利建设基金列一般公共预算收入，为中央和地方共用收入科目。

（二）费制要素

1. 征收范围。

水利建设基金由中央水利建设基金和地方水利建设基金组成。

中央水利建设基金主要来自两个方面：一是从车辆购置税收入中定额提取，二是从铁路建设基金、港口建设费收入中提取 3%。

地方水利建设基金主要来自四个方面：一是从地方收取的政府性基金和行政事业性收费收入中提取 3%；二是经财政部批准，各省、自治区、直辖市向企事业单位和个体经营者征收的水利建设基金；三是地方人民政府按规定从中央对地方成品油价格和税费改革转移支付资金中足额安排资金，划入水利建设基金；四是有重点防洪任务和水资源严重短缺的城市要从征收的城市维护建设税中划出不少于 15% 的资金。

2. 缴费主体。

企事业单位和个体经营者是水利建设基金的缴费主体。

3. 计费方法。

税务部门征收的水利建设基金主要有四种计费方式：

一是按税额计征。如内蒙古对缴纳增值税、消费税的企事业单位和个体经营者，按照“两税”实际缴纳额的 0.5% 计征；福建工业企业、外贸流通企业按流转税额的 0.9‰计征。

二是按收入计征。对有销售收入和营业收入的企事业单位和个体经营者按比例计征，不同的地区征收标准存在差异（安徽、吉林、湖南是 0.6‰，宁夏是 0.7‰，陕西是 0.8‰，福建是 0.9‰）。

三是按土地面积计征。陕西省对非农业建设征用土地，按照土地面积一次性征收。

四是按实际电量计征。云南省对行政区域内的企事业单位和个体经营者实际用电量按照2分/千瓦时的标准征收。

4. 征收期限。

税务部门征收的水利建设基金按期和按次征收。其中，按期征收期限有按月、按季、按年等多种情况，各地差异较大。

5. 申报方式。

缴费人通过“金税三期”核心征管系统或电子税务局自行向税务部门申报缴纳。

水利建设基金使用《非税收入通用申报表》申报缴纳。

（三）主要政策依据

1.《财政部 国家发展改革委 水利部关于印发〈水利建设基金筹集和使用管理办法〉的通知》(财综〔2011〕2号)。

2.《财政部关于取消、调整部分政府性基金有关政策的通知》（财税〔2017〕18号)。

3.《财政部关于国家重大水利工程建设基金、水利建设基金划转税务部门征收的通知》(财税〔2020〕9号)。

4.《财政部关于民航发展基金等3项政府性基金有关政策的通知》(财税〔2020〕72号)。

（四）优惠政策

《财政部 国家税务总局关于扩大有关政府性基金免征范围的通知》(财税〔2016〕12号）规定，对按月缴纳增值税、消费税的缴费主体，其月销售额不超过10万元（按季度纳税的季度销售额不超过30万元）的，免征水利建设基金。

十一、核电站乏燃料处理处置基金

（一）基本情况

1. 基本定义。

核电站乏燃料处理处置基金，是为规范乏燃料处理处置，促进核电事业发展而设立的政府性基金。

核电站乏燃料是使用过的核燃料，通常由核电站的核反应堆产生。由于乏核燃料中含有大量放射性元素，如果不妥善处理，会造成严重的环境污染，严重影响接触人员的健康，因此，各个核电国家都高度重视乏燃料的安全管理，制定了相应的安全管理战略。乏燃料处理处置基金正是为了规范和加强乏燃料的处理处置而设立的。由政府相关部门和机构专项用于乏燃料处理处置，具体使用范围包括：乏燃料运输；乏燃料离堆贮存；乏燃料后处理（含乏燃料后处理中试厂进行的商用核电站乏燃料后处理）；乏燃料后处理所产生的高放废物的处理处置；乏燃料后处理厂的建设、运行、改造和退役；乏燃料处理处置的其他支出。

2. 历史沿革。

2010 年，为促进核电事业发展，规范核电站乏燃料处理处置基金的征收、使用和管理，按照国务院有关要求，财政部、国家发展改革委、工业和信息化部联合印发《核电站乏燃料处理处置基金征收使用管理暂行办法》（财综〔2010〕58 号），自 2010 年 10 月 1 日起生效。

2014 年，为规范核电站乏燃料处理处置基金项目管理，明确各方责任，推动核电站乏燃料处理处置工作顺利进行，国防科工局印发《核电站乏燃料处理处置基金项目管理办法》（科工二司〔2014〕314 号）。

自 2019 年 1 月 1 日起，根据党中央、国务院关于非税收入征管职责划转的要求，核电站乏燃料处理处置基金划转税务部门征收。

3. 预算管理。

在政府收支分类科目中，核电站乏燃料处理处置基金收入列政府性基金预算收入，为中央收入科目。

（二）费制要素

1. 征收范围。

核电站乏燃料处理处置基金按照核电厂已投入商业运行 5 年以上压水堆核电机组的实际上网销售电量征收。

2. 缴费主体。

拥有已投入商业运行 5 年以上压水堆核电机组的核电厂（以下简称核电厂）是乏燃料处理处置基金的缴费主体。

3. 计费方法。

核电站乏燃料处理处置基金的征收标准为 0.026 元/千瓦时。

根据有关规定，财政部可会同国家发展改革委、工业和信息化部、国家能源局、国防科工局等部门根据核电发展规模及乏燃料处理处置资金需求的变化，适时调整征收标准。

计算公式：

$$\frac{\text{应缴纳核电站乏}}{\text{燃料处理处置基金}} = \frac{\text{符合条件的核电机组}}{\text{实际上网销售电量}} \times \text{征收标准}$$

4. 征收期限。

核电厂应于每年 1 月申报缴纳上年度实际上网销售电量应缴纳的乏燃料处理处置基金。

5. 申报方式。

由缴费人向税务部门自行申报缴纳。

（三）主要政策依据

1.《财政部 国家发展改革委 工业和信息化部关于印发〈核电站乏燃料处理处置基金征收使用管理暂行办法〉的通知》（财综〔2010〕58 号）。

2.《国防科工局关于印发〈核电站乏燃料处理处置基金项目管理办法〉的通知》（科工二司〔2014〕314 号）。

3.《财政部关于将国家重大水利工程建设基金等政府非税收入项目划转税务部门征收的通知》（财税〔2018〕147 号）。

4.《国家税务总局关于国家重大水利工程建设基金等政府非税收入项目征管职责划转有关事项的公告》（国家税务总局公告 2018 年第 63 号）。

十二、森林植被恢复费

（一）基本情况

1. 基本定义。

森林植被恢复费是用地单位因勘查、开采矿藏和修建道路、水利、电力、通讯等各项建设工程需要占用林地，经县级以上林业主管部门审核同意或批准后，按规定缴纳的政府性基金。

2. 历史沿革。

1984 年，《中华人民共和国森林法》规定，矿藏勘查、开采以及其他各类工程建设，应当不占或者少占林地；确需占用林地的，应当经县级以上人民政府林业主管部门审核同意，依法办理建设用地审批手续。占用林地的单位应当缴纳森林植被恢复费。森林植被恢复费征收使用管理办法由国务院财政部门会同林业主管部门制定。

2000年，《中华人民共和国森林法实施条例》规定，勘查、开采矿藏和修建道路、水利、电力、通讯等工程，需要占用或者征收、征用林地的，用地单位应当向县级以上人民政府林业主管部门提出用地申请，经审核同意后，按照国家规定的标准预交森林植被恢复费，领取使用林地审核同意书。用地单位凭使用林地审核同意书依法办理建设用地审批手续。占用或者征收、征用林地未经林业主管部门审核同意的，土地行政主管部门不得受理建设用地申请。

2002年，《森林植被恢复费征收使用管理暂行办法》（财综〔2002〕73号）规定，凡勘查、开采矿藏和修建道路、水利、电力、通讯等各项建设工程需要占用、征用或者临时占用林地，经县级以上林业主管部门审核同意或批准的，用地单位应当按照本办法规定向县级以上林业主管部门预缴森林植被恢复费。

2022年12月，财政部印发《财政部关于将森林植被恢复费、草原植被恢复费划转税务部门征收的通知》（财税〔2022〕50号），明确自2023年1月1日起，森林植被恢复费划转税务部门征收。

3. 预算管理。

在政府收支分类科目中，森林植被恢复费收入列一般公共预算收入，属于中央与地方共用收入科目。

（二）费制要素

1. 征收范围。

勘查、开采矿藏和修建道路、水利、电力、通讯等各项建设工程需要占用林地的情形。

2. 缴费主体。

勘查、开采矿藏和修建道路、水利、电力、通讯等各项建设工程需要占用林地的用地单位。

3. 计费方法。

森林植被恢复费按征收或使用森林的面积与征收标准的乘积计算应纳费额。征收标准应当按照恢复不少于被占用征收林地面积的森林植被所需要的调查规划设计、造林培育、保护管理等费用进行核定。具体征收标准如下：

（1）郁闭度0.2以上的乔木林地（含采伐迹地、火烧迹地）、竹林地、苗圃地，每平方米不低于10元；灌木林地、疏林地、未成林造林地，每平方米不低于6元；宜林地，每平方米不低于3元。

各省、自治区、直辖市财政、林业主管部门在上述下限标准基础上，结合本地实际情况，制定本省、自治区、直辖市具体征收标准。

（2）国家和省级公益林林地，按照第（1）项规定征收标准2倍征收。

（3）城市规划区的林地，按照第（1）、（2）项规定征收标准2倍征收。

（4）城市规划区外的林地，按占用征收林地建设项目性质实行不同征收标准。属于公共基础设施、公共事业和国防建设项目的，按照第（1）、（2）款规定征收标准征收；属于经营性建设项目的，按照第（1）、（2）款规定征收标准2倍征收。

公共基础设施建设项目包括：公路、铁路、机场、港口码头、水利、电力、通讯、能源基地、电网、油气管网等建设项目。公共事业建设项目包括：教育、科技、文化、卫生、体育、环境和资源保护、防灾减灾、文物保护、社会福利、市政公用等建设项目。经营性建设项目包括：商业、服务业、工矿业、仓储、城镇住宅、旅游开发、养殖、经营性墓地等建设项目。

4. 征收期限。

森林植被恢复费实行按次征收，在办理国有土地使用权审批手续前缴纳。

5. 申报方式。

缴费人依据林草部门核定的费额，按照规定的期限和程序，向税务部门申报和缴纳森林植被恢复费。

（三）主要政策依据

1.《中华人民共和国森林法》。

2.《中华人民共和国森林法实施条例》。

3.《占用征用林地审核审批管理办法》。

4.《森林植被恢复费征收使用管理暂行办法》（财综〔2002〕73号）。

5.《关于调整森林植被恢复费征收标准引导节约集约利用林地的通知》（财税〔2015〕122号）。

6.《财政部关于将森林植被恢复费、草原植被恢复费划转税务部门征收的通知》（财税〔2022〕50号）。

（四）优惠政策

《关于调整森林植被恢复费征收标准引导节约集约利用林地的通知》（财税〔2015〕122号）。

本章思考题

1. 什么是政府性基金?
2. 政府性基金具有哪些特点?
3. 政府性基金有哪几种分类，请举例说明。
4. 教育费附加、地方教育附加的计费依据是什么？费率分别为多少?
5. 残疾人就业保障金的征收对象包括哪些?

第六章　国有资源（资产）有偿使用收入

【学习目标】本章主要介绍了我国国有资源（资产）有偿使用收入的基本概念、发展历程、收入特点、分类、确定标准以及部分非税收入项目等。通过本章学习，了解我国国有资源（资产）有偿使用收入的基本概念、发展历程和特点分类，掌握部分非税收入项目的基本定义和费制要素等。

第一节　国有资源（资产）有偿使用收入概述

一、国有资源（资产）有偿使用收入的基本概念

国有资源（资产）有偿使用收入是指矿藏、水流、海域、无居民海岛以及法律规定属于国家所有的森林、草原等国有资源有偿使用收入，按照规定纳入一般公共预算管理的国有资产收入等。

二、国有资源（资产）有偿使用收入的发展历程

（一）国有资源（资产）有偿使用收入制度的建立（改革开放至2003年）

1. 国有资源有偿使用收入制度的建立。

新中国成立后较长一段时间内，我国国有资源的国家所有权在经济上少有体现，国有资源被无偿占有和无偿使用的情况较为普遍。1979年7月1日，第五届全国人民代表大会通过的《中华人民共和国中外合资经营企业法》第五条规定："中国合营者的投资可包括为合营企业经营期间提供的场地使用权。如果场地使用权未作为中国合营者投资的一部分，合营企业应向中国政府缴纳使用费。"这是最早关于国有资源有偿使用收入的规定。

从1986年开始，我国国有资源有偿使用收入制度逐步建立，涉及矿产资源补偿费、海域使用金等。1986年3月，第六届全国人民代表大会常务委员会通

过《中华人民共和国矿产资源法》，规定“开采矿产资源，必须按照国家有关规定缴纳资源税和资源补偿费”。2001 年 10 月 27 日，第九届全国人民代表大会常务委员会颁布《中华人民共和国海域使用管理法》，规定“国家实行海域有偿使用制度。单位和个人使用海域，应当按照国务院的规定缴纳海域使用金。海域使用金应当按照国务院的规定上缴财政”。

2. 国有资产有偿使用收入制度的建立。

我国国有资产有偿使用收入制度的建立相对迟滞。行政事业单位的国有资产长期由国有资产管理局负责，缺乏统一的规范文件。1995 年 2 月 15 日，国家国有资产管理局和财政部联合下发《行政事业单位国有资产管理办法》（国资事发〔1995〕17 号），随后又出台了《行政事业单位国有资产处置管理实施办法》（国资事发〔1995〕106 号）等文件，强调对行政事业单位非经营性资产转经营性资产，应坚持有偿使用原则，以其实际占用的国有资产总额为基数，征收一定比例的国有资产占用费。征收的占用费，用于行政事业单位固定资产的更新改造。国有资产有偿使用收入制度初步建立。

（二）国有资源（资产）有偿使用收入制度的规范与完善（2004 年至今）

1. 国有资源（资产）有偿使用收入的范围与征管方式明确。

2004 年财政部发布《加强政府非税收入管理的通知》（财综〔2004〕53 号），规定了国有资源（资产）有偿使用收入的范围（如表 6－1 所示），强调应严格按照财政部门规定，实行“收支两条线”和“票款分离”，由代收银行直接缴入国库或财政专户；督促有关机构将国有资产有偿使用收入及时足额上缴国库或财政专户，防止国有资产收入流失。

表 6－1　国有资源（资产）有偿使用收入的范围

<table>
<tr><th>国有资源有偿使用收入</th><th>国有资产有偿使用收入</th></tr>
<tr><td>国有土地使用权出让收入</td><td rowspan="4">国家机关、实行公务员管理的事业单位、代行政府职能的社会团体以及其他组织的固定资产和无形资产出租、出售、出让、转让等取得的收入</td></tr>
<tr><td>新增建设用地土地有偿使用费</td></tr>
<tr><td>海域使用金</td></tr>
<tr><td>探矿权和采矿权使用费及价款收入</td></tr>
<tr><td>场地和矿区使用费收入</td><td rowspan="2">世界文化遗产保护范围内实行特许经营项目的有偿出让收入和世界文化遗产的门票收入</td></tr>
<tr><td>出租汽车经营权、公共交通线路经营权、汽车号牌使用权等有偿出让取得的收入</td></tr>
</table>

续表

国有资源有偿使用收入	国有资产有偿使用收入
政府举办的广播电视机构占用国家无线电频率资源取得的广告收入	利用政府投资建设的城市道路和公共场地设置停车泊位取得的收入
利用其他国有资源取得的收入	利用其他国有资产取得的收入

2. 国有资源（资产）有偿使用收入制度逐步完善。

2006 年，财政部颁发了《行政单位国有资产管理暂行办法》（财政部令第 35 号）和《事业单位国有资产管理暂行办法》（财政部令第 36 号），规范了资产配置、资产使用、资产处置等各个环节的管理，提出单位出租出借国有资产，实行“收支两条线”管理。收入必须上缴同级财政专户，支出由同级财政部门按批准的计划和用途从财政专户中按程序拨付。2014 年修订的《中华人民共和国预算法》将国有资源（资产）有偿使用收入纳入了预算管理，收支活动更加公开透明化。2016 年国务院发布《关于全民所有自然资源资产有偿使用制度改革的指导意见》（国发〔2016〕82 号），从国家层面对国有自然资源资产有偿使用作出了全面部署，针对土地、水、矿产、森林、草原、海域海岛 6 类国有自然资源的不同特点和情况，分别提出了建立完善有偿使用制度的重点任务。

3. 地方政府国有资源（资产）有偿使用收入制度相继建立。

各地方政府陆续出台了国有资源（资产）有偿使用收入管理办法，从国有资源（资产）有偿使用收入范围、征收行为和收支管理等方面进行了更为细致的规定。如，2010 年山东省人民政府通过了《山东省国有资产资源有偿使用收入管理办法》（山东省人民政府令第 231 号），提出国有资源有偿使用收入实行收支两条线制度，全额纳入财政预算管理，任何单位不得坐收坐支、截留、挤占、挪用或者擅自减收、免收、缓收国有资产和国有资源有偿使用收入。2017 年陕西省财政厅发布了《陕西省财政厅关于印发国有资源（资产）有偿使用收入管理办法的通知》（陕财办综〔2017〕79 号），对收入范围、征收管理、监督检查和法律责任等作了进一步规定。

三、国有资源（资产）有偿使用收入的特点

（一）体现国家所有者权益原则

我国国有资产和国有资源归全体公民所有，政府作为所有者代表对其进行

合理配置，并有权获得国有资产和资源处置收益，作为政府非税收入纳入财政统一管理。国有资源（资产）有偿使用收入体现了公有制下国家的所有者权益原则，主要表现在以下几个方面：

1. 国家有权获得国有资源（资产）有偿使用收入。国有资源（资产）归全体人民所有，由各级政府代表及其职能部门代表国家行使所有权权益。因此，国家及相关职能部门拥有国有资源（资产）使用权收益，即有权获得国有资源（资产）有偿使用收入。

2. 国家有权支配、使用国有资源（资产）并获得有偿使用收入。比如行政事业单位出租、出售、出让、转让固定资产或无形资产取得的收入属于国有资产有偿使用收入，如其需要使用资金，按照“收支两条线”管理方式，向上级财政部门申请。

3. 国家作为国有资产（资源）的所有权代表，可以委托第三方对某特定国有资产或资源进行经营来获取收益。比如城市道路和公共场地设置的停车泊位、停车场的运营及管理按照资产的隶属（代管）关系，由相关单位负责，通过不同方式有偿出让经营权。

（二）体现使用者付费原则

对国有资源和国有资产实行有偿使用，推行“使用者付费”制度，是市场经济国家通行的做法。收取国有资源（资产）有偿使用收入的基本原则是：谁使用谁交费，多使用多交费，让国有资源的价格真实反映其稀缺程度，从而促进国有资源的规范高效利用。国有资产（资源）有偿使用收入体现使用者付费原则，主要表现在以下几个方面：

1. 对于国有自然资源的使用应当付费。自然资源具有稀缺性的特点，过度使用自然资源可能会导致自然资源的浪费和生态环境的破坏，推行使用者付费制度有利于资源节约和环境保护，实现可持续化发展。

2. 对于国有资产的使用应该付费。使用者应根据使用国有资产的获益程度付出相应的成本，体现成本、收益相统一的原则。国有资产是国民经济与社会发展的物质基础，实行有偿使用，推行“使用者付费”制度，体现了公开、公正、公平、有偿使用的原则。

四、国有资源（资产）有偿使用收入的分类

（一）国有资源有偿使用收入的分类

国有资源有偿使用收入主要分为国有自然资源有偿使用收入，公共资源有偿使用收入，利用政府信誉和政府拥有的信息、技术等资源取得的收入和利用其他国有资源取得的收入等四类。

1. 国有自然资源有偿使用收入。这部分主要包括：国有土地、海域、矿产资源、内河湖泊、地表水、地下水、地热使用权出租、出让、转让等有偿使用收入；场地、矿区有偿使用收入；河道采砂权有偿使用收入等。

2. 公共资源有偿使用收入。这部分主要包括：世界自然文化遗产、重点文物保护单位和政府投资建设的风景名胜区门票收入，以及开发权、特许经营权等有偿使用收入；出租汽车经营权、公共交通线路经营权、公共空间使用权等有偿出让取得的收入；政府举办的广播电视机构占用国家无线电频率资源取得的广告收入；政府投资建设的各类公共设施的开发权、使用权、冠名权、广告权、特许经营权等对外开展有偿使用取得的收入；政府投资建设的道路、公共场地设置停车泊位取得的收入等。

3. 利用政府信誉和政府拥有的信息、技术等资源取得的收入。这部分指与政府信誉和政府资源相关的国有资源有偿使用收入。

4. 利用其他国有资源取得的收入。这部分指国有资源有偿使用收入中除上述项目以外的收入。

（二）国有资产有偿使用收入的分类

国有资产有偿使用收入可以分为资产处置收入、资产租赁收入、对外合作和对外服务收入、对外投资收入、对外担保收入和利用国有资产取得的其他收入等六类。

1. 资产处置收入。这部分包括行政事业单位按照有关规定，将其占有使用的国有资产（股权）出售、转让、置换、变卖等取得的国有资产转让收入（含股权转让收入）、置换差价收入、报废报损资产残值变价收入、拆迁补偿收入、保险理赔收入以及处置国有资产（股权）取得的其他收入。

2. 资产租赁收入。这部分指行政事业单位按照有关规定，将其占有使用的国有资产对外租赁所取得的收入。

3. 对外合作和对外服务收入。这部分指行政事业单位利用其占有使用的国

有资产开展对外合作、对外服务取得的收入。

4. 对外投资收入。这部分指行政事业单位按照有关规定，将其占有使用的国有资产对外投资所取得的利润、股利和利息。

5. 对外担保收入。这部分指行政事业单位按照有关规定，作为第三方以本单位占有使用的国有资产对外提供担保取得的收入。

6. 利用国有资产取得的其他收入。这部分指国有资产有偿使用收入中除上述项目以外的收入。

第二节　国有资源（资产）有偿使用收入确定标准

一、国有资源（资产）有偿使用收入的设立依据

国有资源（资产）有偿使用收入的设立是以各层级颁布的法律法规为依据的。

（一）中央层面制定的法律、法规、规章和规范性文件

1. 全国人大及其常务委员会颁布的法律，如《中华人民共和国企业国有资产法》。

2. 国务院根据宪法、法律制定的行政法规，如《企业国有资产监督管理暂行条例》。

3. 国务院各部委根据法律和国务院行政法规、决定、命令，在本部门权限范围内制定的部门规章、规范性文件，如财政部、国家海洋局制定的《海域使用金征收标准》和《无居民海岛使用金征收标准》。

（二）地方层面制定的地方性法规、政府规章和规范性文件

1. 省、自治区、直辖市人民代表大会及其常务委员会，在不与宪法、法律、行政法规相抵触的前提下，制定和颁布的、并报全国人民代表大会常务委员会和国务院备案的地方性法规，如《湖北省企业国有资产监督管理条例》。

2. 省、自治区、直辖市人民政府根据法律和国务院的行政法规、地方性法规制定的地方政府规章，如《湖南省国有资源有偿使用收入管理办法》。

3. 省、自治区、直辖市财政部门根据法律和国务院行政法规、部门规章、地方性法规和政府规章，在本部门权限内制定的规章。

二、国有资源（资产）有偿使用收入标准的确定原则

（一）依法依规

国有资源（资产）有偿使用收入的设立及标准的确定严格依照现行法律、法规和规章进行。

（二）分级负责

财政部负责牵头确定中央一级国有资源（资产）有偿使用收入项目，指导、监督各地区、各部门国有资源（资产）有偿使用收入管理工作。

地方各级政府或财政部门负责牵头确定地方国有资源（资产）有偿使用收入项目，指导、监督本行政区内各有关单位的国有资源（资产）有偿使用收入征收管理工作。

（三）公开透明

国有资源（资产）有偿使用收入主管部门在项目设立、标准确立后，通过公开信息构建公开透明的监督环境，接受社会和民众监督。

三、国有资源（资产）有偿使用收入标准的确定方法

（一）不低于市场价值标准定价法

不低于市场价值标准定价法多适用于通过招标、拍卖、挂牌等竞争性取得方式获得的国有资源（资产）有偿使用收入，其收入标准确定应基于竞争性取得方式所形成的市场价值标准，获得收入标准不得低于市场价值。这一收入标准确定方法反映了国有资源（资产）有偿使用收入应以市场价值和市场供需关系为基础。如我国海域使用金征收标准中规定采用招标、拍卖、挂牌方式出让海域使用权的，出让底价不得低于按照地方标准计算的海域使用金金额。

（二）直接定价法

直接定价法多用于以定额出让方式获得的国有资源（资产）有偿使用收入，一般由各级相关部门依照国家规定，根据国家整体经营情况或当地具体情况对国有资产直接制定价格标准。

第三节　部分国有资源（资产）有偿使用收入项目介绍

《财政部关于加强政府非税收入管理的通知》（财综〔2004〕53 号）明确

了国有资源（资产）有偿使用收入的范围分类，截至2024年2月，已划转到税务部门征收的项目有排污权出让收入、矿产资源专项收入、海域使用金、无居民海岛使用金和国有土地使用权出让收入等项目。本节主要从基本概念、历史沿革、费制要素等方面介绍已划转到税务部门征收的部分非税收入项目。

一、排污权出让收入

（一）基本情况

1. 基本定义。

排污权出让收入，是政府以有偿出让方式配置排污权取得的收入，包括采取定额出让方式出让排污权收取的排污权使用费和通过公开拍卖等方式出让排污权取得的收入。

2. 历史沿革。

（1）排污权有偿使用制度初步探索阶段。我国排污权出让收入源于排污权有偿使用制度。20世纪80年代中期，我国在一些污染较重的重工业城市和特大城市开展了排污总量控制、排污许可及排污权交易试点。1991年，国家环保总局在全国16个城市进行排污许可证制度及排污权交易试点。自2007年起，财政部会同环保部、国家发展改革委先后批复了11个省（市）作为国家级试点单位，一些省份也自行选择部分市（县）开展了试点工作。2008年8月5日，北京环境交易所和上海环境能源交易所同时成立。同年9月25日，财政部和环保部共同批准建立的污染物排放权交易综合试点单位——天津排放权交易所成立。经过近三十年的探索发展，我国初步建立了涉及排污权有偿使用和交易相关部门规章和地方性法规，逐步建立以政府为主导的有偿使用一级市场，并努力培育以企业为主导的排污权交易二级市场。

（2）排污权出让制度推广与完善阶段。2014年，《国务院办公厅关于进一步推进排污权有偿使用与交易试点工作的指导意见》（国办发〔2014〕38号）明确指出要建立排污权有偿使用制度，提出试点地区到2017年底基本建立排污权有偿使用和交易制度，为全面推行排污权有偿使用和交易制度奠定基础。为规范排污权出让收入管理，2015年财政部、国家发展改革委、环境保护部联合印发《排污权出让收入管理暂行办法》（财税〔2015〕61号），规定经财政部、环境保护部、国家发展改革委确认及有关省、自治区、直辖市自行确定开展排污权有偿使用和交易试点地区征收，排污权使用费的征收标准由试点地区省级价格、财政、环境保护部门根据当地环境资源稀缺程度、经济发展水平、污染治理成本等因素确定。

3. 预算管理。

排污权出让收入全额缴入地方国库，在政府收支分类科目中列入一般公共预算管理。

（二）费制要素

1. 征收范围。

部分试点地区选取纳入“十二五”国家约束性总量指标的四项主要污染物，即二氧化硫、氮氧化物、化学需氧量和氨氮，作为交易的污染因子，另有部分地区结合当地实际的污染特征进行了扩展。如山西和甘肃兰州增加了烟粉尘，湖南省将重金属纳入交易试点范围，广东省顺德区因其臭氧污染突出而将挥发性有机污染物（VOCs）纳入交易试点范围。

2. 缴费主体。

排污权出让收入缴费人为依法通过定额出让和公开出让（拍卖、挂牌、协议）等方式取得排污权的排污单位。

3. 计费方法。

（1）采用定额出让方式的单位适用的征收标准。定额出让方式一般适用于现有排污单位取得排污权。排污单位应当按照排污许可证确认的污染物排放种类、数量和规定征收标准缴纳排污权使用费。排污权使用费的征收标准由试点地区省级价格、财政、环境保护部门根据当地环境资源稀缺程度、经济发展水平、污染治理成本等因素确定。2022 年部分省份排污权使用费定额征收标准如表 6 – 2 所示。

表 6 – 2　　2022 年部分省份排污权使用费定额征收标准

省份	主要污染物	征收标准	文件依据
湖北省	化学需氧量	600 元/吨·年	《省环保厅关于建立湖北省排污权有偿使用定价机制的函》（鄂环函〔2017〕222 号）
	氨氮	1400 元/吨·年	
	二氧化硫	400 元/吨·年	
	氮氧化物	400 元/吨·年	

续表

省份	主要污染物	征收标准	文件依据
山西省	化学需氧量	29000 元/吨·年	《山西省环境保护厅、山西省财政厅、山西省物价局关于印发〈排污权有偿取得和交易办法〉的通知》（晋环发〔2015〕168 号）
	氨氮	30000 元/吨·年	
	二氧化硫	18000 元/吨·年	
	氮氧化物	19000 元/吨·年	
广东省	化学需氧量	3000 元/吨·年	《广东省发展改革委 广东省财政厅 广东省环境保护厅关于二氧化硫、化学需氧量、氮氧化物和氨氮排污权有偿使用和交易价格的通知》（粤发改价格〔2016〕626 号）
	氨氮	4000 元/吨·年	
	二氧化硫	1600 元/吨·年	
	氮氧化物	1800 元/吨·年	
江西省	化学需氧量	300 元/吨·年	《江西省人民政府办公厅关于印发全省排污权有偿使用和交易试点工作方案的通知》（赣府厅字〔2014〕133 号）
	氨氮	400 元/吨·年	
	二氧化硫	200 元/吨·年	
	氮氧化物	300 元/吨·年	
陕西省	化学需氧量	900 元/吨·年	《陕西省物价局 陕西省财政厅 陕西省环境保护厅关于我省排污权有偿使用收费标准及交易基础价格等有关问题的通知》（陕环函〔2017〕307 号）

（2）通过市场公开出让方式出让排污权的项目（单位）适用的征收标准。市场公开出让方式适用于新建项目排污权和改建、扩建项目新增排污权，以及现有排污单位在排污许可证核定的排污权基础上新增排污权。出让底价由试点地区省级价格、财政、环境保护部门参照排污权使用费的征收标准确定。如义乌市储备库排污权竞拍卖底价为政府储备排污权有偿使用费基准价的 1.5 倍，即二氧化硫、氮氧化物指标均为 4500 元/吨·年，五年一次性出让。

4. 征收期限。

新建项目、改扩建项目按次征收；现有排污单位有偿使用费按年缴纳。缴纳排污权使用费金额较大、一次性缴纳确有困难的排污单位，可在排污权有效期内分次缴纳，首次缴纳不得低于应缴总额的 40%。

排污单位应当自收到排污权使用费缴纳通知单之日起 7 日内，缴纳排污权使用费。

5. 申报方式。

缴费人按照相关部门核定数据和征收标准数据自行申报。

（三）主要政策依据

1.《国务院办公厅关于进一步推进排污权有偿使用和交易试点工作的指导意见》（国办发〔2014〕38号）。

2.《财政部 国家发展改革委 环境保护部关于印发〈排污权出让收入管理暂行办法〉的通知》（财税〔2015〕61号）。

3.《财政部关于水土保持补偿费等四项非税收入划转税务部门征收的通知》（财税〔2020〕58号）。

4.《国家税务总局关于水土保持补偿费等政府非税收入项目征管职责划转有关事项的公告》（国家税务总局公告2020年第21号）。

（四）优惠政策

《财政部 国家发展改革委 环境保护部关于印发〈排污权出让收入管理暂行办法〉的通知》（财税〔2015〕61号）。

二、矿产资源专项收入

（一）基本情况

1. 基本定义。

矿产资源专项收入是指国家基于自然资源所有权对在中华人民共和国领域及管辖海域勘查、开采矿产资源的探矿权人或采矿权人收取的各项收入，包括矿业权出让收益、探矿权采矿权使用费（矿业权占用费）。

2. 历史沿革。

（1）矿产资源有偿开采原则确立阶段（1986—1998年）。1986年，第六届全国人大常委会第十五次会议通过了《矿产资源法》，确立了矿产资源有偿开采原则。

（2）矿产资源专项收入初步确立阶段（1998—2016年）。该阶段初步确立了探矿权与采矿权的使用费制度。1998年《矿产资源勘查区块登记管理办法》（国务院令第240号）规定，国家实行探矿权有偿取得的制度。1998年《矿产资源开采登记管理办法》（国务院令第241号）规定，国家实行采矿权有偿取得的制度。

（3）矿产资源专项收入整合发展阶段（2017—2021年）。该阶段探矿权、采矿权收费整合为矿业权出让收益与矿业权占用费。2017年《国务院关于印发矿产资源权益金制度改革方案的通知》（国发〔2017〕29号）颁布，一方面规定在矿业权出让环节将探矿权采矿权价款调整为矿业权出让收益，另一方面提出在矿业权占有环节将探矿权采矿权使用费整合为矿业权占用费。

（4）矿产资源专项收入制度规范和完善阶段（2022 年至今）。2023 年 3 月 24 日，财政部、自然资源部、税务总局印发《矿业权出让收益征收办法》（财综〔2023〕10 号），进一步优化了出让收益征收方式，降低了按金额形式征收的首付比例，延长了分期缴款年限，细化了市场基准价的相关规定，最大限度减轻企业支付压力。2024 年 9 月，自然资源部、财政部、税务总局印发《关于矿业权出让收益征收中矿产品销售收入计算有关问题的通知》（自然资发〔2024〕173 号），对矿产品销售收入计算进行了明确和细化。

3. 预算管理。

在政府收支分类科目中，矿产资源专项收入列入一般公共预算管理，包括矿业权出让收益、探矿权采矿权使用费（矿业权占用费）等。

（二）费制要素

1. 矿业权占用费。

2017 年我国将探矿权采矿权使用费整合为矿业权占用费，具体办法由财政部会同自然资源部制定。目前两部门未出台具体办法，各地区沿袭《财政部国土资源部关于印发探矿权采矿权使用费和价款管理办法的通知》（财综字〔1999〕74 号）规定，按照探矿权使用费、采矿权使用费政策进行矿业权占用费征收。

（1）征收范围。

申请并获得矿产资源探矿权的探矿权人，以及申请并获得矿产资源采矿权的采矿权人，按规定缴纳探矿权采矿权使用费（矿业权占用费）。

（2）缴费主体。

取得矿权的探矿权人和采矿权人。

（3）计费方法。

探矿权使用费征收标准：探矿权使用费以勘查年度计算，按区块面积逐年缴纳，第一个勘查年度至第三个勘查年度，每平方公里每年缴纳 100 元，从第四个勘查年度起每平方公里每年增加 100 元，最高不超过每平方公里每年 500 元。

采矿权使用费征收标准：采矿权使用费按矿区范围面积逐年缴纳，每平方公里每年 1000 元。

（4）征收期限。

探矿权采矿权使用费（矿业权占用费）按年缴纳。

（5）申报方式。

自然资源部门向税务部门推送费源信息，缴费人向税务部门缴费。

2. 矿业权出让收益。

（1）征收范围。

按矿业权出让收益率形式征收矿业权出让收益的矿种，具体范围为《矿业权出让收益征收办法》（财综〔2023〕10号）所附《按矿业权出让收益率形式征收矿业权出让收益的矿种目录（试行）》（以下简称《矿种目录》）。

除《矿种目录》所列矿种外，其余矿种按出让金额形式征收矿业权出让收益。

（2）缴费主体。

在中华人民共和国领域及管辖海域勘查、开采矿产资源的矿业权人，包括探矿权人和采矿权人。

（3）计费方法。

Ⅰ. 按矿业权出让收益率形式征收。

按竞争方式出让探矿权、采矿权的，在出让时征收竞争确定的成交价；在矿山开采时，按合同约定的矿业权出让收益率逐年征收采矿权出让收益。矿业权出让收益率依据矿业权出让时《矿种目录》规定的标准确定。

按协议方式出让探矿权、采矿权的，成交价按起始价确定，在出让时征收；在矿山开采时，按矿产品销售时的矿业权出让收益率逐年征收采矿权出让收益。

计算公式：

矿业权出让收益＝探矿权（采矿权）成交价＋逐年征收的采矿权出让收益

逐年征收的采矿权出让收益＝年度矿产品销售收入×矿业权出让收益率

Ⅱ. 按出让金额形式征收。

按竞争方式出让探矿权、采矿权的，矿业权出让收益按竞争结果确定。按协议方式出让探矿权、采矿权的，矿业权出让收益按照评估值、矿业权出让收益市场基准价测算值就高确定。

按出让金额形式征收的矿业权出让收益，可按照以下原则分期缴纳：

出让探矿权的，探矿权出让收益首次征收比例不得低于探矿权出让收益的

10%且不高于20%，探矿权人自愿一次性缴清的除外；剩余部分转采后在采矿许可证有效期内按年度分期缴清。其中，矿山生产规模为中型及以上的，均摊征收年限不少于采矿许可证有效期的一半。

出让采矿权的，采矿权出让收益首次征收比例不得低于采矿权出让收益的10%且不高于20%，采矿权人自愿一次性缴清的除外；剩余部分在采矿许可证有效期内按年度分期缴清。其中，矿山生产规模为中型及以上的，均摊征收年限不少于采矿许可证有效期的一半。

具体首次征收比例和分期征收年限，由省级财政部门商自然资源主管部门按照上述原则制定。

（4）征收期限。

按出让金额形式征收的矿业权出让收益，税务部门依据自然资源部门推送的合同等费源信息通知矿业权人及时缴款。矿业权人在收到缴款通知之日起30日内，按缴款通知及时缴纳矿业权出让收益。分期缴纳矿业权出让收益的矿业权人，首期出让收益按缴款通知缴纳，剩余部分按矿业权合同约定的时间缴纳。

按矿业权出让收益率形式征收的矿业权出让收益，成交价部分以合同约定及时通知矿业权人缴款，矿业权人自收到缴款通知之日起30日内，按缴款通知及时缴纳矿业权出让收益（成交价部分）。按矿业权出让收益率逐年缴纳的部分，由矿业权人向税务部门据实申报缴纳上一年度采矿权出让收益，缴款时间最迟不晚于次年2月底。

（5）申报方式。

自然资源部门向税务部门推送费源信息，缴费人申报缴纳。按矿业权出让收益率逐年缴纳的矿业权出让收益，缴费人据实自行申报缴纳。

（三）主要政策依据

1.《中华人民共和国矿产资源法》。

2.《财政部 国土资源部关于深化探矿权、采矿权有偿取得制度改革有关问题的通知》（财建〔2006〕694号）。

3.《财政部 自然资源部 国家税务总局 人民银行印发〈关于将国有土地使用权出让收入、矿产资源专项收入、海域使用金、无居民海岛使用金四项政府非税收入划转税务部门征收有关问题的通知〉》（财综〔2021〕19号）。

4.《财政部 自然资源部 税务总局关于印发〈矿业权出让收益征收办法〉

的通知》（财综〔2023〕10号）。

5.《自然资源部 财政部 税务总局关于矿业权出让收益征收中矿产品销售收入计算有关问题的通知》（自然资发〔2024〕173号）。

（四）优惠政策

《探矿权采矿权使用费减免办法》（国土资发〔2000〕174号）。

三、海域使用金

（一）基本情况

1. 基本定义。

海域使用金是指国家以海域所有者身份依法出让海域使用权，而向取得海域使用权的单位和个人收取的权利金。

2. 历史沿革。

（1）制度确立与立法保障阶段。财政部与国家海洋局于1993年联合发布了《国家海域使用管理暂行规定》，初步确立了海域使用证和海域使用金制度。2001年10月，我国颁布了《中华人民共和国海域使用管理法》，规定“国家实行海域有偿使用制度。单位和个人使用海域，应当按照国务院的规定缴纳海域使用金”。

（2）制度完善阶段。为贯彻落实《中华人民共和国海域使用管理法》，适应海洋经济发展的要求，提高海域资源配置效率，财政部、国家海洋局于2007年、2018年分别颁布了《海域使用金征收标准》（财综〔2007〕10号）、《调整海域 无居民海岛使用金征收标准》（财综〔2018〕15号），确立和调整了海域使用金的征收标准。

3. 预算管理。

在政府收支分类科目中，海域使用金列入一般公共预算管理。

（二）费制要素

1. 征收范围。

填海造地、非透水构筑物、跨海桥梁和海底隧道及其他项目用海行为属于海域使用金征收范围。

2. 缴费主体。

海域使用金缴费人是依法申请取得，或者通过招标、拍卖方式取得海域使用权证书的海域使用权人。

3. 计费方法。

海域使用金统一按照用海类型、海域等别以及相应的征收标准计算征收。自2018年5月1日起，征收海域使用金统一按照国家标准执行，如表6－3所示。

表6－3　　海域使用金征收标准　　单位：万元/公顷

用海方式			海域等别						征收方式
			一等	二等	三等	四等	五等	六等	
填海造地用海	建设填海造地用海	工业、交通运输、渔业基础设施等填海	300	250	190	140	100	60	一次性征收
		城镇建设填海	2700	2300	1900	1400	900	600	
	农业填海造地用海		130	110	90	75	60	45	
构筑物用海	非透水构筑物用海		250	200	150	100	75	50	
	跨海桥梁、海底隧道用海		17.30						
	透水构筑物用海		4.63	3.93	3.23	2.53	1.84	1.16	按年度征收
围海用海	港池、蓄水用海		1.17	0.93	0.69	0.46	0.32	0.23	
	盐田用海		0.32	0.26	0.20	0.15	0.11	0.08	
	围海养殖用海		由各省（自治区、直辖市）制定						
	围海式游乐场用海		4.76	3.89	3.24	2.67	2.24	1.93	
	其他围海用海		1.17	0.93	0.69	0.46	0.32	0.23	
开放式用海	开放式养殖用海		由各省（自治区、直辖市）制定						
	浴场用海		0.65	0.53	0.42	0.31	0.20	0.10	
	开放式游乐场用海		3.26	2.39	1.74	1.17	0.74	0.43	
	专用航道、锚地用海		0.30	0.23	0.17	0.13	0.09	0.05	
	其他开放式用海		0.30	0.23	0.17	0.13	0.09	0.05	
其他用海	人工岛式油气开采用海		13.00						
	平台式油气开采用海		6.50						
	海底电缆管道用海		0.70						
	海砂等矿产开采用海		7.30						
	取、排水口用海		1.05						
	污水达标排放用海		1.40						
	温、冷排水用海		1.05						
	倾倒用海		1.40						
	种植用海		0.05						

资料来源：《关于调整海域 无居民海岛使用金征收标准》（财综〔2018〕15号）。

4. 征收期限。

对填海造地、非透水构筑物、跨海桥梁和海底隧道等项目用海实行一次性计征海域使用金，对其他项目用海按照使用年限逐年计征海域使用金。用海项目应缴海域使用金金额超过1亿元，用海单位或者个人一次性缴纳海域使用金确有困难的，经有关海洋行政主管部门商同级财政部门同意，可批准其分期缴纳。海域使用金分期缴纳的时间跨度最长不得超过3年，第一期缴纳的海域使用金不得低于应缴海域使用金金额的50%。

5. 申报方式。

自然资源部门向税务部门推送费源信息，缴费人依据缴款通知要求自行申报缴纳。涉及竞买保证金情形的，将竞买保证金抵作海域使用金，由自然资源部门、公共资源交易中心等部门代缴费人向税务部门申报缴纳。

（三）主要政策依据

1.《中华人民共和国海域使用管理法》。

2.《财政部 国家海洋局关于加强海域使用金征收管理的通知》（财综〔2007〕10号）。

3.《财政部 国家海洋局关于印发〈关于调整海域无居民海岛使用金征收标准〉的通知》（财综〔2018〕15号）。

4.《财政部 自然资源部 国家税务总局 人民银行关于将国有土地使用权出让收入、矿产资源专项收入、海域使用金、无居民海岛使用金四项政府非税收入划转税务部门征收有关问题的通知》（财综〔2021〕19号）。

（四）优惠政策

1.《中华人民共和国海域使用管理法》。

2.《财政部 国家海洋局关于印发〈海域使用金减免管理办法〉的通知》（财综〔2006〕24号）规定，下列项目用海，依法免缴海域使用金：

（1）军事用海。

（2）用于政府行政管理目的的公务船舶专用码头用海，包括公安边防、海关、交通港航公安、海事、海监、出入境检验检疫、环境监测、渔政、渔监等公务船舶专用码头用海。

（3）航道、避风（避难）锚地、航标、由政府还贷的跨海桥梁及海底隧道等非经营性交通基础设施用海。

（4）教学、科研、防灾减灾、海难搜救打捞、渔港等非经营性公益事业用海。

下列项目用海，依法减免海域使用金：

（1）除避风（避难）以外的其他锚地、出入海通道等公用设施用海。

（2）列入国家发展和改革委员会公布的国家重点建设项目名单的项目用海。

（3）遭受自然灾害或者意外事故，经核实经济损失达正常收益60%以上的养殖用海。

四、无居民海岛使用金

（一）基本情况

1. 基本定义。

无居民海岛使用金是指国家在一定年限内出让无居民海岛使用权，由无居民海岛使用者依法向国家缴纳的无居民海岛使用权价款，不包括无居民海岛使用者取得无居民海岛使用权应当依法缴纳的其他相关税费。

2. 历史沿革。

（1）立法保障与征收标准确立阶段。2009 年 12 月我国颁布了《中华人民共和国海岛保护法》，并于 2010 年 3 月起正式施行，该法第三十一条规定“经批准开发利用无居民海岛的，应当依法缴纳使用金”。为加强和规范无居民海岛使用金的征收、使用管理，促进无居民海岛的有效保护和合理开发利用，财政部和国家海洋局于 2010 年印发《无居民海岛使用金征收使用管理办法》（财综〔2010〕44 号），规定无居民海岛使用权出让实行最低价限制制度，并确立了无居民海岛使用金征收标准。

（2）征收标准完善阶段。2018 年，财政部、国家海洋局颁布了《关于调整海域无居民海岛使用金征收标准的通知》（财综〔2018〕15 号），对无居民海岛使用金征收标准进行了调整与规范。

3. 预算管理。

在政府收支分类科目中，无居民海岛使用金收入列入一般公共预算管理。

（二）费制要素

1. 征收范围。

单位和个人利用无居民海岛，应当经国务院或者沿海省、自治区、直辖市人民政府依法批准，并按照相关规定缴纳无居民海岛使用金。

2. 缴费主体。

无居民海岛使用金的缴费人是依法取得一定年限内国家无居民海岛使用权

的无居民海岛使用者。

3. 计费方法。

无居民海岛使用权出让价款不得低于无居民海岛使用权出让最低价。

计算公式：

$$\text{无居民海岛使用权出让最低价} = \text{无居民海岛使用权出让面积} \times \text{使用年限} \times \text{无居民海岛使用权出让最低价标准}$$

公式中无居民海岛使用权出让面积以无居民海岛使用批准文件确定的开发利用面积为准。

无居民海岛使用权出让实行最低价限制制度，具体标准如表 6－4 所示。自 2018 年 5 月 1 日起，征收无居民海岛使用金统一按照国家标准执行。2018 年 5 月 1 日《关于调整海域无居民海岛使用金征收标准的通知》（财综〔2018〕15 号）通知施行前已获批准但未缴纳居民海岛使用金的用岛项目，仍执行原无居民海岛使用金征收标准。

表 6－4　　无居民海岛使用权出让最低标准　　单位：万元/公顷·年

等别	用岛类型	用岛方式					填海连岛与造成岛体消失的用岛
		原生利用式	轻度利用式	中度利用式	重度利用式	极度利用式	
一等	旅游娱乐用岛	0.95	1.91	5.73	12.41	19.09	2455.00 万元/公顷，按用岛面积一次性计征。
	交通运输用岛	1.18	2.36	7.07	15.32	23.56	
	工业仓储用岛	1.37	2.75	8.25	17.87	27.49	
	渔业用岛	0.38	0.75	2.26	4.90	7.54	
	农林牧业用岛	0.30	0.60	1.81	3.92	6.03	
	可再生能源用岛	1.04	2.08	6.25	13.54	20.83	
	城乡建设用岛	1.47	2.95	8.84	19.15	29.46	
	公共服务用岛	—	—	—	—	—	
	国防用岛	—	—	—	—	—	
二等	旅游娱乐用岛	0.77	1.54	4.62	10.00	15.38	1976.00 万元/公顷，按用岛面积一次性计征。
	交通运输用岛	0.95	1.90	5.69	12.33	18.97	
	工业仓储用岛	1.11	2.21	6.64	14.38	22.13	
	渔业用岛	0.30	0.61	1.83	3.95	6.08	
	农林牧业用岛	0.24	0.49	1.46	3.16	4.87	
	可再生能源用岛	0.84	1.68	5.04	10.91	16.78	

4. 征收期限。

无居民海岛使用金按照批准的使用年限实行一次性计征。

应缴纳的无居民海岛使用金额度超过1亿元的，无居民海岛使用者可以提出申请，经批准用岛的海洋主管部门商同级财政部门同意后，可以在3年时间内分次缴纳。

分次缴纳无居民海岛使用金的，首次缴纳额度不得低于总额度的50%。在首次缴纳无居民海岛使用金后，由国务院海洋主管部门或者省级海洋主管部门依法颁发无居民海岛使用临时证书；全部缴清无居民海岛使用金后，由国务院海洋主管部门或者省级海洋主管部门依法换发无居民海岛使用权证书。

5. 申报方式。

自然资源部门向税务部门推送费源信息，缴费人依据缴款通知要求自行申报缴纳。涉及竞买保证金情形的，将竞买保证金抵作无居民海岛使用金，由自然资源部门、公共资源交易中心等部门代缴费人向税务部门申报缴纳。

（三）主要政策依据

1.《财政部 国家海洋局关于印发〈无居民海岛使用金征收使用管理办法〉的通知》（财综〔2010〕44号）。

2.《财政部 国家海洋局关于印发〈关于调整海域无居民海岛使用金征收标准〉的通知》（财综〔2018〕15号）。

3.《财政部 自然资源部 国家税务总局 人民银行关于将国有土地使用权出让收入、矿产资源专项收入、海域使用金、无居民海岛使用金四项政府非税收入划转税务部门征收有关问题的通知》（财综〔2021〕19号）。

（四）优惠政策

《财政部 国家海洋局关于印发〈无居民海岛使用金征收使用管理办法〉的通知》（财综〔2010〕44号）规定，下列用岛免缴无居民海岛使用金：

（1）国防用岛；

（2）公务用岛，指各级国家行政机关或者其他承担公共事务管理任务的单位依法履行公共事务管理职责的用岛；

（3）教学用岛，指非经营性的教学和科研项目用岛；

（4）防灾减灾用岛；

（5）非经营性公用基础设施建设用岛，包括非经营性码头、桥梁、道路建设用岛，非经营性供水、供电设施建设用岛，不包括为上述非经营性基础设施提供配套服务的经营性用岛；

（6）基础测绘和气象观测用岛；

（7）国务院财政部门、海洋主管部门认定的其他公益事业用岛。

五、国有土地使用权出让收入

（一）基本情况

1. 基本定义。

国有土地使用权出让收入是指政府以出让、划拨等方式配置国有土地使用权取得的全部土地价款。

2. 历史沿革。

（1）土地有偿使用的起步阶段。1978 年以前，我国的土地资源基本实行无偿无期限使用。改革开放以后，为适应由计划经济向市场经济转轨，土地供应逐步向有偿有期限使用转变，土地有偿使用制度产生。如 1980 年国务院发布的《国务院关于中外合营企业建设用地的暂行规定》（国发〔1980〕201 号）明确，中外合营企业用地，不论新征用土地，还是利用原有企业的场地，都应计收场地使用费。1982 年深圳开始按区位征收土地使用费。据统计，1982—1986 年深圳全市共征得土地使用费 3848 万元。深圳经验开始在全国范围内推广，至 1988 年全国已有 100 多个城市先后开始征收城市土地使用费。

（2）国有土地使用权出让收入产生阶段。1987 年，深圳率先试行土地使用有偿出让，在明确城市土地国有的前提下，政府采取招标和竞标的方式出让城市土地使用权。同年 11 月，国务院将深圳、上海、天津、厦门和福州等沿海城市列为土地使用制度改革试点。1988 年《中华人民共和国宪法》修正案规定“土地的使用权可以依照法律的规定转让”。同年 12 月，《中华人民共和国土地管理法》修改议案也规定“国家依法实行国有土地有偿使用制度”。1989 年 5 月《国务院关于加强国有土地使用权有偿出让收入管理的通知》（国发〔1989〕38 号）规定，凡进行国有土地使用权有偿出让的地区，其出让收入必须上缴财政，其中 40% 上缴中央财政，60% 留归地方财政，用于城市建设和土地开发，专款专用。两个月后，上缴中央的比例降至 32%。1989 年 9 月财政部发布的《国有土地使用权有偿出让收入管理暂行实施办法》（财综字〔1989〕第 94 号）规定，土地出让收入全部上缴财政，其中先由取得收入的城市财政部门，留下 20% 作为城市土地开发建设费用，其余部分 40% 上缴中央财政，

60%留归城市财政部门，实行“收支两条线”方式管理。1990年，国务院发布《城镇国有土地使用权出让和转让暂行条例》，对土地使用权出让、转让、出租等问题作了更为明确的规定。1994年实行分税制后，土地出让收入作为地方财政的固定收入全部划归地方所有。1995年1月1日起施行的《中华人民共和国城市房地产管理法》，规定国家依法实行国有土地有偿、有限期使用制度。土地使用权出让，可以采取拍卖、招标或者双方协议的方式。

（3）土地市场化交易筹备阶段。土地流转制度提高了土地这一生产要素的使用效率，也为地方政府基础设施建设提供了新的资金渠道，但依然存在土地供给行政划拨和有偿出让双轨并存，有偿出让的比例较低且协议出让占比较高，城市土地多头供给、地方政府总量控制能力较弱等问题，为此，土地储备制度开始建立。1996年中国第一家土地储备机构——上海土地发展中心成立，土地垄断供给试点取得了良好效果，开始在全国范围内推广，上海土地发展中心成立后的5年内，全国就有669个县市建立了土地储备制度，由土地储备机构统一组织土地开发或再开发，分批入市。1998年修订的《中华人民共和国土地管理法》规定，“任何单位和个人进行建设，需要使用土地的，必须依法申请使用国有土地”“建设占用土地，涉及农用地转为建设用地的，应当办理农用地转用审批手续”，土地由政府供给具备了法律依据。

（4）土地市场化管理深化阶段。2001年国务院在全国范围内推行土地使用权的招标、拍卖，颁布了《关于加强国有土地资产管理的通知》（国发〔2001〕15号），提出了“有条件的地方政府要对建设用地试行收购储备制度”，要求“大力推行土地使用权招标、拍卖”“国有建设用地供应，除涉及国家安全和保密要求外，都必须向社会公开”。2002年7月，国土资源部颁布了《招标拍卖挂牌出让国有土地使用权规定》，要求“商业、旅游、娱乐等经营性用地和商品住宅用地，要以招标、拍卖或者挂牌方式出让国有土地的使用权”。2003年国土资源部印发了《协议出让国有土地所有权规定》，要求土地协议出让，也必须公开和引入市场竞争机制。2004年《国务院关于深化改革严格土地管理的决定》（国发〔2004〕28号）要求加快工业用地进入市场化配置，2006年《国务院关于加强土地调控有关问题的通知》（国发〔2006〕31号）规定工业用地必须采用招拍挂方式出让，且出让价格不得低于公布的最低价标准。至此，通过土地储备制度垄断土地一级市场，经营性用地、住宅用地和工业用地通过招拍挂方式出让的制度基本确立。同年，国务院办公厅印发《关于规范国有土地使用权出让收支管理的通知》，财政部印发了《国有土地使用权出让收支管理办法》，明确了土地管理责任，国有土地使用权出让收入的征收范围、征收管理和支出使用等方面的要求。

3. 预算管理。

国有土地使用权出让收入全额纳入地方政府性基金预算管理。

（二）费制要素

1. 征收范围。

以招标、拍卖、挂牌和协议方式出让国有土地使用权所确定的总成交价款（不含代收代缴的税费）；转让划拨国有土地使用权或依法利用原划拨土地进行经营性建设应当补缴的土地价款；处置抵押划拨国有土地使用权应当补缴的土地价款；转让房改房、经济适用住房按照规定应当补缴的土地价款；改变出让国有土地使用权土地用途、容积率等土地使用条件应当补缴的土地价款，以及其他和国有土地使用权出让或变更有关的收入等。

国土资源管理部门依法出租国有土地向承租者收取的土地租金收入；出租划拨土地上的房屋应当上缴的土地收益；土地使用者以划拨方式取得国有土地使用权，依法向市、县人民政府缴纳的土地补偿费、安置补助费、地上附着物和青苗补偿费、拆迁补偿费等费用（不含征地管理费），一并纳入土地出让收入管理。

按照规定依法向国有土地使用权受让人收取的定金、保证金和预付款，在国有土地使用权出让合同生效后可以抵作土地价款。划拨土地的预付款也按照上述要求管理。

2. 缴费主体。

国有土地使用权出让收入的缴费人为依法取得国有土地使用权的受让人、承租国有土地使用权的承租人、转让已购公有住房、房改房和经济适用住房的房产所有人，包括企业、组织、社会团体或个人。

3. 计费方法。

不同出让方式的国有土地使用权出让收入计费方法不同：

（1）以招标拍卖挂牌出让土地使用权的，市、县人民政府自然资源部门应当根据土地估价结果和政府产业政策综合确定标底或者底价。标底或者底价不得低于国家规定的最低价标准。招标拍卖挂牌活动结束后，市、县人民政府自然资源部门根据中标结果、成交结果确定国有土地使用权出让收入。

（2）以协议出让土地使用权的，最低价不得低于新增建设用地的土地有偿使用费、征地（拆迁）补偿费用以及按照国家规定应当缴纳的有关税费之和；有基准地价的地区，协议出让最低价不得低于出让地块所在级别基准地价的70%。市、县人民政府自然资源部门与意向用地者就土地出让价格等进行充分协商后，协商一致且议定的出让价格不低于出让底价的，达成出让协议，并确定国有土地使用权出让收入。

（3）已购公有住房和经济适用住房上市出售补缴国有土地使用权出让收入的计算公式为：

补缴金额（元）= 标定地价（元/平方米）× 缴纳比例（≥10%）× 上市房屋分摊土地面积（平方米）× 年期修正系数

4. 征收期限。

土地出让收入申报缴纳期限为土地出让合同签订之日、划拨用地批准文件等制发之日起，至土地出让合同、划拨用地批准文件等规定的付款期限届满之日止。

5. 申报方式。

自然资源部门向税务部门推送费源信息，缴费人依据缴款通知要求自行申报缴纳。涉及竞买保证金情形的，将竞买保证金抵作国有土地使用权出让收入，由自然资源部门、公共资源交易中心等部门代缴费人向税务部门申报缴纳。

（三）主要政策依据

1.《中华人民共和国土地管理法》。

2.《中华人民共和国城市房地产管理法》。

3.《中华人民共和国城镇国有土地使用权出让和转让暂行条例》（国务院令第55号）。

4.《国务院办公厅关于规范国有土地使用权出让收支管理的通知》（国办发〔2006〕100号）。

5.《财政部关于印发〈国有土地使用权出让收支管理办法〉的通知》（财综〔2006〕68号）。

6.《财政部 自然资源部 税务总局 人民银行关于将国有土地使用权出让收入、矿产资源专项收入、海域使用金、无居民海岛使用金四项政府非税收入划转税务部门征收有关问题的通知》（财综〔2021〕19号）。

本章思考题

1. 国有资源（资产）有偿使用收入的分类有哪些?
2. 矿业权出让收益的计费方法和征收方式是什么?
3. 国有土地使用权出让收入的征收范围包括哪些?

第七章　其他类别政府非税收入

【学习目标】本章主要介绍了除第四章至第六章之外其他类别的非税收入的定义和预算科目，第一节为税务部门征收的属于其他类别的非税收入，举例介绍了免税商品特许经营费、油价调控风险准备金收入；第二节介绍未划转税务部门征收的其他类别非税收入。通过本章学习，应掌握我国大部分其他类别非税收入的定义及其预算管理等基本内容。

第一节　税务部门征收的其他类别非税收入

2019 年以来划转税务部门征收的其他类别非税收入项目包括免税商品特许经营费、油价风险调控准备金等。

一、免税商品特许经营费

特许经营收入，是指国家依法特许企业、组织或个人垄断经营某种产品或服务获得的收入，主要包括烟草专卖收入、酒类产品专卖收入、免税商品专营收入、货币发行收入、印钞造币收入、纪念邮票（纪念币）发行收入、食盐批发专营收入等。其他非税收入是指国家依法特许企业、组织或个人垄断经营某种产品或服务而获得的收入，以及其他利用国家权力、政府信誉等取得的，应当纳入政府非税收入管理的资金。免税商品特许经营费是特许经营收入的重要组成部分，这里重点介绍免税商品特许经营费。

（一）基本情况

1. 基本定义。

免税商品，是指免征关税、进口环节税的进口商品和实行退（免）税（增值税、消费税）进入免税店销售的国产商品。

免税商品特许经营费，是指对中国免税品（集团）总公司的免税商品经营业务，以及设立在机场、港口、车站、陆路边境口岸和海关监管特定区域的免税商店以及在出境飞机、火车、轮船上向出境的国际旅客、驻华外交官和国际海员等提供免税商品购物服务的特种销售业务征收的一项政府非税收入。

2. 历史沿革。

为进一步加强免税商品经营管理，体现免税业特许经营政策，2004 年财政部印发《免税商品特许经营费缴纳办法》（财企〔2004〕241 号），规定对经营免税商品的企业，按经营免税商品业务年销售额，向国家上缴特许经营费，自 2005 年 1 月 1 日起施行。2006 年 3 月，《财政部关于印发〈免税商品特许经营费缴纳办法〉的补充通知》（财企〔2006〕70 号）再次明确缴库相关规定。

2011 年，为推进海南国际旅游岛建设，财政部、商务部、海关总署、税务总局印发《海南离岛旅客免税购物商店管理暂行办法》（财企〔2011〕429 号），规定国家对离岛免税店实行特许经营政策。离岛免税店按经营免税商品业务年销售收入的 4%，向国家上缴免税商品特许经营费。

3. 征收范围。

免税商品经营业务包括中国免税品（集团）总公司的免税商品经营业务，以及设立在机场、港口、车站、陆路边境口岸和海关监管特定区域的免税商店以及在出境飞机、火车、轮船上向出境的国际旅客、驻华外交官和国际海员等提供免税商品购物服务的特种销售业务。

海南离岛旅客免税购物商店，是指对乘飞机离岛（不包括离境）旅客实行限次、限值、限量和限品种免进口税购物的经营场所。

知识链接

海南离岛免税政策演变

自 2011 年海口和三亚各成立一家免税店开展离岛免税政策试点以来，离岛免税政策大致上经历了 6 次调整：2012 年第一次调整，扩大了免税品的范围，放宽了适用年龄，同时上调了单次免税购物金额限制；2015 年第二次调整，进一步扩大了免税品的范围，并放宽了对香水、化妆品等热销商品的单次购物数量限制；2016 年第三次调整，改变了免税购物限额管理方式，取消了对非岛内居民购物次数的限制，并进一步放宽了免税购物的金额限额，在购物方式上增设网上销售窗口；2017 年第四次调整，将海南铁路离岛旅客纳入离岛免税政策；2018 年第五次调整，进一步扩大免税品的范围，将免税购物限额增加到每人每年 3 万元，并不再限制购物次数；2020 年第六次调整，将免税购物额度增加到每年每人 10 万元，并扩大免税商品种类。

4. 预算管理。

免税商品特许经营费在《2024 年政府收支分类科目》中列一般公共预算收入第 103 类 99 款 07 项“免税商品特许经营费收入”，为中央收入科目。

（二）费制要素

1. 缴费主体。

缴费主体包括中国免税品（集团）总公司、深圳市国有免税商品（集团）有限公司、珠海免税企业（集团）有限公司、中国中旅（集团）公司、中国出国人员服务总公司、上海浦东国际机场免税店、海南离岛旅客免税购物商店，以及其他经营免税商品或代理销售免税商品的企业。

2. 计费方法。

经营免税商品的企业一般按照经营免税商品业务年销售收入的 1% 上缴；海南离岛旅客免税购物商店按经营免税商品业务年销售收入的 4% 缴纳。

经营国产品的免税企业，应将享受出口退税政策的国产品及从境外以免税方式进口经营的国产品均视同免税商品，按规定缴纳特许经营费。

3. 征收期限。

免税商品特许经营费缴纳企业应于年度终了后 5 个月内根据注册会计师的审计报告，向税务部门申报缴纳免税商品特许经营费。

4. 申报方式。

免税商品特许经营费由企业自行向所在地税务部门申报。

（三）主要政策依据

1.《财政部关于印发〈免税商品特许经营费缴纳办法〉的通知》（财企〔2004〕241 号）。

2.《财政部关于印发〈免税商品特许经营费缴纳办法〉的补充通知》（财企〔2006〕70 号）。

3.《财政部 商务部 海关总署 国家税务总局关于印发〈海南离岛旅客免税购物商店管理暂行办法〉的通知》（财企〔2011〕429 号）。

二、油价调控风险准备金收入

（一）基本情况

1. 基本定义。

油价调控风险准备金，是指当国际市场原油价格低于国家规定的成品油价格调控下限时，由中华人民共和国境内生产、委托加工和进口汽、柴油的成品油生产经营企业按照汽油、柴油的销售数量和规定的征收标准（成品油价格未调金额）全额上缴并纳入中央财政预算管理的政策性收入。

2. 历史沿革。

2014 年下半年，世界石油市场格局发生了深刻变化，国际市场油价从每桶 110 美元快速跌至 40 美元以下。为减轻国际市场油价过高或过低对国内市场的影响，保障国内能源长期安全，进一步完善成品油价格形成机制，2016 年初，国家建立油价调控风险准备金制度。

2016 年 1 月，国家发展改革委印发了《关于进一步完善成品油价格形成机制有关问题的通知》（发改价格〔2016〕64 号），对国内成品油价格机制设置调控上下限，调控上限为每桶 130 美元（“天花板价”），下限为每桶 40 美元（“地板价”），即当国际市场原油价格低于“地板价”时，汽、柴油最高零售价格不降低，国内成品油价格未调金额全部纳入油价调控风险准备金，从制度上明确了油价调控风险准备金的征收。

2016 年 12 月，财政部、国家发展改革委印发《油价调控风险准备金征收管理办法》（财税〔2016〕137 号），明确由财政部驻各省、区、市财政监察专员办事处负责征收，并细化了油价调控风险准备金的收缴、预算、使用和监督管理等内容。随后，财政部印发《关于做好 2016 年油价调控风险准备金收缴工作的通知》（财税〔2016〕142 号），部署开展 2016 年油价调控风险准备金征收工作，细化了成品油生产经营企业汽、柴油实际销售数量的计算规定。

根据党中央、国务院关于非税收入征管职责划转的有关要求，自 2019 年 1 月 1 日起，油价调控风险准备金划转税务部门征收。

2020 年 3 月，国际市场原油价格下跌至每桶 40 美元调控下限。国家发展改革委根据国际原油价格变动情况，按照现行成品油价格形成机制计算核定各调价窗口期征收标准并书面告知国家税务总局后，国家税务总局按规定部署各地税务部门正式启动征收工作。

3. 征收范围。

当国际市场原油价格低于每桶 40 美元调控下限时，成品油价格未调金额全部纳入油价调控风险准备金。

4. 预算管理。

油价调控风险准备金设立专项账户存储，全额上缴中央国库，在《2024 年政府收支分类科目》中列一般公共预算收入第 103 类 02 款 24 项“油价调控风险准备金收入”，统筹用于节能减排、提升油品质量、保障石油供应安全，并作为应对国际油价大幅波动，实施保障措施的资金来源。

（二）费制要素

1. 缴费主体。

在中华人民共和国境内生产、委托加工和进口汽、柴油的成品油生产经营企业为油价调控风险准备金缴费义务人。

2. 计费方法。

按照汽、柴油的销售数量和规定的征收标准（成品油价格未调金额）缴纳油价调控风险准备金。

知识链接

财政部关于做好 2016 年油价调控风险准备金收缴工作的通知

财税〔2016〕142 号

中国石油天然气集团公司、中国石油化工集团公司、中国海洋石油总公司，财政部驻各省、自治区、直辖市财政监察专员办事处：

经国务院同意，根据《财政部、国家发展改革委关于印发〈油价调控风险准备金征收管理办法〉的通知》（财税〔2016〕137 号，以下简称《办法》）有关规定，现就 2016 年油价调控风险准备金（以下简称风险准备金）收缴问题通知如下：

一、《办法》发布前，相关成品油生产经营企业（仅限上市公司）已将应当计提的风险准备金计入企业当期收入的，可选择由其所属集团公司从“税后利润”中替代上缴。

二、相关集团公司应当向注册登记地财政部财政监察专员办事处如实申报汽、柴油实际销售数量和应缴纳的风险准备金。

三、汽、柴油实际销售数量按照以下规定确定：

（一）直接生产销售汽、柴油的（不包括销售未经生产加工的外购汽、柴油），其销售数量以发票开具日期及数量为准。如无法提供发票的，以无法确定销售日期的全月销售量和窗口期占全月时间比合理确定。

（二）进口汽、柴油的，其销售数量以报关日期及报关数量为准。

（三）委托加工汽、柴油的，其销售数量按已委托加工合同签署日期及交货凭证确认。如没有交货凭证的，以月度总交货量和窗口期占全月时间比合理确定。

（四）来料加工贸易以及直接用于一般贸易出口的汽、柴油，不纳入风险准备金征收范围。

财政部

2016 年 12 月 22 日

3. 征收期限。

缴纳义务人可以选择按季度或者按年度缴纳油价调控风险准备金。具体缴纳方式由缴纳义务人报征收机关核准。缴纳方式一经确定，不得随意变更。

按季缴纳的，缴纳义务人应当于季度终了 2 个月内申报并缴纳应缴费款，征收机关根据缴纳义务人实际销售的汽、柴油数量，在次年 3 月底完成对缴纳义务人全年油价调控风险准备金的汇算清缴工作。

按年度缴纳的，缴纳义务人应当于次年 2 月底前申报缴纳应缴费款。

4. 申报方式。

成品油生产经营企业向注册登记地主管税务部门自行申报。其中，缴纳义务人有两个及以上从事成品油生产经营企业的，可由征收机关指定集团公司或其他公司实行汇总缴纳。

（三）主要政策依据

1.《国家发展改革委关于进一步完善成品油价格形成机制有关问题的通知》（发改价格〔2016〕64 号）。

2.《财政部 国家发展改革委关于印发〈油价调控风险准备金征收管理办法〉的通知》（财税〔2016〕137 号）。

3.《财政部关于做好 2016 年油价调控风险准备金收缴工作的通知》（财税〔2016〕142 号）。

第二节　其他部门征收的非税收入概览

本节主要介绍国有资本收益、中央银行收入、以政府名义接受的捐赠收入、主管部门集中收入、政府收入的利息收入、罚没收入以及彩票公益金等七类由其他部门征收的非税收入。

一、国有资本收益

（一）概述

国有资本收益是指国家以所有者身份凭借其拥有的资本取得的收入。国有资本收益包括国有资本分享的企业税后利润，国有股股利、红利、股息，企业国有产权（股权）出售、拍卖、转让收益和依法由国有资本享有的其他收益。国有资本经营收益是政府非税收入的重要组成部分，应当严格按照规定将其及时足额上缴财政。

（二）预算类型

国有资本收益在我国现行的预算管理实践中被称为国有资本经营收入，包括列入一般公共预算的国有资本经营收入和列入国有资本经营预算的国有资本经营收入。

知识链接

一般公共预算与国有资本经营预算下国有资本经营收入的区别

从政府收支分类科目表中可以发现一般公共预算和国有资本经营预算这两本预算下都有一个款级科目“国有资本经营收入”（科目代码：10306），那么二者有什么区别呢？

国有金融资本的经营收入主要在一般公共预算中管理，而非金融国有资本经营收入主要在国有资本经营预算中管理。这跟目前我国的国有资产管理体制有关。我国国有金融资本管理与实业资本管理相隔离，受国务院委托，与前者相关的金融国有资产由财政部管理，与后者相关的实业国有资产由国资委管理。目前，我国正在积极推动建立金融企业国有资本经营预算制度，以后有望将金融企业的国有资本经营收入统一纳入国有资本经营预算。

1. 纳入一般公共预算管理的国有资本收益。

纳入一般公共预算管理的国有资本经营收入，在国有资本经营收入款级科目下设置：利润收入，股利、股息收入，产权转让收入，清算收入，国有资本经营收入退库，国有企业计划亏损补贴，烟草企业上缴专项收入以及其他国有资本经营收入等共计 8 个项级科目，并且在项级科目下进一步设置若干目级科目。

列入一般公共预算管理的国有资本收益的使用遵循“统收统支”原则，即其支出并无固定的方向，由政府统筹用于各项支出项目。

2. 纳入国有资本经营预算管理的国有资本收益。

根据《中华人民共和国预算法》第十条规定：“国有资本经营预算是对国有资本收益作出支出安排的收支预算。”国有资本经营预算的收入是指各级人民政府及其部门、机构履行出资人职责的企业（即一级企业，下同）上交的国有资本收益，主要包括：国有独资企业按规定上交国家的利润；国有控股、参股企业国有股权（股份）获得的股利、股息；企业国有产权（含国有股份）转让收入；国有独资企业清算收入（扣除清算费用），以及国有控股、参股企业国有股权（股份）分享的公司清算收入（扣除清算费用）；其他国有资本收益等。

国有资本经营预算的支出主要包括：①资本性支出。即根据产业发展规划、国有经济布局和结构调整、国有企业发展要求，以及国家战略、安全等需要，安排的资本性支出。②费用性支出。即用于弥补国有企业改革成本等方面的费用性支出。③其他支出。按照《国务院关于试行国有资本经营预算的意见》（国发〔2007〕26 号）规定：国有资本经营预算的具体支出范围依据国家宏观经济政策以及不同时期国有企业改革和发展的任务，统筹安排确定；必要时，可部分用于社会保障等项支出。从具体预算科目上来看，国有资本经营预算支出包括补充社保基金支出、解决历史遗留问题及改革成本支出、国有企业资本金注入、国有企业政策性补贴、金融国有资本经营预算支出以及其他国有资本经营预算支出等方面的支出。

二、中央银行收入

（一）概述

中央银行收入是指中国人民银行按照规定上缴国家的收入，按照相关法律法规征收，具体包括利息收入、业务收入、对外投资收益、租赁收入、赔款收入和其他收入。

（二）基本情况

人民银行上缴利润是我国的惯例做法，符合我国法律规定。中央银行利润上缴财政，也是世界主要经济体的通行做法，《美联储法案》《日本银行法》《英格兰银行法》中都有类似的规定。

《中国人民银行法》第三十八条规定："中国人民银行实行独立的财务预算管理制度。中国人民银行的预算经国务院财政部门审核后，纳入中央预算，接受国务院财政部门的预算执行监督。"由此可见央行的预算属于中央的部门预算，每年都会对外公布其部门预算。

《中国人民银行法》第三十九条规定："中国人民银行每一会计年度的收入减除该年度支出，并按照国务院财政部门核定的比例提取总准备金后的净利润，全部上缴中央财政。中国人民银行的亏损由中央财政拨款弥补。"也就是说央行每年赚的钱扣除支出并计提总准备金之后要向财政上缴利润。另外，我们国家的外汇储备收益是并入央行大账的，即通过央行的净利润依法上缴财政。

按照《2024 年政府收支分类科目》规定，中央银行收入反映在一般公共预算之中，具体通过非税收入（103 类）国有资本经营收入（06 款）利润收入（01 项），中国人民银行上缴收入（01 目）等科目来反映。

三、以政府名义接受的捐赠收入

（一）概述

以政府名义接受的捐赠收入即政府性捐赠收入，是指以各级政府、国家机关、实行公务员管理的事业单位、代行政府职能的社会团体以及其他组织名义接受的非定向捐赠货币收入。政府性捐赠收入不包括定向捐赠货币收入、实物捐赠收入以及以不实行公务员管理的事业单位、不代行政府职能的社会团体、企业、个人或者其他民间组织名义接受的捐赠收入。

以政府名义接受的捐赠收入按照收入的来源可以分为来自国外的捐赠收入和来自国内的捐赠收入。

（二）预算管理

以政府名义接受捐赠收入采取直接缴款方式，全额纳入财政一般公共预算管理，由接受政府性捐赠收入的单位严格按照专款专用的原则，与相关财政资金统筹使用，充分发挥捐赠资金的使用效益。以政府名义接受的捐赠收入在《2024 年政府收支分类科目》中列一般公共预算收入第 103 类 08 款“捐赠收入”，为中央和地方共用收入科目。

四、主管部门集中收入

（一）概述

主管部门集中收入主要指国家机关、实行公务员管理的事业单位、代行政府职能的社会团体及其他组织集中所属事业单位收入，这部分收入必须经同级财政部门批准。

目前，随着我国事业单位改革进程的逐渐深入，事业单位与主管部门的关系将只局限于业务管理或者指导方面，经济和财务上的联系纽带将被切断，逐步取消主管部门集中事业单位收入。现在为数不多的主管部门集中收入也要实行收支脱钩的管理方式，主管部门集中收入统一上缴财政，由财政纳入一般公共预算中统筹管理。

（二）预算管理

1. 主管部门集中收入的收入预算管理。

各级主管部门要全面清核所属事业单位非财政拨款收入，按要求将所属事业单位本年度尚余的非财政拨款收入集中缴入主管部门账户，主管部门集中收入后，及时足额缴入财政非税收入汇缴专户，不得隐瞒、滞留、截留、挪用和坐支。按照《2024 年政府收入分类科目》要求，主管部门集中收入列在一般公共预算下 103 类 99 款“其他收入”04 项“主管部门集中收入”科目。

2. 主管部门集中收入的支出预算管理。

主管部门集中收入原则上安排统筹部门事业发展相关重点支出。支出安排时，主管部门按预算管理程序向财政部门提出支出预算安排申请，财政部门根据主管部门申请，按政策安排相关支出。

五、政府收入的利息收入

（一）概述

政府收入的利息收入即政府财政资金产生的利息收入，是指政府的税收和非税收入产生的利息收入。政府收入的利息收入主要包括国库存款利息、政府持有的有价证券利息和其他利息收入。

（二）预算管理

政府收入的利息收入按照规定，统一纳入政府非税收入管理范围。根据财政资金性质，对其存放在金融机构产生的利息或比照银行贷款利率收取的利息收入，实施统一管理，对所有利息收入全部解缴国库，并按规定用途使用，严禁坐支。按照目前的预算管理规定，政府利息收入在《2024 年政府收支分类科目》中纳入一般公共预算中的 103 “非税收入类” 07 款 “国有资源（资产）有偿使用收入” 05 项 “利息收入”。

知识链接

国库存款的计息规定的变化过程

1989 年发布的《中华人民共和国国家金库条例实施细则》第七十六条规定，各级财政在银行的财政库款和预算外存款，均不计利息。

1998 年 3 月，中国人民银行发布《中国人民银行关于改革存款准备金制度的通知》，对金融机构存款准备金制度进行了改革。该通知明确：金融机构吸收的中央预算收入、地方金库存款和代理发行国债款项等财政存款需全额划缴人民银行，金融机构办理的财政存款中的机关团体存款、财政预算外存款划为金融机构的一般存款。这为明确财政存款计息办法提供了依据。

1999 年《人民币利率管理规定》第十八条明确：金融机构办理的财政存款，应全额划缴人民银行的部分一律不计息，不需划缴人民银行列为金融机构一般存款的部分按单位存款利率计息。

2002 年 12 月，财政部与中国人民银行联合发布《国库存款计付利息管理暂行办法》，开始实行国库存款计息，这是新中国成立以来财政资金首次按照货币市场化计价。按照该办法规定，各级财政机关应当加强对利息收入的使用管理。库款计息收入纳入各级财政预算，按照一般（公共）预算收入统筹安排使用，不得转为账外收入。应当支付的代理银行资金汇划手续费、代理业务费等相关费用，以及与财政国库管理制度改革相关的其他费用，通过各级财政预算安排，不与国库存款利息收入挂钩。

六、罚没收入

（一）概述

根据财政部2020年制定的《罚没财物管理办法》（财税〔2020〕54号）规定：罚没收入是指罚款、罚金等现金收入，罚没财物处置收入及其孳息。罚没财物，是指执法机关依法对自然人、法人和非法人组织作出行政处罚决定，没收、追缴决定或者法院生效裁定、判决取得的罚款、罚金、违法所得、非法财物，没收的保证金、个人财产等，包括现金、有价票证、有价证券、动产、不动产和其他财产权利等。执法机关，是指各级行政机关、监察机关、审判机关、检察机关，法律法规授权的具有管理公共事务职能的事业单位和组织。

（二）预算管理

按照目前的预算管理规定，罚没收入在《2024年政府收支分类科目》中纳入一般公共预算中的103项“非税收入类”05款“罚没收入”。

七、彩票公益金

（一）概述

彩票公益金是从彩票发行销售收入中按规定比例提取的，专项用于社会福利、社会救助、体育等社会公益事业的资金。彩票公益金大部分是按照国家规定比例从彩票销售收入中提取的一部分资金，一小部分是逾期未兑奖的奖金。

（二）预算管理

按照目前的预算管理规定，彩票公益金收入在《2024年政府收支分类科目》中纳入政府性基金预算中的103类01款55项“彩票公益金收入”，彩票公益金支出列入229类“其他支出”中的60款“彩票公益金安排的支出”。

本章思考题

1. 特许经营收入的定义是什么？有哪些分类？
2. 油价调控风险准备金的申报期限是何时？
3. 我国非税收入 12 类都包括哪些？

第八章　非税收入征收管理

【学习目标】本章主要介绍税务部门非税收入的征收实务。通过本章学习，了解税务部门非税收入征收概况及具体流程等。

第一节　征收管理概述

一、非税收入征收管理概况

随着经济社会发展和国家税收征管体制改革与完善，税务部门非税收入征管职责也在持续调整，在经历了授权征收、局部改革、全面实施三个阶段后，非税收入征管职责划转改革于 2023 年全面圆满收官。截至 2024 年 6 月 30 日，税务部门在全国统一征收 28 项中央非税收入项目，在部分地区征收 40 个省级项目。

税务部门非税收入征收管理是一个涵盖政策研究、制度建设、信息系统、缴纳服务、统计核算、收入分析、风险管理等工作的完整业务流程。具体包含费种认定、费款申报（确认）、费款缴纳和证明开具、收入核算分析、风险管理和违规行为处置等征管环节。

二、非税收入征收管理的特点

（一）涉及范围广

总体而言，非税收入征收对象涉及的行业和领域很广泛。税务部门征收的非税收入涉及土地、矿产、电力、石油、广告等多个领域，一些项目与税收管理高度关联，一些项目与资源、价格及相关行业管理联系紧密，不同项目需要掌握的知识、了解的情况都不太一样，具有较强的专业性。各项非税收入往往具有特定征收目的，相关项目的收缴政策制定、征收标准确定、征缴信息采集、资金调度管理等工作都与相关职能部门的职责履行紧密相关，做好非税收入的征收管理需协调发展改革委、财政、自然资源、交通运输、水利、住房和城乡建设、残联等多个政府部门或社会团体，协调任务重，工作量大。

（二）费制要素多

非税收入的费制要素通常包括征收范围、征收对象、征缴方式、缴费时限、缴纳地点、入库科目及级次等。各项非税收入项目涉及的费制要素各不相同，有时同一费种同一要素在不同地区也有差异。例如，国家重大水利工程建设基金的征收标准在全国30个省（区、市）各不相同，多达10余种。又如，各省残疾人就业保障金中应安置残疾人比例有1.5%、1.2%、0.8%等多种规定。再如，水利建设基金在不同地区有不同名称和征收方式：在天津、广东等省市为防洪工程维护费，在湖北为河道堤防工程修建维护管理费；吉林按上年销售收入或营业收入的1%缴纳，云南按照上网销售电量，由电网公司按照2分/千瓦时代征。各个项目的收入分成方式也呈现多样化：既有按比例分成的，如水土保持补偿费10%归中央，90%归地方；也有按地区区分的，如国家重大水利工程建设基金，北京等14个省市的收入属于中央收入，山西等16个省属于地方收入；还有按照缴费对象归属确定的，如国有资本收益，中央企业缴纳的属于中央收入，地方企业缴纳的属于地方收入。

（三）征管差异大

税务部门征收的非税收入项目，既有文化事业建设费、残疾人就业保障金等独立征收的项目，也有教育费附加、地方教育附加等随增值税、消费税附征的项目，还有国家重大水利工程建设基金等随电价附征、由电网企业代征的项目。性质上，既有石油特别收益金、油价调控风险准备金等具有收入调节属性的项目，也有多项“类税”属性较强的政府性基金项目。征期上，既有按季、按月申报的，也有按次申报的，还有全年一次性缴纳等多种情况。征收模式上，税务部门征收非税收入一直处于摸索和改革进程中，形成了多种多样的征管模式，如：教育费附加、地方教育附加等项目是税务部门直接征收；国家重大水利工程建设基金、农网还贷资金等项目是委托电网企业代征。征管系统应用上，大多数项目都使用金税三期核心征管系统进行征收，但也有少数项目（主要是省级项目）使用财政非税收入征缴系统，还有使用当地开发的特色软件。

（四）分化度高

从预算管理来看，税收只在一般公共预算中核算，非税收入却需要分别列报在一般公共预算、政府性基金预算、国有资本经营预算等三本预算的众多科目之中，每项收入的入库级次、分成比例、支出渠道都有明确规定，不得随意调整和混淆。从近年收入规模看，税务部门目前征收的非税收入项目中，既有超万亿级的国有土地使用权出让收入，也有千亿级的教育费附加、地方教育附加，还有百亿级的矿产资源专项收入、残疾人就业保障金、文化事业建设费、水利建设基金、可再生能源发展基金等项目，其中国有土地使用权出让收入占比九成左右，其他60多个项目收入占比不足一成。从管理实践看，虽然百亿元以下非税收入项目收入占比小，但涉及领域多、覆盖面广，税务部门投入的征管成本并不比收入规模占比大的项目少，均需要一费一策，精细化管理。

三、非税收入征管职责划转改革

（一）改革历程

1. 授权征收阶段（1986年—2015年9月）。

1986年开始，税务部门按照国务院有关规定及相关部门授权，陆续负责教育费附加、地方教育附加、文化事业建设费和废弃电器电子产品处理基金的征收工作。1986年，国务院规定从1986年7月1日起由税务部门负责征收教育费附加，与产品税、增值税、营业税同时缴纳。1995年，部分省份按照《中华人民共和国教育法》规定，先后决定开征地方教育附加，由税务部门负责征收，2010年为进一步支持地方教育事业发展，财政部要求全国范围内统一征收地方教育附加。1997年，全国范围内开征文化事业建设费，由税务部门负责征收。2012年，税务部门又按照有关规定在全国范围内负责征收废弃电器电子产品处理基金。

其后，大部分省份的税务部门按照当地政府的要求陆续征收了残疾人就业保障金，少数省份还征收了地方水利建设基金（含防洪工程维护费）、城镇垃圾处理费、水土保持补偿费、地方大中型水库库区基金、国家重大水利工程建设基金（地方部分）、外商投资企业土地使用费、海上石油矿区使用费、陆上石油矿区使用费等非税收入。部分省市税务部门还接受工会委托，代为征收了不属于非税收入的工会经费。

2. 局部改革阶段（2015 年 10 月—2017 年底）。

2015 年 10 月，中共中央办公厅、国务院办公厅出台《深化国税、地税征管体制改革方案》，明确要求要发挥税务部门税费统征效率高等优势，按照便利征管、节约行政资源的原则，将依法保留、适宜由税务部门征收的行政事业性收费、政府性基金等非税收入项目，改由地税部门统一征收。

其后，部分省市政府按照方案的要求，陆续将 10 余项非税收入项目交给税务部门征收。例如：北京市将城市基础设施配套费、防空地下室易地建设费、国家电影事业发展专项资金、无线电频率占用费、彩票公益金、彩票发行和销售机构业务费 6 项非税收入交由税务部门征收；云南省将防空地下室易地建设费、国家电影事业发展专项资金、无线电频率占用费、国有资产有偿使用收入（包括出租收入、处置收入、利息收入）、国有资本收益、土地复垦费 6 项非税收入交给税务部门征收。

3. 全面实施阶段（2018—2023 年）。

2018 年 3 月，党的十九届三中全会审议通过的《深化党和国家机构改革方案》明确指出：为降低征纳成本，理顺职责关系，提高征管效率，为纳税人提供更加优质高效便利服务，将省级和省级以下国税地税机构合并，具体承担所辖区域内各项税收、非税收入征管等职责。中共中央办公厅、国务院办公厅随之出台了《国税地税征管体制改革方案》，要求按照“便民、高效”的原则，合理确定非税收入征管职责划转到税务部门的范围，对依法保留，适宜划转的非税收入项目，成熟一批划转一批，逐步推进。自此，非税收入征管职责划转改革正式拉开序幕。

非税收入征管职责划转到税务部门，是以习近平同志为核心的党中央作出的重大决策部署，是国税地税征管体制改革的重要内容，是坚持以人民为中心促进政府职能转变、优化营商环境、提升国家治理水平、推动高质量发展的重要举措。通过改革，构建起职责清晰、流程顺畅、征管规范、便民高效的非税收入征缴体制机制，进一步推进非税收入法制化进程。

（1）划转原则。

由于非税收入具有种类项目多、全面承接难，征收主体多、部门协调难，缴费环节多、统一规范难，缴费对象多、直接征收难，政策口径多、公正执法难的特点，确定哪些非税收入适宜税务部门征收，需要有一定的选择标准。财政部和国家税务总局着眼于有利于便民办事缴费、有利于财政收支管理、有利于税务征管高效、有利于部门正常履职，进而提高国家治理能力的考虑，提出非税收入征收职责划转改革应当遵循“依法、统一、便民、高效”的原则。

一是依法。国务院大力清理非税收入，政府工作报告多次提出要为市场主体减轻负担，坚决取消不合理收费。税务部门统一征收的非税收入应该是符合国务院、财政部规定的项目。对可能纳入清理范围的非税收入，不纳入改革范围。

二是统一。征收范围较为普遍，征收标准相对统一的非税收入项目，可统一改由税务部门征收。例如，可再生能源发展基金、国家重大水利工程建设基金等随电价附征的政府性基金。

三是便民。非税收入划转税务部门征收，要能进一步简化缴费人办事环节，方便办理缴费。例如，财政部原驻各地监察专员办事处征收的非税收入项目划转税务部门征收，能够实现“税费统缴”，减轻企业负担。

四是高效。缴费人、计费依据等与税收具有关联性的非税收入由税务部门征收，更有利于发挥税务部门税费“同征、同管”的优势，也更有利于提高征收效率，如按增值税、消费税一定比例征收的水利建设基金。

（2）划转范围。

财政部和国家税务总局根据《国税地税征管体制改革方案》明确的“合理确定非税收入征管职责划转到税务部门的范围，对依法保留，适宜划转的非税收入项目，成熟一批划转一批”工作要求，结合非税收入征管实际，在征求主管部门意见基础上，经国务院同意，区分不同情况明确了划转范围。

一是对税务部门已经征收的5项非税收入，继续履行征管职责，包括教育费附加、地方教育附加、文化事业建设费、废弃电器电子产品处理基金、残疾人就业保障金5项。

二是对中央设立项目由财政部确定具体范围，经国务院同意后，统一划转税务部门征收。具体实施时，由相关部门按照“依法、统一、便民、高效”的划转原则，对全国性非税收入项目逐项进行研判，将依法设立、具有公共性普遍性、适宜税务部门征收的项目报经国务院批准后划转税务部门。

三是省级设立的非税收入项目由省级人民政府比照国家确定的划转原则，商国家税务总局后确定划转范围。从全国来看，省级非税收入项目数量较多，名称、对象、标准不尽一致，多为工本费用一类的项目，且费权在地方，不宜纳入全国统一划转范围，由各省政府自行明确是否划转。对机构改革前各地国税、地税部门已征收的非税收入项目，原则上在原实施范围内由新组建的税务部门继续承接。个别省已委托地税部门征收的，由新组建的税务部门继续征收。

四是部分非税收入不适宜划转税务部门征收。①工本费用类。群众办事当场缴纳、当场办结的费用和事项，如果交由税务部门征管，会增加办事环节，不符合“放管服”改革精神，如签证费、证照费、考试考务费等。地方设立的行政事业性收费也基本属于此类。②直接缴库类。这类收费由有关单位、企业、个人一次性通过银行缴纳或划转财政部门，渠道已经较为通畅。罚没收入、中央银行收入、以政府名义接受的捐赠收入、主管部门集中收入、政府收入的利息收入等就属于此类。③监管服务类。这类非税收入与职能部门的监管业务、技术手段等结合紧密，计费依据由相关部门确定，税务部门不具备单独当场办事、征收条件。如特种设备检验检测费、航空业务权补偿费等。④待清理类。各地存在少数法律依据不充分、不明确、有争议、有待清理的非税收入，这类项目也不宜划转。

（3）分步划转。

在税务系统和有关部门的共同努力下，自 2019 年 1 月 1 日起，财政部原驻各地专员办征收的 11 个项目，以及北京的世界文化遗产门票收入、山西的市政公共资源有偿使用收入、湖南的河道砂石资源开采权出让收入等 21 个省级项目划转税务部门征收，收入规模约 1400 亿元。自 2020 年 1 月 1 日起，水利建设基金和国家重大水利工程建设基金地方部分，以及园林绿化补偿费、绿化用地面积补偿费 2 个省级项目划转税务部门征收，收入规模约 200 亿元。自 2021 年 1 月 1 日起，水土保持补偿费、地方水库移民扶持基金、排污权出让收入、防空地下室易地建设费 4 项，以及河道砂石经营收益、青海湖景区旅游门票等 17 个省级项目划转税务部门征收。自 2021 年 7 月 1 日起，土地闲置费、生活垃圾处理费全面划转税务部门征收；国有土地使用权出让收入、矿产资源专项收入、海域使用金、无居民海岛使用金 4 个项目，在河北、内蒙古、上海、浙江、安徽、青岛、云南 7 个省市先行开展划转试点，其他地区同步开展全面划转的准备工作。自 2022 年 1 月 1 日起，在部分地区试点的基础上，国有土地使用权出让收入等 4 个项目全面实施划转。自 2023 年 1 月 1 日起，森林植被恢复费、草原植被恢复费 2 个项目划转税务部门征收。至此，适宜划转的非税收入已全部完成划转。截至 2023 年 1 月，税务机关征收的非税收入中央项目共计 29 项，省级项目 40 项，收入规模约 9 万亿元。

此外，2019 年下半年，上海、深圳、西藏三地税务部门全力推进残疾人就业保障金划转工作。上海、深圳两市先期发布划转文件，税务部门分别在 2020 年 10 月和 11 月开始承接征收职责。西藏自治区于 2020 年 10 月制发划转文件，自 2021 年 1 月 1 日起将残疾人就业保障金交由税务部门征收。自此，全国各省（区、市，含计划单列市）残疾人就业保障金均由税务部门征收。

（二）征管职责划转给税务工作带来的变化

1. 职能作用更加全面。

一是筹集财政收入的范围更广。税收只在一般公共预算中核算，非税收入分布在一般公共预算、政府性基金预算、国有资本经营预算等三本预算之中。非税收入征收职责划转后，税务部门筹集的财政收入范围更广、种类更多。二是对经济社会的调节更加有力。非税收入的征收目的主要体现在减少拥挤和补偿成本、减少负外部效应和实现国有资产保值增值等方面，承担更多的调控职能作用。三是对社会经济的参与更加深入。非税收入征收职责划转后，随着税务部门筹集财政收入的渠道增加，更容易通过税收和非税收入的协同管理体现国家政策导向，引导纳税人和缴费人的经济行为，税务部门参与社会经济的广度与深度不断拓展。

2. 征收管理更加专业。

一是非税收入涉及领域更深入。非税收入一般具有特殊的征收目的、特定的征收对象和专门的资金用途，不同项目征收范围和征收对象各不相同，涉及领域通常较为特殊。如税务部门征收的非税收入涉及土地、石油、核电、矿产资源、森林、草原、国家重大水利建设等对国家发展具有战略意义的重要领域。二是非税收入政策执行要求专业知识更丰富。由于征收对象和征收范围较为特殊，非税收入的计征方法和政策口径常常更具专业性，税务部门“收好费”需要补充相关领域专业知识。三是信息处理更加专业。非税收入计征方法和政策口径的专业性决定了非税收入征缴信息的采集和利用，具有不同于税收领域常规经济信息处理的特殊要求和规则。而且，部分非税收入项目涉及国家战略安全，相关征缴信息处理和传输的安全性要求也较高。

3. 信息共享更加广泛。

一是对接协调的部门多。非税收入来源渠道复杂多样，各项目的征收对象和征管范围差异大，涉及领域广，履行好非税收入征管职能需要与财政、发展改革委、住房和城乡建设、水利、自然资源、交通运输、残联等多个政府部门或社会组织进行对接协调。二是征缴信息的品类多。非税收入征管领域的特殊性、征收对象的专业性和对接部门的广泛性，决定了非税收入征缴过程中采集到的经济运行信息品种多、类型全，可以有效扩展税务部门的信息来源。三是信息共享的时效性强。非税收入的征收、管理和使用与相关部门依法履职、提供公共服务或准公共服务的过程紧密相关。一方面，税务部门需要及时获取职能部门的管理信息，以做实费基；另一方面，职能部门也需要及时获取非税收入征缴信息和入库信息，以实施监管、安排开支。

四、非税收入征管的基本思路

按照非税收入征收职责划转改革的有关要求，基于相关非税收入项目特点，结合税务部门征收经验，税务部门非税收入征收管理的总体思路是分类管理、税费协同、兼顾个性、协作共治。

（一）分类管理

综合非税收入项目的征收对象、征缴方式和管理特点等情况，将税务部门目前征收的非税收入划分为以下类型进行分类管理，分类确定征管流程，分类制定征管规范，提升征管质效。

一是土地出让类，主要包括国有土地使用权出让收入和土地闲置费。

二是资源资产类，中央项目中主要涉及油价调控风险准备金、石油特别收益金、国家留成油收入、免税商品特许经营费收入、矿产资源专项收入、海域使用金、无居民海岛使用金、水土保持补偿费、森林植被恢复费、草原植被恢复费 10 个非税收入项目，省级项目中的河道砂石资源有偿使用收入、公共户外广告资源有偿使用收入、利用政府投资建设的城市道路和公共场地设置的停车泊位经营权转让收入等项目也属于此类。

三是电力能源类，主要包括国家重大水利工程建设基金、农网还贷资金、可再生能源发展基金、中央水库移民扶持基金、三峡电站水资源费、水利建设基金、地方水库移民扶持基金、核电站乏燃料处理处置基金、核事故应急准备专项收入等项目。

四是城市管理类，税务部门征收的中央项目中防空地下室易地建设费、排污权出让收入、生活垃圾处理费属于此类，各省税务部门接收的省级划转项目中有很多都可划入此类管理，如城市园林绿化补偿费、城市绿化用地面积补偿费等。

五是社会事业类，主要包括教育费附加、地方教育附加、文化事业建设费、残疾人就业保障金 4 项非税收入项目。

（二）税费协同

从服务角度看，纳税服务与缴费服务的共同点多、差异性小，缴费政策咨询宣传辅导多与纳税服务同步进行，开展税费“一并申报、同窗办理”缴费特色服务，实施税费优惠“一站式”联申联办，能够有效增强缴费人获得感，提升满意度。

从征管角度看，教育费附加、地方教育附加等项目，自设立以来一直由税务部门随增值税、消费税一并征管，征缴期限与增值税、消费税一致，即按月或按季度申报缴费，征收管理的规律性较强，业务上与增值税、消费税关联紧密。特别是教育费附加和地方教育附加受营改增、增值税税率简并、大规模减税降费等重大改革和政策措施影响，政策调整相对频繁，涉及面广，从税费合并申报入手开展税费协同管理能够更好地实现便民、高效。此外，缴费人在计算缴纳残疾人就业保障金的过程中，需要填报缴纳单位的从业人员数量、职工工资总额、职工年平均工资等，这些数据是企业所得税和个人所得税征收管理的重要依据，实施税费协同管理，既可以方便缴费人计算和申报缴费，又能有效提高政策落实的精准度。

从风险防控角度看，以税费风险一体应对为原则，深入分析税费关联特点，融合利用税费数据资源，研究建立非税收入风险管理模型，结合税务系统内控管理推进情况，逐步实现非税收入风险管理内生化，实现监督功能与业务运用高度融合，内外风险一体布防。

（三）兼顾个性

与税收相比，税务部门征收的非税收入特征非常明显，既具有收费方式灵活、政策调整较为频繁、收入来源不确定、资金使用特定等特点，又在征收对象、计费依据或征缴环节方面与流转税、所得税或财产行为税存在较强的关联性，体现出许多“类税”的因素。科学实施非税收入征收管理既要体现其“类税”的共性，又要兼顾好具体项目“非税”的个性。

从加强非税收入管理、防范执法风险的角度考虑，税务部门非税收入征管尽量与税收保持一致，且各项目征管流程和执法程序相对统一，“全国一盘棋”，更有利于实现征缴规范、执法统一，能够更好地突出税务部门征管优势。从便利缴费人的角度考虑，非税收入申报缴费系统的前台界面也应当易懂好填、友好简便，通过细化后台参数配置和规则等方式，整合缴费申报表单，简化申报流程，实现“多费一表”，便捷申报、智能校验、实时统计。

同时，为实现依法征收，必须注意各个费种在费制要素、征管方式、征收环节等方面的鲜明特点，非税收入缴费申报系统的后台配置需要准确体现各费种的费制要素，在费种设置、参数配置、逻辑校验和更新维护等方面应当具备较强的灵活性，真正做到“一费一需”。此外，税务部门征收的非税收入项目在征管范围和征收标准上区域性特征明显，征管信息系统的配置也要“因地制宜”。

总之，税务部门非税收入征管要充分体现非税收入征管的特殊性，保证非税收入征缴依法、合规、便民的同时，通过打通“税”与“非税”征管信息的应用壁垒，实现税源和费源整合、征税与收费协同，以充分发挥税务部门在组织收入方面的专业优势。

（四）协作共治

非税收入项目划归税务部门征收管理，可以通过推进政府部门之间的信息互联互通，强化信息共享平台建设，完善相关技术方案和管理制度，在税务部门与相关职能部门之间开展征缴信息互联互通即时共享，实现“税务收、财政管、部门支、审计查”的多部门共管模式，逐步建立以各级政府为主导，财政、税务和行业管理等相关职能部门各司其职、密切配合的合作机制，各部门在法制建设、征缴管理、信息共享、平台建设、行政执法、缴费服务等方面加强协作，保证非税收入“颗粒归仓”“取之于民、用之于民、造福于民”，合力推动非税收入征收管理和服务质量提升，促进非税收入管理可持续发展，最终形成“资源共用、信息共享、风险共防、舆情共管、税费共育、政策共宣、制度共建、效应共析、问题共商、经验共推”的局面。

第二节　费种认定

一、业务概述

费种认定，是指税务部门根据缴纳义务人、扣缴义务人及受托代征人报告的身份信息以及税收征管工作中依法取得的其他相关信息，结合相关认定管理、缴费优惠管理等信息，依照法律、行政法规规定，对缴费人具有申报缴费义务的非税收入项目进行认定及变更，为费款征收提供信息的过程。相关认定信息可为统计、核算等后续工作提供数据来源。自然人和无固定期限按次申报的缴费人可不进行费种认定。

费种认定时，按照还权责于缴费人的管理理念，由缴费人根据自身生产经营范围和发生的应费行为，依法选择相应费种申报缴纳费款，税务部门仅负责维护征收属性相关内容。

二、业务依据

由税务部门征收的非税收入项目，业务依据包括国务院及财政部门颁布的行政法规与部门规章，以及各地制定的非税收入地方性法规、地方政府规章与管理条例等。总体而言，2019 年 1 月 1 日前由税务部门征收的教育费附加、地方教育附加、文化事业建设费、残疾人就业保障金和废弃电器电子产品处理基金 5 项非税收入在开征相关项目的法规或文件中已明确由税务部门负责征收，税务部门可以据此进行费种认定。2019 年 1 月 1 日以后陆续划转至税务部门征收的非税收入，主要依据财政部发布的有关划转通知开展费种认定。

三、业务流程

费种认定业务流程如图 8－1 所示。

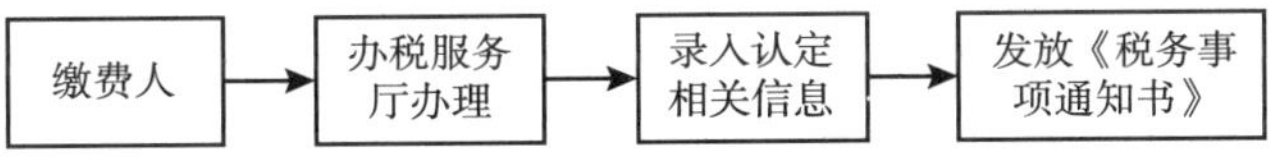

图 8－1　费种认定业务流程

缴费人完成身份信息报告或签订委托协议后，进行首次费种申报。在税务部门征收的各项非税收入项目中，文化事业建设费的费种认定还要以缴费信息报告为前置条件。

税务部门办税服务厅受理此项业务。

第三节　费款申报

非税收入费款申报，是指缴费人应当依照非税收入法律、法规、规章及其他有关规定，在履行缴费义务时，填写应缴费项目所适用的非税收入类申报表，以及其他要求报送的相关资料，向税务部门进行缴费申报，税务部门根据缴费人报送的信息和资料征收费款的活动。费款申报事项主要包括：费款申报、申报错误更正、优惠管理和汇算清缴等业务。

一、费款申报

缴纳义务人、扣缴义务人和受托代征人应当按照规定的期限和程序，采用自行申报方式向税务部门办理非税收入费款申报等有关事项。费款申报分为非税收入通用申报和特殊费种个性化专项申报两种方式。通用申报在下文中详细介绍，特殊费种专项申报表单如表 8 - 1 所示。

表 8 - 1　　特殊费种专项申报表单

非税收入项目	适用申报表
教育费附加和地方教育附加	《增值税及附加税费申报表》 《消费税及附加税费申报表》
文化事业建设费	《文化事业建设费申报表》
残疾人就业保障金	《残疾人就业保障金缴费申报表》
废弃电器电子产品处理基金（已停征）	《废弃电器电子产品处理基金申报表》
石油特别收益金	《石油特别收益金申报表》
油价调控风险准备金	《油价调控风险准备金申报表》

各非税收入项目的申报期限及附送资料，按所申报费种的相关规定执行，申报和缴纳期限最后 1 日是法定休假日的，以休假日期满的次日为最后 1 日，期限内有连续 3 日以上法定休假日的，按休假日天数顺延。

划转税务部门征收的省级非税收入的申报，其申报期限及附送资料由各省、自治区、直辖市、计划单列市根据当地非税收入管理实际制定。

二、非税收入通用申报

为了有效落实非税收入征管职责划转改革“便民、高效”的目标要求，税务部门在深入研究分析有关项目费制要素和申报信息需求的基础上，改变财政部原驻各地专员办征收时“一费一表”的申报方式，将多项非税收入申报表进行整合，制定了《非税收入通用申报表》，实现了“多费一表”申报缴费，既为缴费人申报缴费提供方便，又为税务部门统筹实施非税收入管理奠定征管基础。

（一）适用范围

适用《非税收入通用申报表》的非税收入项目主要包括：国家重大水利工程建设基金、农网还贷资金、可再生能源发展基金、中央水库移民扶持基金（含大中型水库移民后期扶持基金、三峡水库库区基金、跨省际大中型水库库区基金）、三峡电站水资源费、核电站乏燃料处理处置基金、免税商品特许经营费、核事故应急准备专项收入、国家留成油收入、水利建设基金、水土保持补偿费、防空地下室易地建设费、排污权出让收入、地方水库移民扶持基金、土地闲置费、城镇垃圾处理费、国有土地使用权出让收入、矿产资源专项收入、海域使用金、无居民海岛使用金、森林植被恢复费、草原植被恢复费等中央级设立的非税收入项目。由于《非税收入通用申报表》具有填报简便、应用灵活的特点，部分地区划转税务部门征收的省级非税收入项目也选用该申报表进行缴费申报。如户外广告资源有偿使用收入、河道砂石资源开采权出让收入。

（二）业务流程

缴费人可以自行选择在办税服务厅或电子税务局进行申报，通过填报《非税收入通用申报表》或者在《非税收入通用申报表》中确认相关非税收入行业管理部门传递的数据完成申报（如防空地下室易地建设费，缴费人无须填报，在申报时对人防主管部门向税务部门传递数据进行确认即可），业务流程如图8－2所示。

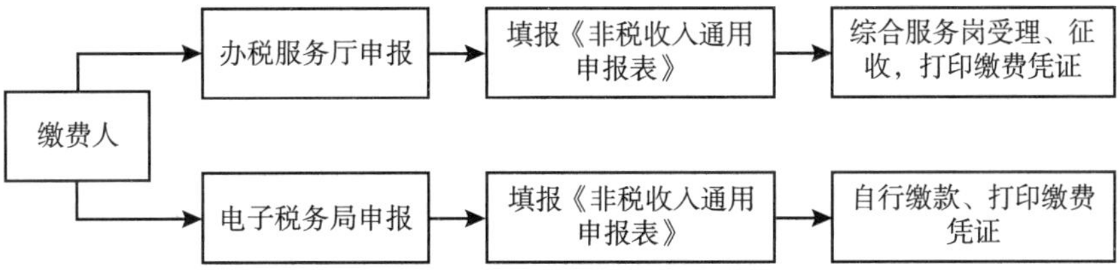

图8－2　非税收入通用申报业务流程

《非税收入通用申报表》及填写说明详见本书附录4。

三、申报错误更正

申报错误更正属于错误补偿功能，缴费人办理缴费申报后，发现数据、征收项目等信息填写错误时，可以通过该功能完成修改更正或作废。包含申报错误更正和申报作废两个具体业务。

（一）业务概述

申报错误更正，是指缴费人办理非税收入缴费申报后，发现申报表存在错误，完成修改更正或作废的过程。申报错误更正时只能以重新填报的形式进行更正或者申报作废，不允许差额更正或补充申报。

（二）业务流程

申报错误更正业务流程如图 8－3 所示。

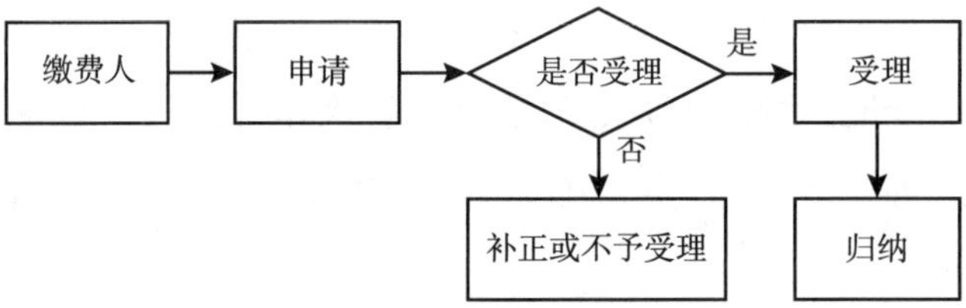

图 8－3　申报错误更正业务流程

缴费人办理申报错误更正业务前，须先完成申报业务，确保系统内存在已申报的申报表。缴费人直接对申报表上的申报数据进行更正的，应提供更正后的相关税（费）种纳税申报表，一式两份；对申报表数据进行作废，事后重新申报的，还应提供《申报表作废申请单》一份。

税务机关的办税服务厅、电子税务局均可受理该申报业务。

四、优惠管理

非税收入优惠政策，是国家为进一步减轻缴费人负担，支持实体经济发展，采取取消、停征、减征、免征或者缓征非税收入，以及调整非税收入的征收对象、范围、标准和期限的一种措施，优惠管理则是税务部门按照非税收入征收管理权限，依法指导缴费人办理优惠政策业务，加强事前、事中、事后管理的系列活动。

（一）享受方式

为深入贯彻“放管服”改革要求，税务机关简化降费政策办理方式，符合非税收入减免政策的，实行“自行判别、申报享受、有关资料留存备查”的办理方式。缴费人自行申报享受，相关资料留存备查，并对资料的真实性和合法性承担责任。

（二）后续管理

优惠政策实行资料留存备查管理方式后，税务机关根据财税法律、法规、规章、规范性文件等规定开展减免后续管理，如风险管理、税务检查等。明确各相关部门、岗位的减免管理职责和权限，对缴费人减免政策适用的准确性进行审核，对不应当享受减免优惠的，依法追缴已享受的减免费款，并予以相应处理。

五、汇算清缴

汇算清缴，是指实行年度汇算清缴的非税收入项目，其缴费人按月（季）申报后，于缴费年度终了后，依照有关规定自行计算全年应缴费额，依法向税务部门申报办理。汇算清缴企业通过《非税收入通用申报表》办理，“本期应补（退）费额”大于0的，于3月31日前补缴入库，小于0的，按照有关规定办理费款退库，等于0的，进行零申报。

对于国家重大水利工程建设基金、可再生能源发展基金、跨省际大中型水库库区基金、大中型水库移民后期扶持基金、地方水库移民扶持基金、三峡电站水资源费和按季缴纳的油价调控风险准备金，缴费人应于次年3月底前向税务部门办理汇算清缴。各省、自治区、直辖市、计划单列市有非税收入汇算清缴相关工作规定的，按其规定执行。

第四节　费款缴纳和证明开具

一、费款缴纳

费款缴纳，是指税务机关依照非税收入相关法律、法规的规定将缴费人应当缴纳的费款组织入库的一系列活动的总称，它是非税收入征收管理工作的中心环节，在整个非税收入征收管理工作中占有重要的地位。费款缴纳主要包括：缴款开票、缴款错误更正、滞纳金加收、退抵费管理等。

（一）缴款开票

税务机关按照保证国家费款及时足额入库、方便缴费人、降低征收成本的原则，确定费款征收的方式。根据缴款方式使用相对应的法定税收票证或非税收入票据。

1. 缴费方式。

大力引导缴费人采用电子方式缴纳费款，加快推进非税收入收缴电子化管理，逐步降低征收成本，提高收缴水平和效率。

（1）实时扣款。已签订三方协议的缴费人在征收系统中发起实时扣款的请求。

（2）自缴核销。缴费人到商业银行采用现金、银行转账等方式进行费款缴纳。

（3）银行端查询缴款。缴费人到商业银行柜台通过银行端查询缴费方式办理缴费业务。

（4）银联 POS 机划卡缴款。缴费人通过银联 POS 机划卡办理缴费业务。

2. 缴款书开具。

税收缴款书是纳税人、缴费人据以缴纳税（费）款，税务机关据以征收、汇总税（费）款的票证。缴费人以银行经收方式，税务收现方式，或者通过横向联网电子缴税系统缴纳费款的，均使用税收缴款书。税收缴款书具体包括《中华人民共和国税收缴款书（银行经收专用）》《中华人民共和国税收缴款书（税务收现专用）》《税收电子缴款书》三种。

（1）《中华人民共和国税收缴款书（银行经收专用）》。由缴费人、税务机关、扣缴义务人向银行传递，通过银行划缴费款到国库时使用的纸质票证。其适用范围是：缴费人自行填开或税务机关开具，缴费人据以在银行柜面办理缴款（转账或现金），由银行将费款缴入国库；税务机关收取现金费款、扣缴义务人扣缴费款后开具，据以在银行柜面办理费款汇总缴入国库；税务机关开具，据以办理“待缴库税款”账户款项缴入国库。《中华人民共和国税收缴款书（银行经收专用）》只能适用于开具纸质票证，并可以采用自缴核销、正划等电子缴款方式，不能用于实时扣款、批量扣款、银行端缴款等电子缴款方式。

（2）《中华人民共和国税收缴款书（税务收现专用）》。缴费人以现金、刷卡（未通过横向联网电子缴税系统）方式向税务机关缴纳费款时，由税务机关开具并交付缴费人的纸质票证。

（3）《税收电子缴款书》。税务机关将缴费人、扣缴义务人的电子缴款信息通过横向联网电子缴税系统发送给银行，银行据以划费款到国库时，由税收征管系统生成的数据电文形式的票证。开具《税收电子缴款书》适用于实时扣款、批量扣款、银行端缴款等电子缴款方式，不得用于收取现金。

当开具《中华人民共和国税收缴款书（银行经收专用）》《税收电子缴款书》时，税务机关应办理“缴（退）库凭证销号”。当开具《中华人民共和国税收缴款书（税务收现专用）》时，应办理“现金票证汇总”业务，将收取的费款以银行划转方式解缴国库进行票款结算，汇总开具现金票证。

（二）缴款错误更正

税务人员在录入各种征收、缴款票证时，可能发生费款的预算科目、级次或其他直接影响统计口径的属性输入错误，税务机关在日常管理、检查中发现前述错误，由税务人员发起缴款错误更正。缴款错误更正只能修改“预算科目”“预算级次”“收款国库”“行业”“登记注册类型”等，不能对“纳税人名称”“开票人”“征收项目”“金额”等征收信息进行更改，也不能改变费款的状态。

（三）退抵费管理

实际工作中，缴费人因种种原因可能造成实际缴纳的费款大于应缴纳的费款（以下简称多缴费款），税务部门根据实际情况将多缴费款予以退还或抵缴其原有欠费，也可抵减其以后期间的应纳费款。税务机关在办理退付手续时，不得将非税收入与税收收入相互抵扣。非税收入退抵费管理包括误收多缴退抵、入库减免退抵、汇算清缴结算多缴退抵、收入退还书开具。

资金入库后需要办理退库的，应当按照财政部门有关退库管理规定办理。除2022年1月1日和2023年1月1日划转的6项非税收入之外，涉及误收误缴、汇算清缴需要退库的，缴费人向主管税务部门申请办理。涉及收入减免等政策性原因需要退库的，按照财政部有关退库管理规定办理。

对于2022年1月1日划转的国有土地使用权出让收入、矿产资源专项收入、海域使用金、无居民海岛使用金，因误收误缴需要退库的，由缴费人向税务部门申请办理，税务部门经严格审核并商有关财政、自然资源部门复核同意后，按规定办理退付手续；其他情形需要退库的，由缴费人向财政部门和自然资源部门申请办理。

2023 年 1 月 1 日划转的森林植被恢复费、草原植被恢复费，入库后需要申请办理退库的，由缴费人向税务部门申请办理，税务部门经严格审核并商有关财政、林草部门复核同意后，按照财政部门有关退库管理规定办理退付手续。

二、缴费证明开具

税务机关根据缴费人、代征单位或其他部门提出的出具一定时期内的缴费状况证明的申请，或者根据缴费人一定时期申报缴费信息，主动为缴费人出具相应的缴费证明。非税收入费款已经征收入库或退库的，可以根据入库费种类型分别开具《税收完税证明》或《中央非税收入统一票据》。

（一）开具《税收完税证明》

1.《税收完税证明》是税务机关证明缴费人已经缴纳费款或者已经退还缴费人、扣缴义务人、受托代征单位费款而开具的纸质缴费票证。其适用范围是：

（1）扣缴义务人代扣代收费款后，已经向缴费人开具非税收入法律法规规定或国家税务总局认可的记载费款缴纳情况的其他凭证，缴费人需要换开正式完税凭证的；

（2）缴费人遗失已缴纳费款的各种缴费票证，需要重新开具的；

（3）对缴费人特定期间费款缴纳情况出具证明的；

（4）国家税务总局规定的其他需要为缴费人开具缴费凭证的情形。

2. 缴费人遗失缴费票证需要税务机关另行提供的，费款经核实确已缴纳入库或从国库退还的，税务机关应当开具《税收完税证明》或提供原缴费票证复印件。

3. 扣缴义务人未按规定为缴费人开具缴费票证的，税务机关核实费款缴纳情况后，应当为缴费人开具《税收完税证明》（表格式）。

（二）转开《税收完税证明》

缴费人通过横向联网电子缴税系统划缴费款到国库（经收处）后或收到从国库退还的费款后，当场或事后需要取得缴款票证的，开具的《税收完税证明》为表格式。

（三）开具非税收入统一票据

2019年以来划转税务部门征收的中央非税收入缴入国库后，缴费人需要凭证的，税务机关为其开具《中央非税收入统一票据》。

缴费人以现金、银行转账方式缴费的，从税务机关获取《中华人民共和国税收缴款书（银行经收专用）》《中华人民共和国税收缴款书（税务收现专用）》后，税务机关可为其换开《中央非税收入统一票据》。

知识链接

土地出让类费款缴纳与证明开具

缴费人缴纳的竞买保证金需抵作土地出让收入的，由保证金收取单位代缴费人向税务机关申报缴纳。以缴费人名义申报时，可以采取银行端查询缴税的方式，通过办税服务厅或网上办税系统生成《银行端查询缴税凭证》，经保证金收取单位签章确认后，送交收取竞买保证金的银行划缴入库。

竞买保证金抵作土地出让收入时，如由保证金收取单位代为申报缴纳的，可在《中央非税收入统一票据》备注栏注明实际缴费人；通过银行端查询缴税方式以缴费人名义申报缴费的，《中央非税收入统一票据》"交款人"栏即为实际缴费人。

第五节　收入核算分析

非税收入核算分析的主要任务包括四个方面：一是组织非税收入会计核算，记录和反映非税收入业务活动，提供非税收入会计信息；二是加强非税收入缴库、退库、调库业务管理，保障费款安全；三是实施非税收入会计监督，规范非税收入业务行为；四是开展收入分析，反映非税收入、经济运行情况，提供决策依据和建议。

一、非税收入会计核算

非税收入会计核算，是指运用会计方法和手段，对非税收入与业务进行全面、综合、连续、系统的核算分析与监督的管理活动。

（一）核算内容

非税收入会计核算的对象是非税收入资金及其运动，即税务部门组织征收的各项非税收入的应征、征收、减免、欠缴、入库和提退等运动的全过程。这里的非税收入资金既包括税务部门负责征收的各项收入，也包括税务部门受托代收的其他收入（工会经费及建会筹备金）。

（二）非税收入会计核算

非税收入会计核算应当以实际发生的非税收入业务为依据，收集和填制会计凭证，登记会计账簿，编制会计报表，对申报、查补、评估、征收、减免、缓征、缴库、退库、调库等非税收入业务进行全面的记录和反映。

非税收入会计核算应当坚持客观性、相关性、连续性原则。

（三）非税收入快报

根据税务部门征收非税收入的资金性质，将非税收入快报项目划分为"一般公共预算收入""政府性基金预算收入""国有资本经营预算收入"三类。代收的工会经费收入在"其他收入"中核算，不在非税收入项目下核算。非税收入设立附录项目：根据预算分配级次设立"中央级收入合计""地方级收入合计"，分别统计各级次收入。

（四）降费核算

非税收入降费核算是按照非税收入减免政策及条款项目设置会计科目，通过申报表和收入退还书等原始凭证采集数据，完整、详细、及时地反映和监督减免业务的非税收入管理活动。

1. 降费核算范围。

降费核算的对象是在既定费制框架下，国家对特定缴费人或特定经济行为，实行照顾性或激励性政策而发生的减征或免征非税收入。

降费核算的减免政策实行减免政策库管理。以下内容不纳入减免政策库，不进行降费核算：费前扣除、低费率、不征费等基本费制安排；分期缴费等不减少应缴费款总额的优惠政策；具有降费效果的新费制安排；非税务机关执行的减免政策；国家税务总局规定的其他政策。

2. 降费核算内容。

税务机关应当设置非税收入减免总账科目及明细科目，对减免业务办理情况进行核算反映。总账下可按照纳税人识别号、费种、减免类型、减免性质分别设置明细科目。

为满足个性化核算需求，还可分优惠政策、分行业、分地区、分征收机关、分缴费人类型等按期、按年累计进行降费核算，便于多维度开展收入分析。

二、数据审核

为全面反映税务部门征收非税收入情况，更好地服务非税收入组织收入工作，在非税收入月度快报正式形成前，各级税务机关对快报数据进行审查和核对，主要从完整性、准确性、适用性三个方面去审核。

（一）数据审核机制

各地税务机关收入规划核算部门、非税收入部门应加强沟通配合，统一数据审核口径，落实非税收入月度快报数据“双审制”，月度快报中非税收入数据由各省级非税收入部门对收入数据进行初审，收入规划核算部门进行复审，两部门一致审核通过后，在规定的时间内上报国家税务总局，确保收入快报数据的质量和时效性。

（二）数据审核内容

（1）准确性审核。准确性审核主要包括两个方面：一是检查数据是否真实、客观地反映了非税收入实际，金额是否符合实际；二是检查数据是否有错误，计算是否正确等。准确性审核从数据的真实性和精确性角度出发，审核的重点是检查核算误差，审核方法主要有逻辑检查、数据的审核和计算检查。

（2）完整性审核。完整性审核主要是检查核算对象是否有遗漏，所有的核算项目或指标是否填写齐全等。

（3）适用性审核。适用性审核主要根据核算的目标和用途，检查数据的来源、口径，确定数据是否符合核算需求。

三、收入分析

收入分析，是税务机关研究解决与非税收入有关的经济社会问题的重要途径和方法，通过收集和整理内部非税收入数据，结合外部信息，运用一定的经济理论和技术方法，查找规律和问题，作为上级领导和政府部门了解经济形势、提供研究费制、制定宏观经济政策和加强非税收入征管的依据，并提出改进措施，服务经济社会发展的一项综合性工作。

收入分析在表现形式上既注重通过收入分析查找问题的过程本身，同时也注重通过实践找到解决问题的方法，总结经验，为领导决策服务，并将经验通过分析报告的形式予以推广，从而形成良性循环。

（一）收入分析机制

收入分析机制的构建是做好收入分析工作的基本体制保障。科学、高效的收入分析运行机制，就是围绕非税收入形势分析、非税收入风险分析、非税收入政策效应分析、经济运行分析4类分析内容，在打造完备的信息数据体系的基础上运用定性和定量的分析方法，明晰各部门、各层级的分析职责，构建横向分工协作、纵向紧密联动的分析制度和各种闭环工作流程，促进收入分析制度化、系统化、科学化的形成，为不断打造收入分析的拳头产品奠定坚实的基础。

（二）收入分析内容

收入分析作为实现非税收入职能的工具和方法，包括4个方面的内容，即非税收入形势分析、非税收入风险分析、非税收入政策效应分析和经济运行分析。

1. 非税收入形势分析。

非税收入形势分析，主要是通过对非税收入走势的研判，从宏观上准确剖析收入增减变化原因，客观反映计划执行中存在的问题，提出加强组织收入工作的措施。

2. 非税收入风险分析。

非税收入风险分析，是运用非税收入、税收与经济运行中的宏观微观数据，开展关键指标比对，发现非税收入征管和缴费遵从中存在的风险点，指引征管资源的合理配置，为组织收入服务。

3. 非税收入政策效应分析。

非税收入政策效应分析，是从事前、事中和事后密切跟踪费制改革和费种政策变动的实施情况，测算政策变动对经济、非税收入的定量影响，提出调整和优化建议。

4. 经济运行分析。

经济运行分析，是利用税务部门的大数据优势，从非税收入视角观察和反映国家经济运行状况，把握经济发展方式转变进程，揭示费源发展变化中值得关注的问题，为各级党委、政府决策提供意见和建议。

（三）收入分析方法

收入分析方法包括对比分析法、因素分析法以及数理统计分析法等方法。

1. 对比分析法。

对比分析法，是将实际数与基数进行对比，计算实际数与基数的差异，分析形成差异的原因，借以了解经济活动的成绩和问题的一种分析方法。

分析时，对比的指标可以是绝对数，也可以是相对数，比较标准包括本期计划数、实际完成数、国内外同行业企业同类指标的先进水平或平均水平等。

对比分析法只适用于同质指标的对比。从非税收入看，常见做法主要是通过各项费种指标之间或者费种与经济指标之间的对比来描述非税收入形势、揭示收入中存在的问题。非税收入数据的对比分析通常包括规模、结构、增减、进度、关联税费等方面的对比分析，非税收入与经济的对比分析主要采用费负和弹性两种方法。

2. 因素分析法。

因素分析法，是从数量方面研究计算经济现象变动中诸因素的影响程度的一种分析方法。

从经济、政策、征管以及特殊因素等方面对非税收入、费源进行分析。其中，经济因素包括经济规模、产业结构、雇员构成以及工资水平等变化情况；政策因素主要是非税收入政策调整对非税收入、费源的影响；征管因素主要包括加强费源管理和各费种管理、清理欠费、查补费款等对非税收入的影响；特殊因素主要是一次性、不可比的增收、减收因素。

因素分析法是统计分析方法之一，是指当某经济指标同时受两个或两个以上因素变动影响时，分析各因素对该指标变动的影响方向和程度，以便找出主要因素，抓住主要矛盾。因素分析法在非税收入分析中有着非常重要的作用。首先，可及时反映经济变化对非税收入的影响程度；其次，用因素分析法进行收入分析，可以确定非税收入增长和减少的主要原因；最后，利用因素分析法可以从众多影响非税收入的费源因素中找出主要因素。

3. 数理统计分析法。

数理统计分析法，是运用相关分析、一元或多元回归分析、时间序列分析等数理统计理论和方法，借助先进统计分析工具，利用历史数据，建立收入分析预测模型，对非税收入与相关影响因素的相关关系进行量化分析的方法。

第六节 风险管理

一、概述

风险管理贯穿于税收工作的全过程，是税务部门运用风险管理理论和方法，在全面分析纳税人和缴费人遵从状况的基础上，针对不同类型不同等级的风险，合理配置管理资源，通过多种风险应对手段，防控风险，提高纳税人和缴费人遵从度，提升税务机关管理水平的税收管理活动。

与税收相比，非税收入具有自身的特点：一是涉及主体多，缴费主体覆盖了企业、机关事业单位、社会组织、自然人等各类群体；二是涉及领域广，征收范围从土地、水、电、油到教育、文化、娱乐，几乎涵盖了经济社会的方方面面；三是管理基础弱，非税收入是从预算外资金逐步演变而来，征收管理不规范的问题相对突出；四是制度依据少，各项非税收入基本是一费一策，有关规定散落于各个领域的文件中，效力层级低，体系性差，并且许多规定过于原则，需要细化、优化的地方较多。上述特点，客观上决定了非税收入管理难度更大，也更容易产生风险。

本节运用税收风险管理理论与方法，结合税务部门非税收入征管实际，主要从非税收入管理主要风险、风险产生原因、风险管理思路和方法方面进行概要阐述，帮助读者整体理解和把握非税收入风险管理。

二、非税收入管理中面临的主要风险

（一）数据质量不高、申报数据不实的风险

各项非税收入，除随主税附征的教育费附加和地方教育附加数据质量相对较高外，其他费种部分存在申报质量不高、数据不实等问题。例如，用人单位自主申报残疾人就业保障金、工会经费时，可能发生少报在职职工人数或工资总额等申报不实的问题。

（二）费种认定不准确、误征漏征的风险

一方面，存在费种不应认定而认定的情况。例如，文化事业建设费，对在中华人民共和国境内提供广告服务的广告媒介单位和户外广告经营单位进行费

种认定。广告媒介单位和户外广告经营单位是指发布、播映、宣传、展示户外广告和其他广告的单位，以及从事广告代理服务的单位，对从事其他广告业务如广告设计、广告策划的单位不应认定。另一方面，也存在费种应认定未认定的情况。例如，对缴纳义务人认定了增值税、消费税，但未对地方水利建设基金进行认定，对外资企业的教育费附加应认定而未认定等。

（三）落实非税收入优惠政策不到位的风险

非税收入优惠政策落实情况复杂、执行难度大。与税收相比，非税收入优惠涉及的缴费人面广量大，金额较小，涵盖自然人、个体工商户、增值税小规模纳税人、一般纳税人等各类登记主体，相对于税收而言，非税收入减免金额往往较小，缴费人对相关政策的认知和重视程度普遍较低，政策落地难度大。加之非税收入优惠政策琐碎分散，政策精准把握难，申报出错率较高，尽管税务机关采取多种措施反复进行宣传、辅导，仍存在少部分缴费人因申报错误而出现优惠政策应享未享的问题。

（四）部门协同共治不畅的风险

一些地方不同程度地存在着政府各部门对非税收入工作重视程度不够、主导作用发挥不充分、部门配合不够有力、缺乏协同共治长效工作机制等问题。例如，当前因非税收入法制化程度不高，多部门职责边界不清，导致国有土地使用权出让收入等项目事后管理环节衔接不畅、效率不高，不利于征收管理。

三、非税收入风险管理的思路和方法

从非税收入征管风险的产生原因和现状分析，实现非税收入全流程精准监管需要从事前、事中和事后各个管理环节加强风险监控，堵塞管理漏洞，提高征管质效。事前是指征收前的基础工作，包括非税收入政策梳理、加强征管基础数据管理、优化征管流程等；事中是指征收过程中的内生化监管工作，包括完善征管系统及电子税务局的内控改造，加强对缴纳义务人的申报缴费提醒，加强征收过程监控告警、阻断等；事后是指征收后的风险跟踪应对工作，包括建立风险分析指标体系和模型、采集第三方数据、扫描涉费数据、形成风险任务、开展风险应对等。

（一）事前风险管理

1. 梳理非税收入政策。

以风险管理的理念梳理非税收入相关政策和征管流程，形成风险管理指引，为各级管理人员提供非税收入风险管理遵循。

2. 加强基础数据管理。

加强登记、费种认定、优惠政策减免代码维护等征管基础工作，降低误征、多征、漏征的风险。

3. 优化征管工作流程。

按照税费协同的理念，开展流程再造，建立严密的主附税（费）逻辑校验关系，简化征收流程，实现税费协同管理。

（二）事中风险管理

1. 信息系统内控内生化改造及风险管理平台应用。

按照信息系统内控管理要求，将风险内部控制措施固化融入核心征管、电子税务局等相关信息系统，从权限、流程、模板、指引等方面着手，对非税收入管理风险实行自动化防控。依托决策支持（风险管理）系统，实现核心征管系统与决策支持系统的有机衔接，充分发挥信息化平台的支撑作用。

2. 加强对缴纳义务人的申报缴费提醒。

在申报环节，电子税务局等相关系统智能判断识别缴纳义务人是否应享受非税收入优惠政策，对应享受的，发出提醒信息，告知政策内容，自动计算减免费额并直接填写至申报表，引导缴费人享受。

3. 加强征收过程监控预警、阻断。

确定监控规则，严格把控申报入口关，阻断应享未享、错享等问题发生的可能。精准定位疑点数据，发现问题后，立即阻断并告知缴纳义务人。

（三）事后风险管理

1. 制定目标规划。

结合非税收入形势和外部环境，确定风险管理工作重点、工作措施和实施步骤，形成风险管理工作计划，并融入非税收入风险管理整体工作中。

2. 收集涉费数据。

按照信息管税的工作思路，将挖掘和利用好内外部相关信息作为非税收入风险管理工作的基础。注重收集宏观经济信息、第三方涉费信息、企业财务信息、生产经营信息、申报缴费信息，整合不同应用系统信息，逐步形成非税收入风险分析主题数据库。

3. 开展风险识别。

建立覆盖非税收入征管全流程、各环节、各费种、各行业的风险识别指标体系、风险特征库和分析模型等风险分析工具。在税收风险管理体系下，统筹实施风险识别工作，运用风险分析工具，对缴纳义务人的涉费信息进行扫描、分析和识别，找出容易发生风险的领域、环节或群体，为非税收入风险管理提供精准指向和具体对象。

4. 确定等级排序。

根据风险识别结果，按缴纳义务人归集风险点，确定风险等级，并进行等级排序。结合征管资源和专业人员的配置情况，按照风险等级由高到低合理确定需采取措施的应对任务数量。

5. 进行风险应对。

按照缴纳义务人区域、规模和特定事项等要素，合理确定风险应对层级和承办部门，形成风险应对任务，由风险管理部门扎口管理并统一推送下达。

6. 过程监控评价。

对非税收入风险管理实施有效监控，加强对过程监控和评价结果的应用，优化识别指标和模型，完善管理措施，实现持续改进。

本章思考题

1. 税务部门非税收入征管的特点是什么？
2. 非税收入收入分析包括四个方面的内容，分别是什么？
3. 税务部门非税收入风险管理的基本思路是什么？

附录 1　全国性及中央部门和单位行政事业性收费目录清单

序号	部门	项目序号	项目名称	资金管理方式	政策依据
一	外交部门				
		1	认证费（含加急）	缴入中央和地方国库	计价格〔1999〕466 号，价费字〔1992〕198 号
		2	签证费		
			（1）代办外国签证（含加急，限于各国家机关收取的）	缴入中央和地方国库	财综〔2003〕45 号，计价格〔1999〕466 号，价费字〔1992〕198 号
			（2）代填外国签证申请表（限于国家机关）	缴入中央和地方国库	财综〔2003〕45 号，计价格〔1999〕466 号，价费字〔1992〕198 号
		3	驻外使领馆收费	缴入中央国库	计价格〔1999〕466 号，价费字〔1992〕198 号，公境外〔1992〕898 号，公通字〔1996〕89 号
二	教育部门				
		4	公办幼儿园保教费、住宿费	缴入中央和地方国库	《幼儿园管理条例》，发改价格〔2011〕3207 号，教财〔2020〕5 号
		5	普通高中学费、住宿费	缴入中央和地方财政专户	《中华人民共和国教育法》，教财〔2003〕4 号，教财〔1996〕101 号，教财〔2020〕5 号
		6	中等职业学校学费、住宿费	缴入中央和地方财政专户	《中华人民共和国教育法》，财综〔2004〕4 号，教财〔2003〕4 号，教财〔1996〕101 号，教财〔2020〕5 号

续表

序号	部门	项目序号	项目名称	资金管理方式	政策依据
		7	高等学校（含科研院所、各级党校等）学费、住宿费、委托培养费、函大电大夜大及短期培训费	缴入中央和地方财政专户	《中华人民共和国教育法》，《中华人民共和国高等教育法》，财教〔2013〕19 号，发改价格〔2013〕887 号，教财〔2006〕2 号，发改价格〔2005〕2528 号，教财〔2003〕4 号，计价格〔2002〕665 号，计办价格〔2000〕906 号，教财〔1996〕101 号，价费字〔1992〕367 号，教财〔1992〕42 号，发改价格〔2006〕702 号，教财〔2006〕7 号，教电〔2005〕333 号，教财〔2005〕22 号，教高〔2015〕6 号，教财〔2020〕5 号
		8	国家开放大学收费	缴入中央和地方财政专户	财综〔2014〕21 号，发改价格〔2009〕2555 号，计价格〔2002〕838 号，教财厅〔2000〕110 号，财办综〔2003〕203 号，教财〔2020〕5 号
三	公安部门				
		9	证照费		
			（1）外国人证件费		价费字〔1992〕240 号，公办〔2022〕136 号
			①居留许可	缴入中央和地方国库	财综〔2004〕60 号，发改价格〔2004〕2230 号
			②永久居留申请	缴入中央和地方国库	财综〔2004〕32 号，发改价格〔2004〕1267 号
			③永久居留身份证证工本费	缴入中央国库	财综〔2004〕32 号，发改价格〔2004〕1267 号，财税〔2018〕10 号
			④出入境证	缴入地方国库	公通字〔1996〕89 号
			⑤旅行证	缴入地方国库	公通字〔1996〕89 号
			（2）公民出入境证件费		《中华人民共和国护照法》，价费字〔1993〕164 号，价费字〔1992〕240 号，发改价格〔2017〕1186 号，财税函〔2018〕1 号，发改价格〔2019〕914 号，公办〔2022〕136 号
			①因私护照（含护照贴纸加注）	缴入中央和地方国库	发改价格〔2013〕1494 号，计价格〔2000〕293 号，价费字〔1993〕164 号，发改价格〔2019〕914 号

续表

序号	部门	项目序号	项目名称	资金管理方式	政策依据
			②出入境通行证	缴入中央和地方国库	价费字〔1993〕164 号，公办〔2022〕136 号
			③往来（含前往）港澳通行证（含签注）	缴入中央和地方国库	发改价格〔2005〕77 号，计价格〔2002〕1097 号，发改价格〔2019〕914 号
			④港澳居民来往内地通行证（限于补发、换发）	缴入中央和地方国库	财税〔2020〕46 号，发改价格〔2020〕1516 号
			⑤台湾居民来往大陆通行证	缴入中央和地方国库	计价格〔2001〕1835 号，发改价格〔2004〕334 号，价费字〔1993〕164 号，发改价格规〔2019〕1931 号
			⑥台湾同胞定居证	缴入地方国库	发改价格〔2004〕2839 号，价费字〔1993〕164 号
			⑦大陆居民往来台湾通行证（含签注）	缴入中央和地方国库	发改价格〔2016〕352 号，计价格〔2001〕1835 号，价费字〔1993〕164 号，发改价格规〔2019〕1931 号
			（3）户籍管理证件工本费（限于丢失、补办和过期失效重办）	缴入地方国库	财综〔2012〕97 号，价费字〔1992〕240 号
			①居民户口簿		《中华人民共和国户口登记条例》
			②户口迁移证件		《中华人民共和国户口登记条例》
			（4）居民身份证工本费	缴入地方国库	《中华人民共和国居民身份证法》，财综〔2007〕34 号，发改价格〔2005〕436 号，财综〔2004〕8 号，发改价格〔2003〕2322 号，财税〔2018〕37 号
			（5）机动车号牌工本费	缴入地方国库	《中华人民共和国道路交通安全法》，发改价格〔2004〕2831 号，计价格〔1994〕783 号，价费字〔1992〕240 号，行业标准 GA36 - 2014，发改价格规〔2019〕1931 号

续表

序号	部门	项目序号	项目名称	资金管理方式	政策依据
			①号牌（含临时）		
			②号牌专用固封装置		
			③号牌架		
			(6）机动车行驶证、登记证、驾驶证工本费	缴入地方国库	《中华人民共和国道路交通安全法》，发改价格〔2004〕2831号，财综〔2001〕67号，计价格〔2001〕1979号，计价格〔1994〕783号，价费字〔1992〕240号，发改价格〔2017〕1186号
			(7）临时入境机动车号牌和行驶证、临时机动车驾驶许可工本费	缴入地方国库	《中华人民共和国道路交通安全法》，财综〔2008〕36号，发改价格〔2008〕1575号，发改价格〔2017〕1186号
		10	外国人签证费	缴入中央和地方国库	计价格〔2003〕392号，价费字〔1992〕240号，公办〔2022〕136号
		11	中国国籍申请手续费（含证书费）	缴入地方国库	价费字〔1992〕240号，公通字〔1996〕89号，公办〔2022〕136号
四	民政部门				
		12	殡葬收费	缴入地方国库	价费字〔1992〕249号，发改价格〔2012〕673号
五	自然资源部门				
		13	土地复垦费	缴入地方国库	《中华人民共和国土地管理法》，《土地复垦条例》，财税〔2014〕77号，财政部 税务总局 发展改革委 民政部 商务部 卫生健康委公告2019年第76号
		14	土地闲置费	缴入地方国库	《中华人民共和国土地管理法》，《中华人民共和国城市房地产管理法》，国发〔2008〕3号，财税〔2014〕77号，财政部 税务总局 发展改革委 民政部 商务部 卫生健康委公告2019年第76号，财税〔2021〕8号

续表

序号	部门	项目序号	项目名称	资金管理方式	政策依据
		15	不动产登记费	缴入中央和地方国库	《中华人民共和国民法典》，财税〔2014〕77号，财税〔2016〕79号，发改价格规〔2016〕2559号，财税〔2019〕45号，财税〔2019〕53号，财政部 税务总局 发展改革委 民政部 商务部 卫生健康委公告2019年第76号
		16	耕地开垦费	缴入地方国库	《中华人民共和国土地管理法》，《中华人民共和国土地管理法实施条例》，财税〔2014〕77号，财政部 税务总局 发展改革委 民政部 商务部 卫生健康委公告2019年第76号
六	生态环境部门				
		17	海洋废弃物倾倒费	缴入中央国库	《中华人民共和国海洋环境保护法》，发改价格〔2008〕1927号
七	住房城乡建设部门				
		18	污水处理费	缴入地方国库	《中华人民共和国水污染防治法》，《城镇排水与污水处理条例》，财税〔2014〕151号，发改价格〔2015〕119号
		19	生活垃圾处理费	缴入地方国库	《中华人民共和国固体废物污染环境防治法》，《城市市容和环境卫生管理条例》，国发〔2011〕9号，计价格〔2002〕872号，财税〔2021〕8号
		20	城市道路占用、挖掘修复费	缴入地方国库	《城市道路管理条例》，建城〔1993〕410号，财税〔2015〕68号
八	交通运输部门				
		21	车辆通行费（限于政府还贷）	缴入地方国库	《中华人民共和国公路法》，《收费公路管理条例》，交公路发〔1994〕686号
		22	长江干线船舶引航收费	缴入中央国库	发改价格〔2013〕1494号，发改价格〔2011〕1536号，财综〔2007〕60号，财税〔2014〕101号，财办税〔2015〕14号

续表

序号	部门	项目序号	项目名称	资金管理方式	政策依据
九	工业和信息化部门				
		23	无线电频率占用费	缴入中央和地方国库	《中华人民共和国无线电管理条例》，计价格〔2000〕1015号，发改价格〔2013〕2396号，发改价格〔2011〕749号，发改价格〔2005〕2812号，发改价格〔2003〕2300号，计价费〔1998〕218号，发改价格〔2017〕1186号，发改价格〔2018〕601号，发改价格〔2019〕914号
		24	电信网码号资源占用费	缴入中央国库	《中华人民共和国电信条例》，信部联清〔2004〕517号，信部联清〔2005〕401号，发改价格〔2017〕1186号
十	水利部门				
		25	水资源费	缴入中央和地方国库	《中华人民共和国水法》，《取水许可和水资源费征收管理条例》，财税〔2016〕2号，发改价格〔2014〕1959号，发改价格〔2013〕29号，财综〔2011〕19号，发改价格〔2009〕1779号，财综〔2008〕79号，财综〔2003〕89号，价费字〔1992〕181号，财税〔2018〕147号，财税〔2020〕15号
		26	水土保持补偿费	缴入中央和地方国库	《中华人民共和国水土保持法》，财综〔2014〕8号，发改价格〔2017〕1186号，财税〔2020〕58号，财税〔2023〕9号
十一	农业农村部门				
		27	农药实验费	缴入中央和地方国库	《农药管理条例》，价费字〔1992〕452号，发改价格〔2015〕2136号，发改价格〔2017〕1186号
			（1）田间试验费		
			（2）残留试验费		
			（3）药效试验费		

续表

序号	部门	项目序号	项目名称	资金管理方式	政策依据
		28	渔业资源增殖保护费	缴入中央和地方国库	《中华人民共和国渔业法》，财税〔2014〕101 号，财综〔2012〕97 号，计价格〔1994〕400 号，价费字〔1992〕452 号
十二	林业和草原部门				
		29	草原植被恢复费	缴入地方国库	《中华人民共和国草原法》，财综〔2010〕29 号，发改价格〔2010〕1235 号，财税〔2022〕50 号
十三	卫生健康部门				
		30	预防接种服务费	缴入地方国库	《中华人民共和国疫苗管理法》，财税〔2016〕14 号，财综〔2008〕47 号，发改价格〔2016〕488 号
		31	鉴定费		
			（1）医疗事故鉴定费	缴入中央和地方国库	《医疗事故处理条例》，财税〔2016〕14 号，财综〔2003〕27 号，发改价格〔2016〕488 号
			（2）职业病诊断鉴定费	缴入地方国库	《中华人民共和国职业病防治法》，财税〔2016〕14 号，发改价格〔2016〕488 号
			（3）预防接种异常反应鉴定费	缴入地方国库	《医疗事故处理条例》，财税〔2016〕14 号，财综〔2008〕70 号，发改价格〔2016〕488 号
		32	非免疫规划疫苗储存运输费	缴入地方国库	《中华人民共和国疫苗管理法》，财税〔2020〕17 号
十四	人防部门				
		33	防空地下室易地建设费	缴入中央和地方国库	中发〔2001〕9 号，计价格〔2000〕474 号，财税〔2014〕77 号，财税〔2019〕53 号，财政部 税务总局 发展改革委 民政部 商务部 卫生健康委公告 2019 年第 76 号，财税〔2020〕58 号

续表

序号	部门	项目序号	项目名称	资金管理方式	政策依据
十五	法院				
		34	诉讼费	缴入中央和地方国库	《中华人民共和国民事诉讼法》，《中华人民共和国行政诉讼法》，《诉讼费用交纳办法》（国务院令 481 号）
十六	市场监管部门				
		35	特种设备检验检测费	缴入地方国库	《中华人民共和国特种设备安全法》，《特种设备安全监察条例》，发改价格〔2015〕1299 号，财综〔2011〕16 号，财综〔2001〕10 号
十七	民航部门				
		36	航空业务权补偿费	缴入中央国库	发改价格〔2011〕3214 号，财综〔2002〕54 号
		37	适航审查费	缴入中央国库	发改价格〔2011〕3214 号，财综〔2002〕54 号
十八	体育部门				
		38	外国团体来华登山注册费	缴入中央和地方国库	财综〔2004〕7 号，价费字〔1992〕207 号
十九	药品监管部门				
		39	药品注册费	缴入中央和地方国库	《中华人民共和国药品管理法实施条例》，财税〔2015〕2 号，发改价格〔2015〕1006 号，食药监公告 2015 第 53 号，财政部 国家发展改革委公告 2020 年第 11 号，食药监公告 2020 年 75 号，财政部 税务总局公告 2020 年第 28 号，财政部 国家发展改革委公告 2021 年第 9 号，财政部 发展改革委公告 2022 年第 5 号
			（1）新药注册费		
			（2）仿制药注册费		
			（3）补充申请注册费		
			（4）再注册费		

续表

序号	部门	项目序号	项目名称	资金管理方式	政策依据
			（5）加急费		
		40	医疗器械产品注册费	缴入中央和地方国库	《医疗器械监督管理条例》，财税〔2015〕2 号，发改价格〔2015〕1006 号，食药监公告 2015 第 53 号，财政部 国家发展改革委公告 2020 年第 11 号，财政部 税务总局公告 2020 年第 28 号，财政部 国家发展改革委公告 2021 年第 9 号，财政部 发展改革委公告 2022 年第 5 号
			（1）首次注册费		
			（2）变更注册费		
			（3）延续注册费		
			（4）临床试验申请费		
			（5）加急费		
二十	知识产权部门				
		41	商标注册收费	缴入中央国库	《中华人民共和国商标法》，《中华人民共和国商标法实施条例》，发改价格〔2015〕2136 号，财税〔2017〕20 号，发改价格〔2013〕1494 号，发改价格〔2008〕2579 号，财综〔2004〕11 号，计价费〔1998〕1077 号，财综字〔1995〕88 号，计价格〔1995〕2404 号，价费字〔1992〕414 号，发改价格〔2015〕2136 号，财税〔2017〕20 号，发改价格〔2019〕914 号
			（1）受理商标注册费		
			（2）补发商标注册证费（含刊登遗失声明费用）		
			（3）受理转让注册商标费		

续表

序号	部门	项目序号	项目名称	资金管理方式	政策依据
			（4）受理商标续展注册费		
			（5）受理商标注册延迟费		
			（6）受理商标评审费		
			（7）变更费		
			（8）出据商标证明费		
			（9）受理集体商标注册费		
			（10）受理证明商标注册费		
			（11）商标异议费		
			（12）撤销商标费		
			（13）商标使用许可合同备案费		
		42	专利收费	缴入中央国库	
			（1）专利收费（国内部分）		《中华人民共和国专利法》，《中华人民共和国专利法实施细则》，财税〔2017〕8 号，发改价格〔2017〕270 号，财税〔2016〕78 号，财税〔2018〕37 号，财税〔2019〕45 号
			①申请费、申请附加费、公布印刷费、优先权要求费		
			②发明专利申请实质审查费、复审费		
			③专利登记费、公告印刷费、年费、年费滞纳金		

续表

序号	部门	项目序号	项目名称	资金管理方式	政策依据
			④恢复权利请求费、延长期限请求费		
			⑤著录事项变更费、专利权评价报告请求费、无效宣告请求费		
			⑥专利文件副本证明费		
			（2）PCT 专利申请收费		《中华人民共和国专利法》，《中华人民共和国专利法实施细则》，财税〔2017〕8 号，发改价格〔2017〕270 号，财税〔2018〕37 号
			①申请国际阶段收取的国际申请费和手续费，传送费、检索费、优先权文件费、初步审查费、单一性异议费、副本复制费、后提交费、恢复权利请求费、滞纳金		
			②申请进入中国国家阶段收取的宽限费、译文改正费、单一性恢复费、优先权恢复费		
			（3）为其他国家和地区提供检索和审查服务收费		《中华人民共和国专利法》，《中华人民共和国专利法实施细则》，财税〔2017〕8 号，发改价格〔2017〕270 号
			（4）单独指定费		《中华人民共和国专利法》，《中华人民共和国专利法实施细则》，财税〔2017〕8 号，财税〔2022〕13 号，发改价格〔2022〕465 号
		43	集成电路布图设计保护收费	缴入中央国库	《集成电路布图设计保护条例》，财税〔2017〕8 号，发改价格〔2017〕270 号，发改价格〔2017〕1186 号

续表

序号	部门	项目序号	项目名称	资金管理方式	政策依据
			（1）布图设计登记费		
			（2）布图设计登记复审请求费		
			（3）著录事项变更手续费		
			（4）延长期限请求费		
			（5）恢复布图设计登记权利请求费		
			（6）非自愿许可使用布图设计请求费		
			（7）报酬裁决费		
二十一	银保监会				
		44	银行业监管费	缴入中央国库	财税〔2015〕21号，财税〔2017〕52号，财税〔2021〕65号，发改价格〔2021〕1947号
		45	保险业监管费	缴入中央国库	财税〔2015〕22号，财税〔2017〕52号，财税〔2021〕65号，发改价格〔2021〕1947号
二十二	证监会				
		46	证券、期货业监管费	缴入中央国库	财税〔2015〕20号，财税〔2018〕37号，发改价格规〔2018〕917号，财税〔2021〕65号，发改价格〔2021〕1947号
二十三	仲裁部门				
		47	仲裁收费	缴入地方国库	《中华人民共和国仲裁法》，财综〔2010〕19号，国办发〔1995〕44号

续表

序号	部门	项目序号	项目名称	资金管理方式	政策依据
二十四	红十字会				
		48	造血干细胞配型费	缴入中央国库	财税〔2016〕115 号，发改价格〔2016〕2492 号
二十五	相关行政机关				
		49	信息公开处理费	缴入中央和地方国库	《中华人民共和国政府信息公开条例》、国办函〔2020〕109 号
二十六	相关部门				
		50	考试考务费	缴入中央和地方国库或财政专户	见《全国性考试考务费目录清单》

附录2　全国性考试考务费目录清单

类别和部门	项目序号	项目名称	政策依据
一、专业技术人员职业资格、职称等考试考务费			
（一）人社部门	1	专业技术人员计算机应用能力考试	财税〔2015〕69号，发改价格〔2015〕1217号，发改价格〔2015〕2673号
	2	注册城乡规划师职业资格考试	财税〔2015〕69号，财税〔2018〕87号，发改价格〔2015〕1217号，发改价格〔2015〕2673号
	3	专业技术人员职称外语等级考试	财税〔2015〕69号，发改价格〔2015〕1217号，发改价格〔2015〕2673号
	4	初级、中级、高级经济专业技术资格考试	财税〔2015〕69号，发改价格〔2015〕1217号，发改价格〔2015〕2673号、财税〔2020〕37号
	5	执业药师职业资格考试	财税〔2015〕69号，发改价格〔2015〕1217号，发改价格〔2015〕2673号，财税〔2020〕37号
	6	监理工程师职业资格考试	财税〔2015〕69号，发改价格〔2015〕1217号，发改价格〔2015〕2673号，财税〔2020〕37号
	7	一级、二级造价工程师职业资格考试	财税〔2015〕69号，发改价格〔2015〕1217号，发改价格〔2015〕2673号，财税〔2019〕58号
	8	出版专业技术人员职业资格考试	财税〔2015〕69号，发改价格〔2015〕1217号，发改价格〔2015〕2673号

续表

类别和部门	项目序号	项目名称	政策依据
	9	初级、中级注册安全工程师职业资格考试	财税〔2015〕69 号，发改价格〔2015〕1217 号，发改价格〔2015〕2673 号，财税〔2019〕58 号
	10	注册设备监理师执业资格考试	财税〔2015〕69 号，发改价格〔2015〕1217 号，发改价格〔2015〕2673 号
	11	助理社会工作师、社会工作师、高级社会工作师职业水平考试	财税〔2015〕69 号，发改价格〔2015〕1217 号，发改价格〔2015〕2673 号，财税〔2019〕58 号
	12	注册测绘师资格考试	财税〔2015〕69 号，发改价格〔2015〕1217 号，发改价格〔2015〕2673 号
	13	一、二级注册计量师职业资格考试	财税〔2015〕69 号，发改价格〔2015〕1217 号，发改价格〔2015〕2673 号，财税〔2020〕37 号
	14	一级注册消防工程师资格考试	财税〔2015〕69 号，发改价格〔2015〕1217 号，发改价格〔2015〕2673 号
（二）住房城乡建设部门	15	注册化工工程师执业资格基础考试	财税〔2015〕68 号，发改价格〔2015〕1217 号
	16	注册化工工程师执业资格专业考试	财税〔2018〕90 号，发改价格〔2015〕1217 号
	17	注册公用设备工程师执业资格基础考试	财税〔2015〕68 号，发改价格〔2015〕1217 号
	18	注册公用设备工程师执业资格专业考试	财税〔2018〕90 号，发改价格〔2015〕1217 号
	19	注册土木工程师（港口与航道工程）执业资格基础考试	财税〔2015〕68 号，发改价格〔2015〕1217 号
	20	注册电气工程师执业资格基础考试	财税〔2015〕68 号，发改价格〔2015〕1217 号
	21	注册电气工程师执业资格专业考试	财税〔2018〕90 号，发改价格〔2015〕1217 号
	22	注册土木工程师（岩土）执业资格（基础、专业）考试	财税〔2015〕68 号，发改价格〔2015〕1217 号
	23	一级、二级建造师执业资格考试	财税〔2015〕68 号，发改价格〔2015〕1217 号，财税〔2020〕37 号

续表

类别和部门	项目序号	项目名称	政策依据
	24	注册环保工程师执业资格基础考试	财税〔2015〕68 号，发改价格〔2015〕1217 号
	25	注册土木工程师（水利水电工程）执业资格基础考试	财税〔2015〕68 号，发改价格〔2015〕1217 号
	26	房地产估价师考试	财税〔2015〕68 号，发改价格〔2015〕1217 号
	27	一级注册结构工程师执业资格（基础、专业）考试	财税〔2015〕68 号，发改价格〔2015〕1217 号
	28	二级注册结构工程师执业资格（基础、专业）考试	财税〔2015〕68 号，发改价格〔2015〕1217 号
	29	注册机械工程师执业资格基础考试	财税〔2015〕68 号，发改价格〔2015〕1217 号
	30	注册冶金工程师执业资格基础考试	财税〔2015〕68 号，发改价格〔2015〕1217 号
	31	注册采矿/矿物工程师执业资格基础考试	财税〔2015〕68 号，发改价格〔2015〕1217 号
	32	注册石油天然气工程师执业资格基础考试	财税〔2015〕68 号，发改价格〔2015〕1217 号
	33	一级、二级注册建筑师执业资格考试	财税〔2015〕68 号，发改价格〔2015〕1217 号
	34	注册土木工程师（道路工程）执业资格基础考试	财税〔2015〕68 号，发改价格〔2015〕1217 号
（三）卫生健康部门	35	卫生专业技术资格考试	财税〔2016〕14 号，发改价格〔2015〕1217 号，发改价格〔2016〕488 号
	36	医学博士外语考试	财税〔2016〕14 号，发改价格〔2016〕488 号
	37	护士执业资格考试	财税〔2016〕14 号，发改价格〔2015〕1217 号，发改价格〔2016〕488 号
	38	医师资格考试（会同中医局）	财税〔2016〕105 号，财税〔2016〕14 号，发改价格〔2015〕1217 号，财综〔2011〕94 号，发改价格〔2016〕488 号

续表

类别和部门	项目序号	项目名称	政策依据
（四）生态环境部门	39	环境影响评价工程师职业资格考试	财综〔2007〕41号，发改价格〔2015〕1217号
	40	注册核安全工程师执业资格考试	财综〔2007〕41号，发改价格〔2015〕1217号
	41	注册环保工程师执业资格专业考试	财税〔2018〕100号，发改价格〔2015〕1217号
（五）财政部门	42	会计专业技术资格考试	价费字〔1992〕333号，发改价格〔2015〕1217号
	43	注册会计师考试	发改价格〔2015〕1217号
（六）交通运输部门	44	引航员考试	价费字〔1992〕191号，发改价格〔2015〕1217号
	45	注册验船师考试	财综〔2010〕13号，发改价格〔2015〕1217号
	46	船员（含海船及内河船员）考试	价费字〔1992〕191号，发改价格〔2015〕1217号
	47	机动车检测维修专业技术人员职业水平考试	财综〔2011〕10号，发改价格〔2015〕1217号
	48	注册土木工程师（港口与航道工程）执业资格专业考试	财综〔2007〕23号，发改价格〔2015〕1217号
	49	公路水运工程试验检测专业技术人员（含助理试验检测师和试验检测师）考试	财税〔2018〕66号，发改价格〔2015〕1217号
	50	勘察设计注册土木工程师（道路工程）专业考试	财税〔2018〕66号，发改价格〔2015〕1217号
（七）工业和信息化部门	51	计算机软件专业技术资格和水平考试	发改价格〔2015〕1217号
	52	全国通信专业技术人员职业水平考试	财综〔2011〕90号，发改价格〔2015〕1217号
（八）水利部门	53	注册土木工程师（水利水电工程）执业资格专业考试	财综〔2006〕37号，发改价格〔2015〕1217号
（九）农业农村部门	54	海洋渔业船舶船员考试	价费字〔1992〕452号

续表

类别和部门	项目序号	项目名称	政策依据
	55	执业兽医资格考试	财综〔2009〕71 号，发改价格〔2015〕1217 号
（十）中直管理部门	56	中直机关工人考试	财综〔2001〕92 号
（十一）审计部门	57	审计专业技术资格考试	价费字〔1992〕444 号，发改价格〔2015〕1217 号
（十二）教育部门	58	教师资格考试	财综〔2012〕41 号，发改价格〔2015〕1217 号
（十三）公安部门、农业农村部门	59	驾驶许可考试	发改价格〔2004〕2831 号，财税〔2014〕101 号
（十四）司法部门	60	法律职业资格考试	财税〔2018〕65 号，发改价格〔2015〕1217 号
	61	粤港澳大湾区律师执业考试	发改价格〔2015〕1217 号，财税〔2021〕9 号
（十五）市场监管部门	62	计量专业项目考试（考核）	财综〔2010〕77 号，发改价格〔2015〕1217 号
（十六）广电部门	63	全国广播电视编辑记者、播音员、主持人资格考试	财综〔2008〕37 号，发改价格〔2015〕1217 号，财综〔2005〕33 号
（十七）民航部门	64	民航从业人员考试	财综〔2002〕54 号，发改价格〔2015〕1217 号
（十八）统计部门	65	统计专业技术资格考试	计价格〔2002〕964 号，发改价格〔2015〕1217 号
（十九）文化和旅游部门	66	导游人员（含中、高、特级导游人员）资格考试	财综〔2006〕31 号，发改价格〔2015〕1217 号
	67	演出经纪人员资格考试	发改价格〔2015〕1217 号，财税〔2021〕9 号
（二十）证监会	68	证券、期货、基金从业人员资格考试	财税〔2015〕20 号，发改价格〔2015〕1217 号，发改价格规〔2018〕917 号
（二十一）外文部门	69	翻译专业资格（水平）考试	发改价格〔2015〕1217 号
（二十二）知识产权部门	70	专利代理师资格考试	财税〔2017〕8 号，价费字〔1992〕332 号，发改价格〔2015〕1217 号，财税〔2020〕37 号

续表

类别和部门	项目序号	项目名称	政策依据
（二十三）应急管理部门	71	特种作业人员安全技术考试	发改价格〔2015〕1217 号，财税函〔2020〕236 号
二、职业技能鉴定等考试考务费			
（一）人社部门	1	职业技能鉴定考试	财税〔2015〕69 号，发改价格〔2015〕1217 号，发改价格〔2015〕2673 号
（二）交通运输部门	2	交通行业特有职业技能资格鉴定考试（考核）	财综〔2006〕36 号，发改价格〔2015〕1217 号
	3	经营性道路客货运输驾驶员从业资格考试	财综〔2010〕39 号，发改价格〔2015〕1217 号
（三）工业和信息化部门	4	电子行业特有工种职业技能鉴定考试	发改价格〔2015〕1217 号
	5	通信行业特有职业（工种）技术鉴定考试	财综〔2012〕51 号，发改价格〔2015〕1217 号
（四）农业农村部门	6	农业行业职业技能鉴定考试	财综字〔1999〕127 号，发改价格〔2015〕1217 号
（五）公安部门	7	消防行业特有工种职业技能鉴定考试	财综〔2011〕59 号，发改价格〔2015〕1217 号
	8	保安员资格考试	财综〔2011〕60 号，发改价格〔2015〕1217 号
（六）卫生健康部门	9	卫生行业国家职业技能鉴定考试	财税〔2016〕14 号，发改价格〔2015〕1217 号，发改价格〔2016〕488 号
	10	生殖健康咨询师考试	财税〔2016〕14 号，发改价格〔2015〕1217 号，发改价格〔2016〕488 号
（七）民航部门	11	民航行业特有工种职业技能鉴定考试	财综〔2011〕108 号，发改价格〔2015〕1217 号
（八）铁路部门	12	铁路机车车辆驾驶资格考试	财税〔2015〕75 号，发改价格〔2015〕1217 号，发改价格〔2015〕2672 号
（九）铁路总公司	13	铁道行业职业技能鉴定考试	财预〔2003〕470 号
三、教育考试考务费			
教育部门	1	高等教育自学考试	发改价格〔2003〕2161 号，价费字〔1992〕367 号
	2	商务管理和金融管理专业自学考试	财综字〔1999〕110 号，发改价格〔2003〕2161 号
	3	全国公共英语等级考试	财综字〔1999〕110 号，发改价格〔2003〕2161 号

续表

类别和部门	项目序号	项目名称	政策依据
	4	全国计算机应用技术证书考试	财综字〔1999〕110 号，发改价格〔2008〕3699 号，发改价格〔2003〕2161 号
	5	高考（含成人高考）考试	价费字〔1992〕367 号，发改价格〔2003〕2161 号
	6	研究生招生考试	教财〔2006〕2 号，发改价格〔2003〕2161 号，教财〔1992〕42 号
	7	大学英语四、六级考试	发改价格〔2008〕3699 号，价费字〔1992〕367 号
	8	全国外语水平考试	发改价格〔2003〕2161 号
	9	专科起点本科入学考试	发改价格〔2003〕2161 号
	10	计算机等级考试	发改价格〔2003〕2161 号
	11	同等学历申请硕士、博士学位水平全国统一考试	教财〔2006〕2 号，计价格〔2000〕545 号
	12	全国网络统考考试	财综〔2008〕69 号，财综〔2006〕4 号，发改价格〔2010〕955 号
	13	普通话水平测试	财综〔2003〕53 号，发改价格〔2003〕2160 号
	14	网络教育学生入学考试	教财〔2006〕2 号
	15	专升本考试	教财〔2006〕2 号
	16	保送生测试	教财〔2006〕2 号
	17	艺术类、体育类学生入学专业测试	教财〔2006〕2 号
	18	高水平运动员以及其他特殊类型学生入学测试	教财〔2006〕2 号
	19	自费来华学生报名考试	教外来〔1998〕7 号，教财〔2006〕2 号
	20	体育特殊专业招生考试	计价格〔2000〕1553 号，教财〔2006〕2 号

附录 3　全国政府性基金目录清单

序号	项目名称	资金管理方式	政策依据	征收地区	征收方式	征收标准
1	铁路建设基金	缴入中央国库	国发〔1992〕37 号，财工字〔1996〕371 号，财工〔1997〕543 号，财综〔2007〕3 号	全国	按铁路运输货物的种类、重量、运输距离等征收，与铁路货运运费一并征收	1. 整车货物：区分货物种类 0.019—0.033 元/吨·公里 2. 零担货物：区分货物种类 0.00019—0.00033 元/10 千克·公里 3. 自轮运装货物：0.099 元/轴·公里 4. 集装箱：区分集装箱尺寸 0.264—1.122 元/箱·公里
2	民航发展基金	缴入中央国库	国发〔2012〕24 号，财综〔2012〕17 号，财税〔2015〕135 号，财税〔2019〕46 号，财税〔2020〕72 号，财政部公告 2021 年第 8 号	全国	对航空旅客按人次征收，在航空旅客购买机票时一并征收；对航空公司按飞行航线、飞机最大起飞全重、飞行里程征收	1. 向航空旅客征收部分：国内航班旅客 50 元/人次、国际和地区航班出境旅客 70 元/人次 2. 向航空公司征收部分：区分飞行航线、飞机起飞全重、飞行里程 0.3—1.84 元/公里
3	高等级公路车辆通行附加费	缴入地方国库	财综〔2008〕84 号，《海南经济特区机动车辆通行附加费征收管理条例》（海南省人民代表大会常务委员会公告第 54 号），琼价费管〔2013〕153 号，琼交财〔2021〕267 号	海南	对汽油零售企业按购买汽油数量价外征收；对柴油机动车辆按核定的征费标准计量定额征收	1. 使用汽油的机动车通行附加费征收标准：1.05 元/升 2. 使用柴油的机动车通行附加费征收标准：按月征收标准为 220 元/吨，按日征收标准为 11 元/吨；进、出岛当日按小时征收标准为 0.5 元/吨·小时（2021 年 9 月 1 日起实施）

续表

序号	项目名称	资金管理方式	政策依据	征收地区	征收方式	征收标准
4	国家重大水利工程建设基金	缴入中央和地方国库	财综〔2009〕90号，财综〔2010〕97号，财税〔2010〕44号，财综〔2013〕103号，财税〔2015〕80号，财办税〔2015〕4号，财税〔2017〕51号，财办税〔2017〕60号，财税〔2018〕39号，财税〔2018〕147号，财税〔2019〕46号，财税〔2020〕9号	除西藏以外	按省、自治区、直辖市扣除国家扶贫开发工作重点县农业排灌用电后的全部销售电量征收	区分不同省（自治区、直辖市）0—4.1934375厘/千瓦时
5	水利建设基金	缴入中央和地方国库	《中华人民共和国防洪法》，财综字〔1998〕125号，财综〔2011〕2号，财综函〔2011〕33号，财办综〔2011〕111号，财税函〔2016〕291号，财税〔2016〕12号，财税〔2017〕18号，财税〔2020〕9号，财税〔2020〕72号，财税〔2023〕9号	内蒙古、吉林、江苏、安徽、江西、山东、湖北、湖南、广西、福建、云南、陕西、宁夏（向社会征收）	中央水利建设基金从车辆购置税、铁路建设基金等收入中提取；地方水利建设基金从地方收取的部分税费收入中提取，经财政部批准后省、自治区、直辖市可向企事业单位等征收	征收标准按省、自治区、直辖市有关规定执行
6	城市基础设施配套费	缴入地方国库	国发〔1998〕34号，财综函〔2002〕3号，财综〔2007〕53号，财税〔2019〕53号，财政部 税务总局 发展改革委 民政部 商务部 卫生健康委公告2019年第76号	除天津以外	具体征收方式和征收标准按省、自治区、直辖市有关规定执行	
7	农网还贷资金	缴入中央和地方国库	财企〔2001〕820号，财企〔2002〕446号，财企〔2006〕347号，财综〔2007〕3号，财综〔2012〕7号，财综〔2013〕103号，财税〔2015〕59号，财税〔2018〕147号，财税〔2020〕67号	山西、吉林、湖南、湖北、广西、四川、重庆、云南、陕西	按农网改造贷款“一省多贷”的省、自治区、直辖市电力用户用电量征收	0.02元/千瓦时

续表

序号	项目名称	资金管理方式	政策依据	征收地区	征收方式	征收标准
8	教育费附加	缴入中央和地方国库	《中华人民共和国教育法》，国发〔1986〕50号（国务院令第60号修改发布），国发明电〔1994〕2号、23号，财综〔2007〕53号，国发〔2010〕35号，财税〔2010〕103号，财税〔2016〕12号，财税〔2019〕13号，财税〔2019〕21号，财税〔2019〕22号，财税〔2019〕46号	全国	按单位和个人实际缴纳增值税、消费税税额计征	3%
9	地方教育附加	缴入地方国库	《中华人民共和国教育法》，财综〔2001〕58号，财综函〔2003〕2号、9号、10号、12号、13号、14号、15号、16号、18号，财综〔2004〕73号，财综函〔2005〕33号，财综〔2006〕2号、61号，财综函〔2006〕9号，财综函〔2007〕45号，财综〔2007〕53号，财综函〔2008〕7号，财综函〔2010〕2号、3号、7号、8号、11号、71号、72号、73号、75号、76号、78号、79号、80号，财综〔2010〕98号，财综函〔2011〕1号、2号、3号、4号、5号、6号、7号、8号、9号、10号、11号、12号、13号、15号、16号、17号、57号，财税〔2016〕12号，财税〔2018〕70号，财税〔2019〕13号，财税〔2019〕21号，财税〔2019〕22号，财税〔2019〕46号	全国	按单位和个人实际缴纳增值税、消费税税额计征	2%

续表

序号	项目名称		资金管理方式	政策依据	征收地区	征收方式	征收标准
10	文化事业建设费		缴入中央和地方国库	国发〔1996〕37号，国办发〔2006〕43号，财综〔2007〕3号，财综〔2013〕102号，财文字〔1997〕243号，财预字〔1996〕469号，财税〔2016〕25号，财税〔2016〕60号，财税〔2019〕46号，财政部公告2020年第25号，财政部 税务总局公告2021年第7号	全国	按提供娱乐服务、广告服务的相关单位和个人的计费销售额征收	3%
11	国家电影事业发展专项资金		缴入中央和地方国库	《电影管理条例》，国办发〔2006〕43号，财税〔2015〕91号，财税〔2018〕67号	全国	按经营性电影放映单位票房收入征收	5%
12	旅游发展基金		缴入中央国库	旅办发〔1991〕124号，财综〔2007〕3号，财综〔2010〕123号，财综〔2012〕17号，财税〔2015〕135号	全国	按乘坐国际和地区航班出境的旅客人次在票价上征收	20元/人次
13	中央水库移民扶持基金	大中型水库移民后期扶持基金	缴入中央国库	《大中型水利水电工程建设征地补偿和移民安置条例》，《长江三峡工程建设移民条例》，国发〔2006〕17号，财综〔2006〕29号，财监〔2006〕95号，监察部、人事部、财政部令第13号，财综〔2007〕26号，财综函〔2007〕69号，财综〔2008〕17号，财综〔2008〕29号、30号、31号、32号、33号、34号、35号、64号、65号、66号、67号、68号、85号、86号、87号、88号、89号、90号，财综〔2009〕51号、59号，财综〔2010〕15号、16号、43号、113号，财综函〔2010〕10号、39号，财综〔2013〕103号，财税〔2015〕80号，财税〔2016〕11号，财税〔2016〕13号，财税〔2017〕51号，财办税〔2017〕60号，财农〔2017〕128号，财税〔2018〕147号	除西藏以外	按电力用户用电量征收（扣除农业生产用电）	区分不同省（自治区、直辖市）1.425—6.225厘/千瓦时
		跨省大中型水库库区基金			全国	按有发电收入的跨省、自治区、直辖市大中型水库实际上网销售电量征收	不高于8厘/千瓦时
		三峡水库库区基金			湖北	按三峡电站机组实际上网销售电量征收	8厘/千瓦时

续表

序号	项目名称		资金管理方式	政策依据	征收地区	征收方式	征收标准
14	地方水库移民扶持基金	省级大中型水库库区基金	缴入地方国库	《大中型水利水电工程建设征地补偿和移民安置条例》，国发〔2006〕17号，财综〔2007〕26号，财综〔2008〕17号，财综〔2008〕29号、30号、31号、32号、33号、34号、35号、64号、65号、66号、67号、68号、85号、86号、87号、88号、89号、90号，财综〔2009〕51号、59号，财综〔2010〕15号、16号、43号、113号，财综函〔2010〕10号、39号，财税〔2016〕11号，财税〔2016〕13号，财税〔2017〕18号，财政部 发展改革委公告2022年第5号，财税〔2020〕58号	广西、辽宁、浙江、湖北、吉林、福建、黑龙江、四川、甘肃、广东、河南、江西、贵州、海南、云南、山西、青海、重庆、陕西	按有发电收入的省级辖区内大中型水库实际上网销售电量征收	不高于8厘/千瓦时
		小型水库移民扶助基金				广西、辽宁、黑龙江、福建、甘肃、河北、广东、河南、贵州、海南、山东、重庆、云南、陕西	具体征收方式和征收标准按省、自治区、直辖市有关规定执行
15	残疾人就业保障金		缴入地方国库	《残疾人就业条例》，财税〔2015〕72号，财综〔2001〕16号，财税〔2017〕18号，财税〔2018〕39号，财政部公告2019年第98号	全国	按上年用人单位安排残疾人就业未达到规定比例的差额人数征收	用人单位在职职工平均工资未超过当地社会平均工资2倍（含）的，征收标准为用人单位在职职工年平均工资；超过当地社会平均工资2倍的，征收标准为当地社会平均工资2倍
16	森林植被恢复费		缴入中央和地方国库	《中华人民共和国森林法》，《中华人民共和国森林法实施条例》，财综〔2002〕73号，财税〔2015〕122号，财税〔2022〕50号，财税〔2023〕9号	全国	按用地单位占用林地面积征收	区分不同林地类型、占用林地建设项目性质、所在区域，征收标准不低于3—40元/平方米，具体征收标准按省、自治区、直辖市规定执行

续表

序号	项目名称	资金管理方式	政策依据	征收地区	征收方式	征收标准
17	可再生能源发展基金	缴入中央国库	《中华人民共和国可再生能源法》，财综〔2011〕115号，财建〔2012〕102号，财综〔2013〕89号，财综〔2013〕103号，财税〔2016〕4号，财办税〔2015〕4号，财税〔2018〕147号，财建〔2020〕4号，财建〔2020〕5号	除西藏以外	按省、自治区、直辖市销售电量（扣除农业生产用电）征收	居民生活用电8厘/千瓦时，其他用电新疆1.5分/千瓦时，其他省份1.9分/千瓦时
18	船舶油污损害赔偿基金	缴入中央国库	《中华人民共和国海洋环境保护法》，《防治船舶污染海洋环境管理条例》，财综〔2012〕33号，交财审发〔2014〕96号，财政部公告2020年第14号，财政部公告2020年第30号	全国	按海上运输持久性油类物质重量征收	0.3元/吨
19	核电站乏燃料处理处置基金	缴入中央国库	《中华人民共和国核安全法》，财综〔2010〕58号，财税〔2018〕147号	全国	按核电厂已投入商业运行五年以上压水堆核电机组的实际上网销售电量征收	0.026元/千瓦时
20	废弃电器电子产品处理基金	缴入中央国库	《废弃电器电子产品回收处理管理条例》，财综〔2012〕34号，财综〔2012〕48号，财综〔2012〕80号，财综〔2013〕32号，财综〔2013〕109号，财综〔2013〕110号，财综〔2014〕45号、财税〔2015〕81号，财政部公告2014年第29号，财政部公告2015年第91号，国家税务总局公告2012年第41号，海关总署公告2012年第33号，财税〔2021〕10号	全国	按电器电子产品生产者销售、进口电器电子产品的收货人或其代理人进口的电器电子产品数量征收	电视机征收标准13元/台，电冰箱征收标准12元/台，洗衣机征收标准7元/台，房间空调器征收标准7元/台，微型计算机征收标准10元/台

附录 4　非税收入通用申报表

金额单位：人民币元（列至角分）

<table>
<tr><td>缴费人名称</td><td colspan="8"></td><td colspan="2">缴费人识别号
（统一社会信用代码）</td><td colspan="5"></td></tr>
<tr><td>征收
项目</td><td>征收
品目</td><td>征收
子目</td><td>费款所
属期起</td><td>费款所
属期止</td><td>应缴费
基数</td><td>应缴费
基数减除额</td><td>计费
依据</td><td>征收
标准</td><td>扣除数</td><td>征收
比例</td><td>本期应
纳费额</td><td>减免
费额</td><td>减免
性质</td><td>本期已
缴费额</td><td>本期应补
（退）费额</td></tr>
<tr><td>（1）</td><td>（2）</td><td>（3）</td><td>（4）</td><td>（5）</td><td>（6）</td><td>（7）</td><td>（8）=
（6）-（7）</td><td>（9）</td><td>（10）</td><td>（11）</td><td>（12）=［（8）×
（9）-（10）］×
（11）</td><td>（13）</td><td>（14）</td><td>（15）</td><td>（16）=
（12）-
（13）-（15）</td></tr>
<tr><td></td><td></td><td></td><td></td><td></td><td></td><td></td><td></td><td></td><td></td><td></td><td></td><td></td><td></td><td></td><td></td></tr>
<tr><td></td><td></td><td></td><td></td><td></td><td></td><td></td><td></td><td></td><td></td><td></td><td></td><td></td><td></td><td></td><td></td></tr>
<tr><td>合计</td><td>—</td><td></td><td>—</td><td>—</td><td>—</td><td>—</td><td></td><td colspan="2">—</td><td>—</td><td></td><td></td><td></td><td></td><td></td></tr>
<tr><td colspan="2">主管单位名称</td><td colspan="2"></td><td colspan="3">主管单位识别号
（统一社会信用代码）</td><td colspan="3"></td><td>备注</td><td colspan="5"></td></tr>
<tr><td colspan="16">谨声明：本申报表是根据国家非税收入法律法规及相关规定填报的，内容是真实的、可靠的、完整的。
缴费人签章：</td></tr>
<tr><td colspan="2">经办人签章</td><td colspan="2"></td><td colspan="3">经办人身份证号</td><td colspan="3"></td><td colspan="2">代理机构签章</td><td colspan="4"></td></tr>
</table>

受理人（签章）：　　　　受理日期：　　年　　月　　日　　　　受理税务机关（章）

填表说明：

1. 缴费人名称、缴费人识别号（统一社会信用代码）：必须填写。

2. 征收项目：必须填写。填写非税收入项目名称。
3. 征收品目：必须填写。非税收入项目下设定细目时，按相关规定填写。
4. 征收子目：非必须填写。非税收入品目下设定细目时，按相关规定填写。
5. 费款所属期：必须填写。按期缴纳的，填写所属期起始日期及截止日期；按次缴纳的，填写缴费义务发生日期。
6. 应缴费基数：必须填写。填写总数量、收入总额、销售数量、应缴费人数、原值、面积、利润总额等非税收入计费的基数。
7. 应缴费基数减除项：非必须填写。填写允许减除的数量、金额、面积、人数等。
8. 征收比例，本征收机关征收的比例数，必须填写，目前仅对场外核应急准备金项目适用。缺省值为 1。
9. 计费依据：必须填写。填写应缴费基数减去应缴费基数减除额的余额。
10. 征收标准：必须填写。填写征收的比例、分配比例或单位费额。
11. 扣除数：非必须填写。适用于累进费率的速算扣除数，或者其他扣除数。
12. 本期应纳费额：必须填写。填写计费依据乘以费率或单位费额，再减除扣除数后的余额。
13. 减免费额：非必须填写。填写依法允许减免的费额。
14. 减免性质：如果减免费额 >0，那么此项必填；减免性质选择相应代码。
15. 本期已缴费额：非必须填写。填写已经缴纳的本期费额。
16. 本期应补（退）费额：必须填写。填写本期应纳费额减除减免费额及本期已缴费额后的余额。
17. 主管单位名称：非必须填写。主管单位指负责确定计费依据的主管单位，由各省税务机关正列举需填写主管单位的项目和主管单位目录。
18. 主管单位识别号：非必须填写。填写相应的纳税人识别号或统一社会信用代码。
19. 备注：非必须填写。
20. 经办人签章：必须填写。填写企业经办人姓名。
21. 经办人身份证号：必须填写。填写经办人对应身份证号码。
22. 受理人（签章）：必须填写。受理的税务机关工作人员姓名。